U1014683

先行之路

创新引领经济高质量发展的深圳模式

吴敬琏　李扬／顾问
陈劲／主编

中国大百科全书出版社　深圳出版社

图书在版编目（CIP）数据

先行之路 ： 创新引领经济高质量发展的深圳模式 / 陈劲主编. -- 北京 ： 中国大百科全书出版社 ； 深圳 ： 深圳出版社, 2025. 8. -- ISBN 978-7-5202-1971-6

Ⅰ. F127.653

中国国家版本馆CIP数据核字第202536D4M6号

出 版 人：高世屹　唐汉隆
项目统筹：蒋丽君　张绪华
责任编辑：杜晓冉　余　会　韩海彬　杨雨荷
特约编辑：胡春玲　孙　艳　王　娟
责任校对：张恒丽　叶　果
责任印制：李宝丰
出版发行：中国大百科全书出版社
地　　址：北京市西城区阜成门北大街 17 号
网　　址：http://www.ecph.com.cn
电　　话：010-88390718
图文制作：北京博海维创文化发展有限公司
印　　刷：河北鑫玉鸿程印刷有限公司
字　　数：300 千字
印　　张：22
开　　本：710 毫米 ×1000 毫米 1/16
版　　次：2025 年 8 月第 1 版
印　　次：2025 年 8 月第 1 次印刷
书　　号：978-7-5202-1971-6
定　　价：98.00 元

编辑委员会

顾　问：吴敬琏　李　扬

主　编：陈　劲

编　委：（按姓氏音序排列）

柴美群　房浩超　冯　超　林香宇　钱昱辰

孙　兰　王福世　王　静　夏孝瑾　薛瑞楠

阳　镇　杨智慧　尹西明　朱子钦

目录

改革

第二章 深化改革：率先建立社会主义市场经济体系（1992—2002）

创新

第三章 创新驱动：破茧成蝶的变革之路（2003—2011）

发展

第四章 新发展理念：引领深圳经济高质量发展（2012 至今）

序章

深圳，一座因改革而生、因开放而兴的城市。自1978年改革开放大潮涌起，深圳率先担起“试验田”的历史使命，从边陲小镇一跃成为具有全球影响力的国际化大都市，展现了中国经济体制转型和城市发展模式的深层变革。

40余年间，深圳始终紧扣国家战略脉络，走出一条改革引领、开放带动、创新驱动的发展路径。深圳经济总量跃升至全国前列，高新技术产业、高端服务业和现代制造业深度融合，城市功能体系不断完善，治理能力、现代化水平不断提升。特别是进入新时代以来，作为中国特色社会主义先行示范区和粤港澳大湾区核心引擎，深圳凭借其改革经验与创新实践已从全国样板走向全球舞台，成为中国式现代化最具活力与代表性的城市范例。

回顾深圳发展历程，大致可以划分为四个阶段，每一阶段均承载着时代命题，体现了路径探索与结构演进的有机统一。

1978—1991：破旧立新：开市场导向改革之先河

1978年12月，党的十一届三中全会作出以经济建设为中心、实行改革开放的历史性决策，在这一背景下，如何打破计划经济体制束缚，激发沿海地区的区位优势，成为国家战略层面亟待破解的关键问题。

此时，毗邻香港的深圳，经济模式以传统农业和小规模手工业为主，经济基础薄弱、技术力量不足、资金短缺。但凭借独特的地理位置，深圳具备连接内地与国际市场的天然通道优势，也承载着党中央对改革开放试验的高度期待。

为探索体制改革的突破口，1979 年，党中央批准试办深圳出口特区，赋予其“特殊政策、灵活措施”的试验权限。1980 年，《广东省经济特区条例》正式施行，深圳成为全国首批经济特区之一。面对现实基础薄弱的困境，深圳聚焦制度创新与要素开放，围绕土地、资金、劳动力等关键领域展开大胆探索：实行土地使用权有偿出让，发行新中国第一只股票，推广劳动合同制，开展国有企业股份制改革，并通过精简机构、政企分开等手段提升行政效率。同时大力引进外资，实行“三来一补”出口加工模式，开辟“外引内联”的发展路径，初步形成以工业为主的外向型经济格局。蛇口工业区炸响改革开放“第一炮”，其工程招标制、定额超产奖励制度等，率先打破了“大锅饭”体制。

通过持续十余年的体制改革与开放试验，深圳逐步形成以市场为导向的经济运行机制，产业结构实现初步优化。到 1991 年，深圳工业总产值达 296.7 亿元，出口占比超过 60%。城市规模显著扩展，人口突破百万，深圳人均 GDP 约是全国人均 GDP 的 6 倍。更为重要的是，深圳在土地制度改革、股份制试点、资本市场培育等方面的经验，被逐步总结并向全国推广。深圳成为国家制度创新的重要策源地，确立了其在改革开放战略格局中的先行地位。

1992—2002：
深化改革：率先建立社会主义市场经济体系

1992 年，邓小平南方谈话为改革开放注入强大动力，党的十四大明确提出建立社会主义市场经济体制的目标，深圳作为经济特区率先响应，迎来新一轮全面深化改革。在国家战略推动下，深圳提出“二次创业”战略，着力从体制机制、产业结构和城市功能等方面全面突破，为后续高质量发展奠定制度基础与空间支撑。

这一时期，深圳在前一阶段市场化探索基础上，聚焦体制机制创新和产业转型，推动经济从速度向效益转变。在土地、金融、劳动力等要素市场方面，深圳不断推进制度创新，完善土地交易、设立深圳证券交易所、建立劳动力市场，健全资本市场体系，不断提升资源配置效率。依托保税区、口岸通道等开放平台，深圳逐步构建起“内地—深圳—国际市场”联通融合的开放型经济格局。城市建设迈向国际化，基础设施、生态环境、社会服务等功能持续完善，社会保障体系逐步健全，城市面貌和综合承载能力实现跃升。

以高新技术为引领，深圳加快构建以企业为主体、市场为导向的产业创新体系。深圳依托高新技术产业园区，打造多层次创新载体和产业集聚平台，支持华为、中兴等一批科技企业崛起，创办中国国际高新技术成果交易会，打通科技成果向现实生产力转化的通道，推动科技创新加速融入经济主阵地。

通过这一阶段的探索与推进，深圳率先基本建立起社会主义市场经济体制框架，从“试验田”发展为经济中心城市，在制度供给、产业升级和城市治理等方面走在全国前列，为全国提供了“深圳模式”的范本。

2003—2011：
创新驱动：破茧成蝶的变革之路

2003—2011 年是深圳依靠自主创新促进经济发展的关键时期。该时期深圳经济特区发展主要面临“四个难以为继”问题，即土地、空间有限，难以为继；能源、水资源短缺，难以为继；人口拥挤、负担过重，难以为继；环境容量严重透支，环境承载力难以为继。面对这一严峻形势，深圳再一次对经济增长模式进行调整和改革，“速度深圳”的发展理念逐渐向“效益深圳”转变。深圳经济增长方式开始由数量型、资源消耗型的粗放型经济增长向质量型、效益型和集约型经营方式转变，通过技术进步全力推动“深圳制造”向“深圳创造”跨越。2005 年，深圳市第四次党代会进一步提出“实施自主创新战略，建设自主创新型城市”，并于 2006 年正式将自主创新战略确定为城市发展的主导战略。

在推动经济发展模式转型的关键时期，深圳重点培育高新技术产业和战略性新兴产业，成功打造了通信设备制造等六大高新技术产业集群。这一系列产业发展举措不仅推动了深圳工业结构的优化升级，更引领城市走上了一条科技驱动、创新引领的新型工业化道路。这一时期，深圳也通过政策引导和资源整合，初步形成了以企业为主体的创新体系，实现了“四个90%”的格局：90%以上的研发机构、人员、资金和专利均来自企业。同时，深圳加快创新载体建设，引进清华大学、北京大学等高校的研究生院，成立中国科学院深圳先进技术研究院等新型研发机构，为后续技术突破奠定基础。

进入创新驱动发展阶段，深圳以高新技术为核心的先进制造业迅速壮大，以金融、物流、文化为代表的现代服务业全面发力，多元产业体系逐步形成。通过自主创新驱动经济发展方式系统性变革取得积极成效。2011年，深圳人均GDP达11万元，约为全国人均GDP的3倍，PCT专利申请量居全球前列，标志着深圳在创新领域已从“追赶者”成功蜕变为“引领者”。与此同时，资源与能源利用效率显著提升，万元GDP能耗、水耗，建设用地，二氧化碳排放量均实现了明显下降。深圳单位GDP的能耗全国最低，初步实现“效益深圳”的目标，为高质量发展奠定坚实基础。

2012年至今：
新发展理念：引领深圳经济高质量发展

党的十八大以来，中国经济进入中高速增长的新常态，深圳同步迈入全面创新、全面发展的新阶段。在主动适应经济发展新趋势的同时，深圳积极发挥示范引领作用，加快建设中国特色社会主义先行示范区，推动城市发展实现从速度规模向质量效益的深刻转变。

党的十八届五中全会提出“创新、协调、绿色、开放、共享”的新发展理念，深圳积极响应，以新发展理念指导城市发展各环节。2019年，《中共中央 国务院关于支持深圳建设中国特色社会主义先行示范区的意见》发布，明确提出到 2025 年建成现代化国际化创新型城市的目标。围绕“五个率先”战略定位，深圳加快构建现代化经济体系，不断拓展发展新空间。在科技创新方面，深圳成为全国第四个综合性国家科学中心，光明科学城、西丽湖国际科教城等重大平台相继落地。2016—2022 年，深圳系统布局“基础研究 + 技术攻关 + 成果产业化 + 科技金融 + 人才支撑”全过程创新链，推动科技与产业深度融合。该时期形成了以战略性新兴产业、未来产业、现代服务业及优势传统产业为代表的梯次型现代产业体系。

在文化建设方面，深圳实现从“文化立市”到“文化强市”的转型，文化产业成为城市新名片。在绿色发展领域，深圳率先启动碳排放权交易，实施绿色建筑标准，空气质量显著改善，生态文明建设取得积极成效。深圳新能源汽车渗透率超 76%，碳排放强度仅为全国平均水平的 1/5。同时，深港合作迈入高质量发展阶段，前海深港现代服务业合作区和河套深港科技创新合作区建设稳步推进，推动规则衔接与要素高效流动，深圳在更高水平开放中不断增强全球资源配置能力和制度引领能力。

党的二十大后，深圳将发展新质生产力作为推动高质量发展的核心任务。2023 年，深圳出台《深圳市加快推进供应链创新与发展三年行动计划（2023—2025 年）》，打造全国最大的供应链服务集群，强化产业链韧性。在教育、科技、人才一体化方面，深圳推动高校课程互认、创新型学院建设等改革，着力培养拔尖创新人才；加快建设国家级科研平台，强化科技供给能力；持续优化引才机制，实施更具开放性的政策体系，高层次人才集聚效应不断显现。深圳还积极推进数据要素市场化配置、发展绿色金融，加快构建更加高效、开放、可持续的现代化经济体系。新一轮制度创新与科技赋能正在不断重塑城市发展逻辑和竞争优势。

深圳，用 40 余年的砥砺奋进书写了中国式现代化进程中最激动人心的篇章。从 1978 年改革开放的“试验田”到新时代的“先行示范区”，深圳始终勇立潮头，以敢为人先的勇气和开拓创新的智慧，实现了从边陲小镇到国际化大都市的华丽蜕变。在改革开放中，深圳率先突破计划经济桎梏，创造了土地拍卖、股份制改革等多项全国第一；从“三来一补”向自主创新的战略转型，培育出华为、腾讯等世界级企业；进入高质量发展阶段，深圳更以建设中国特色社会主义先行示范区为使命，在新质生产力培育、现代化产业体系构建等方面持续领跑。

今天的深圳，不仅是经济总量突破 3 万亿元的现代化大都市，更是 PCT 国际专利申请量连续 21 年居全国首位的创新高地。这座城市用实践证明：改革开放是关键一招，创新发展是必由之路，高质量发展是奋斗目标。站在新的历史起点，深圳正继续为中国式现代化建设探索新路径、提供新示范，正向着更具全球影响力的经济中心城市和现代化国际大都市阔步前行。

第一章　破旧立新：开市场导向改革之先河

（1978—1991）

1978 年 12 月，党的十一届三中全会作出把党和国家工作中心转移到经济建设上来的历史性决策，由此开启了中国改革开放和社会主义现代化建设的时代篇章。在这场伟大的变革中，深圳作为中国首批经济特区之一，在党中央的坚强领导下，以“杀出一条血路”的勇气突破计划经济的桎梏，成为中国制度型开放破冰之旅的生动实践：1980 年，竹园宾馆率先打破“铁饭碗”，开创劳动用工制度改革先河；1981 年，蛇口工业区首创“时间就是金钱，效率就是生命”的宣言，重塑市场经济观念；1983 年，发行新中国第一只股票，奏响资本市场探索的号角……

作为国家改革开放和社会主义现代化建设的重要“窗口”和“试验田”，深圳充分发挥毗邻香港的区位优势，创造性实施党中央赋予的特殊政策，构建“三来一补”产业模式，形成“前店后厂”的跨境产业链；依托沙头角保税区，培育出“两头在外”的外向型经济体系；建立“引进来”与“走出去”的双向开放机制，推动要素高效聚集。

这种以制度创新释放发展动能、以开放倒逼改革的实践范式，不仅重塑珠江口的经济格局，更探索出中国特色社会主义市场经济建设的可行路径。从 1980 年到 1991 年，特区经济高速发展，城市建设突飞猛进，深圳创造了年均 30% 的经济增速奇迹，“深圳速度”成为改革开放的代名词。

第一节　改革开放的“试验田”：深圳经济特区的建立

对外开放的先声

1978年，在党的十一届三中全会召开前夕，党中央领导层以非凡的政治智慧和战略眼光，深刻洞察到计划经济体制已难以适应发展需求。面对国民经济困境，党中央审时度势，开始系统谋划改革开放大计。这段关键时期的努力与探索，成功点燃了改革开放的火炬，开启了中国经济崛起的辉煌征程。

1978年，党中央先后向西欧、中国港澳、南斯拉夫和日本派出四大考察团，考察内容主要围绕经贸活动，学习科学技术和先进管理经验。考察成果不仅为党的十一届三中全会制定正确路线提供重要依据，还成为推动经济特区设立的重要因素。

1978年4月10日—5月6日，由国家计划委员会、对外贸易部组成的经济贸易考察团抵达香港、澳门地区进行实地考察，目的很明确：了解香港、澳门经济飞速发展的原因。当时香港一年进出口总额达到196亿美元，而中国内地1977年只有148亿美元。宝安与香港仅一河之隔，但发展差距悬殊，一侧车水马龙，热闹非凡，一侧杂草丛生，萧条冷落。当时宝安流传四句话：青年跑光，土地丢荒，干部难当，老年心慌。考察团返程途经广州，向广东省党政领导介绍了调研情况，并建议将宝安、珠海两县改为省辖市，改革农业，发展加工业和旅游业。这让广东省领导干部深受启发，并向考察组提出了在毗邻港澳的地方建立试验区的设想。回京后，考察组将所见所感写成《港澳经济考察报告》上报中央，报告提出：可借鉴港澳的经验，把靠近港澳的广东宝安、珠海划为出口基地，力争经过三五年努力，在内地建设成具有相当水平的对外生产基地、加工基地和吸引港澳同胞的游览区。6月3日，中共中央、国务院的主要领导人听取考察组口头汇报后，同意其建议，并作了指示，“总的同意”，要求“说干就干，把它办起来”。至此，创办经济特区的构想破土而出。

几乎与此同时，广东省级层面开始紧锣密鼓地谋划区域发展蓝图。1978年10月，广东省委、省革命委员会向国务院上报《关于宝安、珠海两县外贸基地和市政建设规划设想》，明确提出“三个建成”目标：在三五年内把宝安、珠海两县建设成为具有相当水平的工农业结合的出口商品生产基地，成为吸引港澳游客的游览区，成为新型的边防城市，并且在此基础上，积极发展来料加工、装配业务和建材工业，建设旅游区和城市。广东省发展的新思路与中央的开放思路不谋而合，成为深圳等经济特区构想的重要雏形。

1978年11—12月，为党的十一届三中全会做准备的中央工作会议在北京召开。在中南组分组会议上，习仲勋作了题为《广东的建设如何大干快上》的工作汇报。他说：“从广东来看，要大干快上，当前面临的困难还很多，其中主要是粮食压力大，电力、燃料紧张，钢铁等原材料供应不足……同时，我们也希望，中央能给广东更大的支持，同时多给地方处理问题的机动余地。比如农业机械化，如果中央允许我们吸收港澳、华侨资金，从香港引进一批先进设备和技术，购进电力，进口部分饲料，就可以一方面先把国营农场、畜牧场、海水养殖场等武装起来，作为示范，培养人才，取得经验……”[①] 这些破除旧体制的构想反映了其对改革经济管理体制和发展生产力的渴求，对如何搞好中国的南大门提出了具体的发展规划，得到了中央领导的支持。

1978年12月13日，邓小平在中央工作会议上发表《解放思想，实事求是，团结一致向前看》的重要讲话。他开宗明义提出“解放思想是当前的一个重大政治问题”，强调“一个党，一个国家，一个民族，如果一切从本本出发，

① 虹霓．习仲勋在中国改革开放的历史转折时刻[N]．中国文化报，2008-08-22．

思想僵化，迷信盛行，那它就不能前进，它的生机就停止了，就要亡党亡国”。关于改革经济政策，他主张“要允许一部分地区、一部分企业、一部分工人农民，由于辛勤努力成绩大而收入先多一些，生活先好起来。一部分人生活先好起来，就必然产生极大的示范力量，影响左邻右舍，带动其他地区、其他单位的人们向他们学习。这样，就会使整个国民经济不断地波浪式地向前发展，使全国各族人民都能比较快地富裕起来”。[①] 这篇重要讲话不仅提出和回答了历史转折关头党面临的根本性问题，更成为冲破思想禁锢、开辟新道路的宣言与纲要，拉开了中国改革的大幕。

邓小平的这篇讲话实际上成为十一届三中全会的主题报告。1978 年 12 月 18—22 日，党的十一届三中全会在北京召开。会议明确提出“把全党工作的着重点和全国人民的注意力转移到社会主义现代化建设上来”，终止使用“以阶级斗争为纲”等口号；要求全党“解放思想，努力研究新情况新事物新问题，坚持实事求是、一切从实际出发、理论联系实际的原则”，这样“才能顺利地实现工作中心的转变，才能正确解决实现四个现代化的具体道路、方针、方法和措施，正确改革同生产力迅速发展不相适应的生产关系和上层建筑”。[②] 这是一次划时代的会议，它翻开了中国现代化建设事业的崭新篇章，在全国吹响了改革开放的号角。

改革开放初期，面对经济落后、体制僵化的现实，改革措施和政策制定秉持“摸着石头过河”的务实思路。一方面，鼓励地方因地制宜探索体制机制创新，释放企业与个人的积极性；另一方面，在原有体制框架下作出灵活调整，为民间活力的释放打开空间。

尤为重要的几项改革措施包括：在农村，实行“包产到户”，在集体土地所有制下引入家庭经营；在财政上，推行“分灶吃饭”，中央下放部分资源配置和财政收支决策权，财政预算体制逐步由统收统支转向包干制，增强地方发

① 邓小平．邓小平文选第二卷 [M]. 北京：人民出版社，1994.

② 吴敬琏．中国经济改革进程（第 2 版）[M]. 北京：中国大百科全书出版社，2023.

改革开放前的宝安县

展的积极性；在流通领域，建立“计划轨”与“市场轨”并行的“双轨制”，允许一部分物资进入市场流通，由买卖双方协商定价；同时，积极营造对外开放的基地。十一届三中全会明确提出“对外开放”的方针，积极发展与世界各国平等互利的经济合作。鉴于短期内无法建立统一的国内市场并与国际市场全面接轨，中国借鉴其他国家出口加工区和自由港的经验，依托沿海地区毗邻港澳台及侨资优势，率先建设地区性对外开放平台，为全面改革创造突破口。正是在这一背景下，深圳开启了经济特区的探索实践。

从宝安县到深圳市

深圳市的前身为宝安县，位于广东省南部、珠江口东岸，东临大亚湾和大鹏湾，西濒珠江口和伶仃洋，南隔深圳河与香港接壤。作为防御外敌从水路进犯广东腹地的重要前哨堡垒之一，这片区域自古以来便是边防要地，但经济发展长期滞后，当地人主要依靠传统农业和渔业维持生计，工业基础薄弱，工商业发展受限。

1978 年，宝安县人口 33.4 万人，经济总量 1.27 亿元，人均 GDP 380 元。

而一河之隔的香港，人口、经济总量和人均 GDP 分别是宝安县的 13.97 倍、227.44 倍和 16.28 倍。这种强烈的发展反差，催生出特殊历史时期的“逃港潮”。有记载：“1957 年、1962 年和 1979 年 3 次逃港潮中，宝安县累计外逃 5 万多人。仅 1979 年 1 月至 5 月，深圳逃出人数就有 1.1 万多。”[①] 这些数字背后，是人民对更好生活的渴望，也推动着历史变革。

随着党的十一届三中全会作出改革开放的决策，全国上下都在探索新的发展道路。在南方的广东，一场重塑深圳命运的变革，也在这样的大背景下慢慢拉开序幕。

1978 年 8 月 22 日，中共惠阳地区委员会紧扣中央探索对外经济合作的战略方向，为充分发挥宝安县毗邻香港的独特区位优势，激发区域经济活力，向广东省委报送《关于宝安县改为深圳市的请示报告》。文件提出：“宝安这个地方将要建成为外贸基地，深圳将建为旅游区。为了进一步搞好边防，根据省委的指示精神，经地委常委讨论，我们建议把宝安县改为深圳市。这个市的建制相当于地区级，即低于地委半级，高于县半级的建制，仍受地委领导。”这是

① 中共深圳市委党史研究室，深圳市史志办公室．深圳大事记（1978—2020）[M]．深圳：深圳报业集团出版社，2021．

“深圳市”第一次出现在正式文件中。

为什么叫“深圳市”而不是“宝安市”？在设立深圳市之前，作为地名的深圳还是宝安县的一个小镇——深圳镇。由于与香港只有一河之隔，深圳口岸比宝安县更知名。1978 年 11 月 25 日，宝安县革委会在向惠阳地区革委会、广东省革委会呈报的《关于宝安县改为深圳市建制的报告》中提出：“必须把全县所辖范围改为市，名称叫深圳为好，因为深圳口岸全世界闻名，而宝安县则很少人知道。”

1979 年，在深圳发展历程上是一个关键年份。1 月 8—25 日，广东省委四届二次常委扩大会议在广州召开。会议围绕如何贯彻党的十一届三中全会精神，实现工作重点转移以及如何把农业生产搞上去等问题展开深入讨论。会议期间，惠阳地区革委会于 1 月 13 日向广东省革委会上报《关于宝安县改为深圳市建制的报告》。该报告从经济发展与行政管理双重维度提出：关于宝安县改为深圳市的建制问题，为有利于对外贸易和对外加工工业，同意把深圳镇改为深圳市。从有利于加强对农业的领导出发，建议保留宝安县的建制。如省革委会认为不再设县，而改为在市下面分设六个区（成立深圳市，下辖深圳、葵冲、龙岗、南头、松岗、龙华六个区），也表示同意。

宝安县改变行政建制并设立深圳市的方案，得到以习仲勋为首的广东省委、省革委会同意。1 月 13 日当天，广东省革委会便向国务院呈递请示：将宝安县改设为深圳市，属省辖市建制。短短 10 天后，1 月 23 日，广东省委发布《关于设立深圳市和珠海市的决定》，宣布将宝安县改设为深圳市，同步成立中共深圳市委员会，由广东省和惠阳地区实行双重领导，按地区一级配备干部力量，建立出口商品基地，发展对外贸易。

经过层层研讨与审慎决策，1979 年 3 月 5 日，国务院下达《关于广东省设置深圳、珠海市的批复》。文件指出：“将宝安县改设为深圳市，以宝安县的行政区域为深圳市行政区域。”这标志着深圳市正式成立，深圳开始进入新的历史时期。

深圳获批设市后，改革的步伐马不停蹄。为响应中央建立出口商品基地的战略部署，国务院批复深圳建市的第二天，深圳市委就下发《关于发展边防经济的若干规定》，以开创性举措拉开经济转型大幕：一是恢复和发展边境贸易；二是积极开展补偿贸易，发展以出口为主的种养场；三是引进外资投资设厂，来料加工装配；四是扩大过境耕作，允许过境耕作人员收集境外废旧物资免税进口，交境内供销社或工厂翻新加工出售。这些政策既回应了群众对扩大过境耕作和恢复边境贸易"走出去"等经济活动的热切期盼，更以对外贸易体制改革为支点，带动了计划经济管理体制改革。

新规定落地后，深圳边境小额贸易得以恢复，过去由国营外贸公司独揽进出口的格局被打破——边境贸易出口和分成外汇进口物资改由市、县小额贸易公司经营，非边境地区农副产品完成国家统购任务后，既可通过国营外贸公司外销，也能委托小额贸易公司代理出口。至此，国营主导、地方参与、代理服务并行的多元化外贸体系初具雏形。

1979 年春，新生的深圳在探索中不断拓宽改革边界。3 月 25 日，深圳市革委会向广东省革委会提交报告，聚焦旅游业开发、合资企业设立和土地利用等议题。4 月 13 日，广东省革委会对相关问题进行研究后，原则同意在深圳市范围内划分出一块地方出租给外商，用于建设工厂、旅馆、旅游区等；同时批准设立外币商店，同意深港合作开发旅游业等。这些决策在中央批准广东实行"特殊政策、灵活措施"之前提前研究通过，多项举措堪称国内首创，展现出深圳先行先试的魄力。

基于广东省革委会的支持，1979 年 5 月 5 日，深圳市委向广东省委进一步报送《关于充分发挥我市特点优势，为国家争取更多外汇的意见》，呈现更为清晰的发展规划：第一，以发展农业为工作重点，扩大农副产品出口；第二，允许外商独资或合资在深圳市建房办厂，建华侨住房；第三，积极发展旅游业，开辟和扩大游览区，引进外资兴建宾馆，组织与香港互通的旅游车，简化出入境手续，在深圳口岸开设外币商店等。深圳市委提出，按这些思路发展，三年之内（到 1982 年），全市外汇收入有望突破 10 亿美元，是原来规划的 3 倍。其中农业 6000 多万美元，工业（含来料加工）4000 多万美元，旅游业 3000 万美元，土地租赁与合资建房 6 亿美元，外币商店 7000 万美元，侨汇 3000 万美元，口岸兑换 1.5 亿美元，向香港供水收入 6000 万美元。这份发展规划不仅包含经济指标的跃升，还着眼民生改善：计划到 1982 年实现人均收入翻一番，达到 250 ~ 300 元；制订粮食、肉、糖、油等主要生产项目增产计划，明确公社社员分配指标，并对住房建设、乡村道路等基础设施改造提出明确要求。深圳建市之后的发展规划、未来的崭新面貌，得到初步描绘。

经济特区的构想

1979 年 4 月 5—28 日，聚焦经济调整问题的中央工作会议在京西宾馆举行。广东省委领导在会上向中央提出广东要在改革开放中先走一步，实行特殊政策、灵活措施和创办贸易合作区的设想。4 月 17 日，中共中央政治局召开中央工作会议各组召集人汇报会，习仲勋汇报了广东的经济现状以及开放搞活的设想：广东临近港澳，可以发挥这一优势，在对外开放上做点文章；广东打算仿效外国加工区的形式，在毗邻港澳的深圳、珠海和重要侨乡汕头划出一些地方，单独进行管理，作为华侨、港澳同胞和外商的投资场所，按照国际市场的需要组织生产，初步定名为“贸易合作区”。①

对于广东关于请求下放若干权力和搞“贸易合作区”等设想，邓小平表示赞同。当听说“贸易合作区”的名称大家存在争议时，他说：“还是叫特区好，陕甘宁开始就叫特区嘛！中央没有钱，可以给些政策，你们自己去搞，杀出一条血路来。”② 这是邓小平第一次提出办特区，建立经济特区的构想从此诞生。在邓小平的提议下，中央工作会议讨论了这一重大问题，并形成《关于大力发展对外贸易增加外汇收入若干问题的规定》，正式提出“试办出口特区”，明确对广东、福建两省实施“特殊政策和灵活措施”。

---

① 中国人民政治协商会议广东省委员会．敢为人先——改革开放广东一千个率先：科技 · 教育卷[M]．北京：人民出版社，2015．

② 中共中央文献研究室．邓小平年谱 1975—1997（上）[M]．北京：中央文献出版社，2004．

1979 年 5 月 1 日，深圳市委向广东省委提交请示，提出一系列开放举措：允许外商独资或合资在深圳市建房设厂，积极发展旅游业，引进外资兴建宾馆等。中央确定试办出口特区后，广东省委迅速响应，成立起草小组，负责起草《关于试办深圳、珠海、汕头出口特区的初步设想》，为特区建设搭建起初步框架。6 月 6 日，在中央工作组的帮助下，广东省委向中共中央、国务院上报《关于发挥广东优越条件，扩大对外贸易，加快经济发展的报告》，从扩大对外贸易、加快经济发展的优越条件，初步规划设想，实行新的经济管理体制，试办出口特区，切实加强党对经济工作的领导 5 个方面提出实行新体制和试办特区的要求。在报告中，广东省委还希望中央帮助解决化肥、电力、燃料和交通运输等方面存在的突出困难。

1979 年 7 月 15 日，中共中央、国务院批转广东省委、福建省委《关于对外经济活动实行特殊政策和灵活措施的两个报告》，即著名的 1979 年中央 50 号文件。文件指出："中央确定，对两省对外经济活动实行特殊政策和灵活措施，给地方以更多的主动权，使之发挥优越条件，抓住当前有利的国际形势，先走一步，把经济尽快搞上去。"特殊政策和灵活措施的主要内容之一，即为试办出口特区。文件还指出："关于出口特区，可先行在深圳、珠海两市试办，待取得经验后，再考虑在汕头、厦门设置的问题。"这一历史性文件，吹响了创建深圳经济特区的进军号。

中央 50 号文件下发后，广东省委为加强对经济工作的统筹领导，设立了省经济工作办公会议制度。1979 年 9 月 25 日，广东省经济工作办公会议决定原则上同意深圳市政治、经济工作由省直接抓，经济计划单列，由省直接下达，待提请省委常委会决定后执行。同时，会议明确适当下放经济审批权限，深圳市的来料加工项目，不需要引进设备的（或者直接引进设备在 100 万美元以内、3 年内能够用工缴费偿还的），由市革委会负责审批。11 月 26 日，广东省委、省革委会下发《关于改变深圳市和珠海市体制的通知》，决定将原来的深圳市由广东省和惠阳地区双领导的体制，改为地区一级的省辖市，直属省领导。

在国内经济体制尚未全面改革的背景下，广东、福建两省试行新体制的探索之路充满挑战与突破。1979 年 10 月 24 日，《关于加快深圳建设必须解决的几个问题》的报告提出了建立福田出口加工区、蛇口工业区、沙头角试验区等 12 个问题。10 月 31 日，广东省委召开出口特区工作座谈会，讨论研究创办特区的方针、政策和实施路径，并建议中央将“出口特区”改称为“经济特区”。11 月，深圳市委召开常委会会议讨论落实中央关于创办特区的指示精神，会议提出：深圳特区应划大一点，是工业、农业、旅游业、住宅业、商业等多方面综合发展的特区。

1979 年 12 月，广东省委形成《关于广东建立经济特区几个问题的汇报提纲》。同月，国务院在北京首次召开筹建特区的专题汇报会议，批准广东、福建两省在对外经济活动中实行特殊政策和灵活措施，要求两省在国民经济发展的各个方面上先行先试。12 月 27 日，广东省五届人大第二次会议审议通过了历时 1 年数次易稿的《广东省经济特区条例（草案）》。“经济特区”这个概念首次通过国内新闻媒体进入大众视野。

1980 年 3 月，中央在广州召开广东、福建两省会议，此次会议采纳广东省建议，把“出口特区”更名为具有更丰富内涵的“经济特区”，并要求“广东应首先集中力量把深圳特区建设好”，同时明确规定了经济特区的性质和方向，经济特区实行特殊的经济政策、灵活的经济措施和特殊的管理体制，以外向型经济为发展目标。5 月 4 日，广东省委成立省经济特区管理委员会，统筹管理全省深圳、珠海、汕头 3 个特区。5 月 16 日，中共中央、国务院对《广东、福建两省会议纪要》作出批示，把“出口特区”正式定名为“经济特区”。

经济特区的先行者：陕甘宁边区

抗日战争时期的陕甘宁边区，是中国共产党坚守的“红色心脏”，也是特殊历史条件下探索经济治理路径的先行试验区。面对国民党的经济封锁和日军扫荡，陕甘宁边区通过大生产运动、精兵简政、发展国营经济等措施，实现战时自给，不仅支撑了抗战，更探索出战时经济管理的中国经验。历经 1937 年从苏区到特区、再到边区的名称更迭，在战火与封锁中，这片黄土高原孕育出新民主主义经济的雏形。其核心在于：动员群众生产力、灵活调整政策、务实的经济结构平衡。

大生产运动：从“饿死”到“丰衣足食”。1939 年，中央在延安召开生产动员大会，发出“自己动手”的号召。1941 年中央再次强调走生产自救的道路。从 1941 年开始，陕甘宁边区经济建设迎来高潮。1941 年，八路军第三五九旅开发南泥湾，一整年共开荒地 11200 亩，收获粮食 1200 石，南泥湾荒山变良田。1942 —1944 年，陕甘宁边区共开垦荒地 200 多万亩。到 1945 年，边区农民大部分做到“耕三余一”，部分做到“耕一余一”，即达到种一年可留一年的余粮。

金融与贸易：抗通胀与打破封锁。1943 年，陕甘宁边区推行“物价慢涨、货币慢发”政策，发行商业流通券以抑制通胀、稳定金融。通过“盐代金”贸易手段，出口食盐换取棉花、药品等紧缺物资，缓解封锁压力。食盐出口一度占边区出口额的 90%，食盐税收长期占边区工商税收的 50% 以上，有力支撑财政。

经济制度创新：新民主主义的“试验田”。陕甘宁边区大力开展劳动互助合作，在城乡各地建立不同类型的合作社；政府和军队、机关、学校筹办农工商企业；在大力发展工农业生产的基础上，促进商业、交通运输业和财政金融业发展。抗日战争时期，边区已经形成 4 种经济成分：个体经济、私人资本主义经济、合作经济、国营经济，新民主主义的经济模式初步形成。除此之外，通过三轮精兵简政，陕甘宁边区达到了业务精简、机构精简、人员精简，为战时经济管理提供制度创新范例。

深圳经济特区正式建立

经济特区的建立亟须一部开创性法律文件作为制度保障和实践指南。1980年，国务院将这项重任交给了广东省。广东省委高度重视条例的起草工作，组织专家学者和实务部门围绕若干重大议题展开深入研讨，如经济特区管理权限的界定问题，如何平衡中央统筹与地方自主；海外投资优惠政策的尺度把握，如何既体现开放又维护国家利益等。1980 年 8 月 26 日，五届全国人大常委会第十五次会议决定，同意在广东省深圳、珠海、汕头和福建省厦门设置经济特区，并通过《广东省经济特区条例》。至此，经济特区正式诞生。此时的深圳，外商投资兴办的项目已有 300 多个，充分证明特区政策的先导效应。经济特区的建立，使得深圳的旧体制悄然破冰，开启了中国对外开放的大门。

1981 年 7 月，中共中央、国务院批转《广东、福建两省和经济特区工作会议纪要》，不仅在计划、财政、金融、外贸等领域为广东、福建两省继续推进经济体制改革指明路径，更围绕经济特区建设，系统提出 10 条主要政策意见：一是特区的规划和建设要因地制宜，注重实效，各有侧重发展；二是海关对特区进口的货物、物品，要给予特殊的关税优惠；三是简化入出境手续，方便人员往来；四是劳动工资制度要进行改革；五是特区市场需要的国内出口商品，可由特区向有关外贸公司提出订货，以外汇结算；六是特区的货币以人民币为主，外币限制在指定的范围内使用；七是积极筹措特区建设资金；八是特区的机场、海港、铁路、电讯等企事业，应允许特区引进外资，由特区自营或与外资合营，自负盈亏；九是加强特区的法治建设；十是特区的管理机构，应按照精简高效的原则设置，并赋予充分的权力。文件指出："上述十项措施是当务之急，这些工作做不好，特区就很难真正办起来。"[①]

自 1979 年 7 月中央决定在深圳、珠海和汕头试办"出口特区"后，如何

① 中共深圳市委党史研究室，深圳市史志办公室．深圳改革开放四十年 [M]. 北京：中共党史出版社，2021.

划定深圳经济特区范围，成为亟待解决的关键问题。经过反复商讨研究，1981年5月4日，深圳市委向广东省委提交《关于深圳经济特区范围和管理的请示报告》，明确特区边界："东起大鹏湾的背仔角，往西南延伸至蛇口、南头公社一甲村止的海岸边界线以北，北沿梧桐山、羊台山脉大岭古、打鼓嶂、嶂顶、九尾顶、髻山、大洋头以及沙湾检查站，独树村、白芒大队以南的狭长地带，总面积327.5平方公里。"深圳市委的意见得到广东省委和中央的同意，1982年6月，国务院批准《广东省深圳市经济特区二线设防和管理方案意见的报告》，正式确定了深圳经济特区范围。深圳经济特区是当时世界上面积最大的经济特区。

蛇口打响改革开放"第一炮"

在党的十一届三中全会召开前后，与宝安撤县建市、推进"三个建成"等重大举措同步推进的，是交通部下属香港招商局在宝安县筹建工业区的开创性实践。这一构想源于香港招商局对内地优势的深刻把握：宝安县毗邻香港，具备得天独厚的地理条件；内地有相对低廉的土地和劳动力资源；宝安可有效对接香港和国外的资金、技术、专利、设备等有利要素。基于此，香港招商局提出在宝安县建设出口加工工业区的设想。

1978年10月9日，交通部党组向中共中央、国务院上报《关于充分利用香港招商局问题的请示》，这是招商局转折时期一份十分重要的文件。文件明确提出招商局24字经营方针——"立足港澳，背靠内地，面向海外，多种经营，买卖结合，工商结合"，"争取五年至八年把招商局发展成为综合性大企业"，为此"应当冲破束缚，放手大干，争取时间，加快速度，适应国际市场的特点，走出门搞调查、做买卖，凡是投资少、收效快、盈利多、适应性强的企业可以争取多办，以便发展一批中小型现代化交通工业和其他工业企业；兴办现代化建筑公司……"。

这份文件中还提出：企业实行独立核算，自负盈亏，根据市场情况，采取灵活多样的经营方式，允许与外商合办、跨国经营等；应简化审批手续，赋予就地独立处理问题的机动权；可向银行贷款（包括向外资银行抵押贷款）；可试行发股票和有价证券，多方设法吸收港澳与海外的游资等创新性设想。这份请示报告得到中央领导支持。

1979 年 1 月，交通部和广东省联合向国务院上报《关于我驻香港招商局在广东宝安建立工业区的报告》，正式提出在宝安县蛇口公社境内建立工业区，这样既能充分利用内地廉价的土地和劳动力，又便于利用国外资金、先进技术和原材料，把两者有利条件充分利用并结合起来，对实现中国交通航运现代化，促进宝安边防城市工业建设以及推动广东省的整体发展，都将产生积极且深远的影响。2 月 2 日，国务院批准由香港招商局投资开发，在蛇口 2.14 平方千米的土地上，建立中国内地第一个出口加工工业区。4 月 1 日，蛇口工业区筹建指挥部成立。7 月 8 日，随着一声巨响，香港招商局在蛇口公社炸山填海，基础工程破土动工，炸响了中国改革开放的“第一炮”。11 月 18 日，广东省、深圳市与香港招商局三方代表签署《关于经营蛇口工业区的内部协议》，明确蛇口工业区成为深圳市的组成部分，同时享有较高的自主权。在管理机制上，工业区党政关系归深圳市领导，各种合资协议要向深圳市工商行政管理局办理注册手续，但整个工业区的开发由香港招商局投资。

作为中国改革开放的“试验田”和“排头兵”，蛇口工业区率先进行体制机制改革。在管理与运营机制上，蛇口工业区的规划建设统一由交通部领导下的建设指挥部负责，建设指挥部设有指挥、副指挥，下设办公室、人事科、财务科、工程科、物资管理科、总务科、基建科和驻深圳联络处，整个指挥机关仅 25 名工作人员；引进外资和技术则由招商局发展部在香港直接对接洽谈和签订协议。招商局通过水路运输，随时安排外商到蛇口了解工业区的布局和建设速度。

政策层面，尽管《广东省经济特区条例》是建设经济特区的主要依据，但蛇口结合自身特点，细化规章制度。对于合资企业的股权比例、公司组织架构、经营期限、土地使用规范、税收减免政策、职工雇用制度、工资福利待遇、外汇管理办法、人员往来规定、水电供应保障、经济仲裁流程等问题，均做到有据可查。这些因地制宜的政策，为客商投资兴业提供了明确指引，增强了外商的投资信心。

在规划建设上，蛇口工业区第一期工程围绕基础设施建设展开，包括建设港口（开挖航道和自建600米长的工业区专用码头），修建公路、变电站、水厂，铺设管道、电线等。到1981年下半年，蛇口工业区基建告一段落，工作重点逐步转到工厂建设和经营管理。一批轻工、化工企业相继投产，产品就地出口，成为赚取外汇的重要力量。

在中央和广东省的大力支持下，蛇口工业区的改革开放和开发建设成效显著。1980年1月，香港各大传媒纷纷以较大篇幅报道蛇口工业区的诞生。1981年12月，时任香港总督麦理浩首次访问了蛇口，称赞工业区建设速度超过了香港，在香港引起了强烈反响。[①] 截至1982年底，蛇口工业区已经签订独资、合资经营项目合同41项，投资额达7亿港元。其中，引进投入使用的美国微波通信设备、意大利连铸机、日本联合剪切机、英国的冷轧机，丹麦“老人牌”船舶油漆配方和油漆厂的滤清器分散盆、吸尘系统等，均具有世界先进水平。到1982年下半年，蛇口工业区兼具现代化海港功能和工业特色的城市雏形已然显现。工业总产值从1982年的1924万元增加至1999年的843664万元，蛇口工业区快速发展。

1984年7月，广东省政府批准设立蛇口区管理局，蛇口工业区面积扩大为16.81平方千米（含岛屿面积5.41平方千米）。截至1984年底，工业区已与客商签订各种投资协议、合同共148项，协议规定的客商投资额为16.28亿港元（不含深法玻璃厂投资），实际已投入使用的资金达16.08亿港元。曾经的荒滩野岭，已然崛起为一个初具规模的新兴出口加工工业区，形成资金以外资为主、产品以外销为主、产业以工业为主的产业格局。

在改革开放的时代浪潮中，蛇口工业区的发展并非一帆风顺。蛇口工业区

① 广东省政协文史资料研究委员会．经济特区的由来[M]．广州：广东人民出版社，2002．

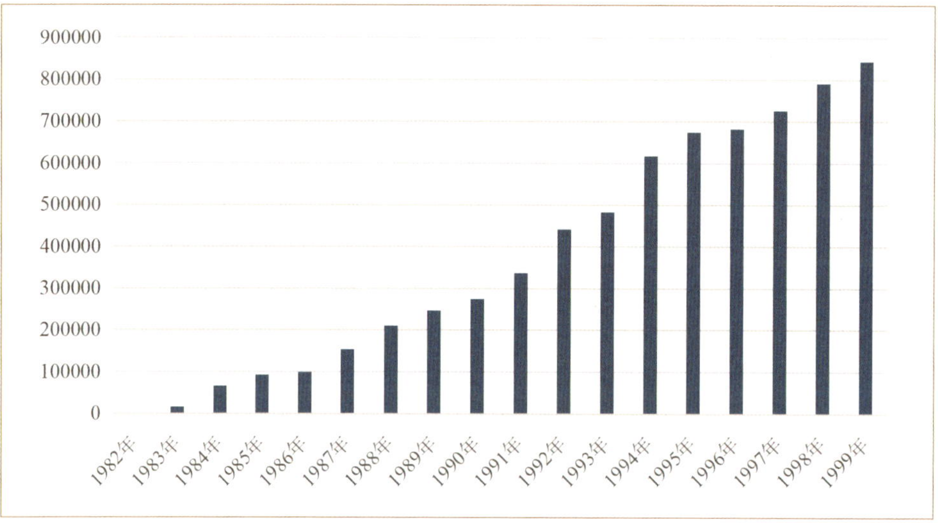

1982—1999 年蛇口工业区工业总产值变化（单位：万元）

创建初期，面临思想观念的碰撞、体制机制的束缚以及建设资金与经验的匮乏等多个方面的问题。当时，创办蛇口工业区，没有被纳入国家计划，也没有财政拨款，但争取到两项特殊政策：一是 500 万美元以下的工业项目可自主审批，二是允许向外资银行贷款。大约两年时间，工业区成功借入 15 亿元，用于建设工业基础设施和生活设施。秉持“以工业为主、积极引进、内外结合、综合发展”的建区方针，工业区简化招商程序，将从谈判到签订协议、审批注册的周期压缩至一个月；除招商局用自有资金设厂之外，还与港澳厂商合资办厂，工业区享受产品免税出口政策；蛇口工业区和香港之间，人员、设备、材料、产品直接从海上进出，手续简便。这些措施有力地吸引了企业，仅两年多时间，蛇口企业从无到有，发展到 100 多家。① 自 1979 年 7 月正式动工建设以来，一大批香港厂商和来自加拿大、美国、日本、丹麦、英国、挪威、瑞典、瑞士、印度尼西亚、葡萄牙、马来西亚、新加坡等国家的企业财团接踵而至，或实地参观，或洽谈合作。

① 中共深圳市委党史研究室，深圳市史志办公室．深圳改革开放四十年 [M]. 北京：中共党史出版社，2021.

作为中国第一个对外开放的工业园区，蛇口工业区成为深圳经济特区作为“改革开放窗口”的成功范例，积累了宝贵经验。一是经济建设以工业为主，带动其他行业发展。通过大力引进外资兴办工厂企业，截至1982年底，工业项目投资占总投资的75%。随着工业发展，交通运输、金融、商业、饮食、住宅等行业应运而生，工业区不断繁荣。二是重视创造良好的投资环境，搞好各种服务，简化手续，对投资者给予优惠。工业区不仅在土地使用、用水、港口作业等方面提供低于香港的收费标准，职工薪酬成本也更低。依托香港招商局的良好资信，即便在国际经济低迷期，蛇口工业区仍然能够不断引进外资。在投资形式上，更是大胆创新，独资、合资、多方合作等形式灵活并存，更好地发挥经济特区优势。三是工业区十分重视引进先进设备、技术和经营管理经验，并配套更优厚的政策条件。工业区的建设者深知“引进”只是起点，更注重对先进成果的消化吸收，推动经济特区建设，也为内地企业的改革发展提供可资借鉴的经验。

蛇口工业区不要国家拨款，引进外资，自担风险，高速度发展工业，从一片滩涂起步，走出了由单一企业独立开发、建设、经营、管理区域的创新之路，并在经济体制和行政管理体制上进行全方位配套改革。其创立的敢闯敢试的“蛇口模式”，很快成为改革开放的一面旗帜，为中国的社会主义现代化建设指引方向。

专栏

深圳特区经济思想体系

深圳特区作为特区建设最为耀眼的存在，不仅是中央政府向少数地方政府释放改革权限以推进全国体制改革的成功范例，更是构建中国特色社会主义市场经济体系的重要基石。特区路径是中国共产党改革经济思想的重要内容，是中国首创的改革发展方略——在特定历史阶段，通过优先向少数地方政府释放改革权来推进全国的体制改革。这一策略不局限于促进区域经济增长，更重要的是探索和实践出一条适合国情的改革道路。特区这种路径不仅是推进经济体制改革的有效策略，也是激发地方积极性、探索特色发展道路的重要手段。它通过局部试点、逐步推广的方式，有效地降低了改革风险，并通过竞争机制促进了持续创新和发展。

一、特区路径的必要性

基于实事求是的原则进行经济改革的选择，强调每个地方都有其独特性，"中国这么大，各省有各省的特点，有些事应该根据各省的特点来搞"，[①]不能同时在全国所有地区展开改革。因此，经济特区建设采取"积极试验""先搞试点"的方式，通过某些地区的先行改革带动周边地区跟进，以降低全面铺开的风险，并逐步积累经验。

二、深圳特区路径的内涵与实践

推广示范功能：作为承载国家战略的改革先锋，深圳特区肩负着为全国提供可复制经验的使命。从技术引进到管理模式革新，特区成为展示改革开放成果的窗口，其成功经验为全国提供了清晰的实践样本。

① 《习仲勋传》编辑委员会．习仲勋传（下卷）[M]．北京：中央文献出版社，2013．

放宽政策：通过放权分权打破计划经济体制桎梏，充分发挥地方积极性，迈向市场化改革。鼓励支持创新实践，并允许特区在遵循基本原则的前提下灵活变通地执行政策，将“放宽政策”视为探索灵活经济出路的重要手段。

发挥地方创造力：区别于传统经验推广模式，特区路径鼓励地方政府自主探索改革方案。深圳的建设者以“摸着石头过河”的勇气，在实践中寻找最契合本地发展的路径，彰显特区改革的自主性与独特性。

三、深圳特区路径的优越性

降低改革风险：大改革也需从小处着手，是特区路径的重要逻辑。即使试点不成功，也能从中汲取经验教训，为后续改革优化提供参考。深圳作为“试验田”，将改革风险控制在局部范围，为全国改革筑牢安全屏障。

构建良性竞争机制：通过设立多个不同形式的试验区，形成良性竞争环境，激励地方政府大胆创新，避免无序竞争的同时推动整体改革进程，促进各特区之间的相互学习和进步。

弘扬改革者精神：特区建设过程中孕育的敢闯敢试、敢为人先、埋头苦干的精神，鼓励地方政府发挥主动性，积极寻找适合自身的改革方向与路径，为全国深化改革提供宝贵经验和启示。

"深圳速度":"三天一层楼"的奇迹

1980年8月，全国人大常委会批准建立深圳经济特区，标志着这座边陲小镇开始了从"农业县"向"现代化都市"的迅速转型。此时的深圳基础设施薄弱，城区以低矮民房为主，城市承载能力无法满足对外开放的需求。同时，随着经济特区的建立，要求来深圳投资兴业、设立对外联络机构的省、市、部委骤然增多。在"摸着石头过河"的探索中，基础设施建设成为推动深圳工业化、城市化进程的先导领域。

1981年5月，深圳市委、市政府邀请来自全国各省、市及国务院所属12个单位的100位代表在竹园宾馆开会，决定集资兴建集办公、贸易、接待等功能于一体的国际贸易中心大厦（简称"国贸大厦"），作为对外开放的窗口。规划敲定后，建设进程迅速推进。1981年6月项目开始筹款，7月招标，这是深圳市首次公开进行设计方案竞标。1982年5月正式动工，承建方是中国建筑第三工程局一公司。

传统建筑施工常采用翻模工艺，也就是先在大楼外部搭建脚手架，一直搭到最高层，然后逐层制作模板、轧钢筋、浇混凝土，再层层拆模，这样的建筑过程往往效率低、用时长。国贸大厦7层以下采用的就是传统的翻模施工，8～10天建造一层。为了加快修建速度，项目组决定采用当时国内还没应用过的滑模工艺。相比翻模工艺，其省去了翻板的程序，由几百个油压千斤顶同步顶着施工平台。过程中，先用钢结构搭建模板，再往里浇灌水泥，等到水泥大体凝固，再往上提升模板。这样带着模板边浇筑混凝土，边轧钢筋，边提升，大大加快了施工速度。然而新技术的应用往往带有挑战，因在国内尚无先例，国贸大厦在修筑中3次试验都失败了，遭受质疑。1983年6—10月，中建三局一直在进行技术攻关，最终研制出国内第一套大面积内外筒整体同步滑模的新工艺，国贸大厦建设速度也越来越快。

从第31层开始，持续以3天一层的速度盖楼。而当时，香港最快的盖楼速度是5天一层，美国是4天一层。经中央电视台《新闻联播》播报后，"三天一层楼”的“深圳速度”在全国传开，成为深圳改革开放的标志。

1985 年 12 月 29 日，总建筑面积 10 万平方米、高 160 米、53 层的国贸大厦胜利竣工。这是中国高层建筑历史上的奇迹，标志着中国超高层建筑工艺达到了世界先进水平。国贸大厦创下了数个中国第一：第一个实行招标的建筑工程、第一个大面积使用滑模施工的建筑、第一栋综合性超高层楼宇，并在建成后 10 年左右的时间里一直是中国第一高楼，展现了深圳人敢想敢干、敢为天下先的精神。

深圳建市初期，百废待兴，建筑人才奇缺，并没有承建较大工程项目的能力。当时，深圳市的建筑公司只有 300 多人。突飞猛进的城市发展，急需大批实力雄厚的建筑施工队伍。为了支持深圳建设，1979 年，按照国务院、中央军委的命令，中国人民解放军基建工程兵冶金系统调集 5 个建制连组成先遣队，从鞍山市来到深圳。同年，36 支队两个连从湖南郴州奔赴深圳，加入先遣队中，拉开了基建工程兵建设深圳经济特区的序幕。作为基建工程兵进入深圳打下的第一仗，深圳市委办公大楼的修建条件异常艰苦。当时没有大型机械、没

1987 年拍摄的原基建工程兵驻地板房片区（原深南大道深南市场路口）

有混凝土搅拌机，甚至铁锹数量都不够人手一把，工程兵就用手提肩扛、人力搅拌，最终在不到一年时间内盖起了一座像样的办公大楼。20 层的深圳电子大厦同样创造了历史，这样的建筑无论是在基建工程兵部队的建筑史上，还是在深圳的建筑施工中，都是首例。然而这座大厦实现了建筑垂直度偏差不到 5 厘米，远远低于国家容许偏差 10 厘米的标准，在国内外引起轰动。

1982 年秋天，中央军委又调派 2 万基建工程兵进入深圳参加特区建设。这支大部队成为深圳早期数量最大的外来移民，迅速改变了特区初期的人口结构。100 多列军列以每天一列的密度开进深圳，12 月底，来自上海、天津、唐山、沈阳、本溪、锦州、鞍山、汉中、西安、郑州等地的各部队基本调遣完毕。基建工程兵组成一支实力雄厚、纪律严明、特别能战斗的基本建设队伍，先后参加了市委办公大楼、深圳第一幢高楼深圳电子大厦、深圳第一幢高档酒楼泮溪酒家、深圳第一座大型商场友谊商场等重点工程建设，从根本上改变了特区建设初期深圳建筑施工队伍薄弱的局面。①

1983 年 9 月，为了加强特区基建力量、加快建设步伐，2 万基建工程兵实现集体转业，改编为深圳市属建筑施工企业的员工，成为深圳经济特区城市建设的中坚力量。部队以团的建制为单位改成若干个公司，团长成了经理，政委成了党委书记。在此基础上，后来又组建成几个大型集团，如长城地产集团，前身就是深圳市工程开发公司，其曾完成长城大厦的建设。这个标志性建筑之所以用“长城”来命名，就是因为建设者都是基建工程兵，而解放军是“钢铁长城”。

据不完全统计，特区建立之初的 3 年多时间里，基建工程兵共承建大小工程 160 多项，迅速为深圳市建起一批高楼大厦和基础设施，为特区“七通一平”（道路通、给水通、电通、排水通、热力通、电信通、燃气通及土地平整）基础建设的顺利完成作出了巨大的贡献。作为特区第一代拓荒者，基建工程兵无疑是深圳“拓荒牛”精神的最生动代表。他们以无私奉献精神和顽强战斗作

① 深圳市档案馆．“竹叶宾馆”的记忆：基建工程兵南下 [EB/OL].(2023−02−05)[2025−03−02].

风，在深圳经济特区树立起创业者的丰碑。与此同时，成千上万的中高级知识分子，从全国各大城市南下深圳。来自全国各地的建筑大军以及劳务大军也浩浩荡荡地涌入深圳，成为深圳经济特区早期建设者。

20 世纪 80 年代初期，在全国为工程建设周期过长、合理工期难以落地而一筹莫展之际，深圳经济特区以令人惊叹的建设速度和业绩，展现于国人眼前。1979—1992 年，深圳市共完成基本建设投资 406.28 亿元，开发建设面积以平均每年 8 平方千米的速度扩展。深圳逐渐形成由铁路、公路、水路、航空共同组成的立体运输网络，一座广厦林立、环境优美、交通发达、设施配套的现代化新城在祖国的南部迅速崛起。

第二节　旧体制的突破：市场化改革的破冰行动

1982 年 9 月，党的十二大召开，大会第一次鲜明地提出“建设有中国特色的社会主义”的指导思想，并提出全面开创社会主义现代化建设新局面的奋斗目标、战略重点、实施步骤和一系列方针政策。1984 年 10 月，党的十二届三中全会召开。会议通过的《中共中央关于经济体制改革的决定》，系统地提出和阐明了加快以城市为重点的整个经济体制改革中的一系列重大理论和实践问题，为全国经济体制改革提供了新的理论指导。在这一时期，深圳经济特区勇担改革先锋使命，突破计划经济体制束缚，全面推进市场化改革探索。

价格改革：从计划定价到市场调节

深圳经济特区建立初期，面临着人口激增与物资短缺导致供需失衡的严峻挑战。1982—1983 年，特区人口呈爆发式增长，导致生活物资供应面临前所未有的压力。数十万人的吃、穿、用出现了严重危机，而且大规模的城市建设需要大批的钢材、水泥和木材。在计划经济体制下，商品价格由政府统一制定，与市场价值严重脱节。例如，粮食、猪肉等生活必需品长期实行“低价格、高补贴”，导致资源错配；生产资料（如钢材、水泥）的计划价格无法反映真实供需情况，企业难以通过市场信号调整生产，进一步加剧短缺。这一矛盾深刻暴露了计划经济体制的缺陷，也凸显了特区进行市场化改革的紧迫性。正是在这样的困境中，深圳经济特区开启了价格改革的探索。

1980—1983 年，深圳按照“以调为主，调放结合，分步理顺价格”的改革思路，开始物价改革。通过下放价格管理权、扩大差价、调高收购价格、试行价格浮动、放开部分商品价格和收费等措施，在国内率先打破僵化的计划价格管理体制，探索由市场供求关系决定价格，发挥市场价值规律的作用，缓解了特区建立初期市场供应极度紧张的状况。特区创办初期，由市政府物价部门管理的农副产品有 110 多种，到 1983 年改革后只剩下粮、油、肉等 9 种商品，特区物价已基本放开，基本满足了人民日益增长的物质生活需求。

1984—1987 年，深圳按照“放调结合，以放为主，进一步理顺价格”的改革思路，继续理顺部分扭曲的价格，逐步放开大部分商品价格和小部分收费，允许企业自行定价，逐步取消政府对物价的所有补贴。政府对放开的价格实行动态的管理。截至 1984 年 10 月，深圳已放开价格的商品比重约占社会商品零售额的 80%。11 月 1 日，物价改革的条件基本成熟，深圳取消粮食统购统销政策，实行议购议销，全面放开粮食市场，在特区内取消粮本和票证。也就是说，粮油等副食品可以由交易双方商定价格购买或销售。

由于发挥了价格机制、供求平衡机制的作用，深圳取消粮食凭证供应制度后并未发生风波。粮价放开后，激活了其他商品的流通，促进了农民生产积极性，粮食产量显著增长。这是粮食经营从计划经济到市场经济转变过程中具有里程碑意义的事件，是中国粮食流通体制改革的先声。深圳成为全国第一个取消粮票的城市，而全国性取消粮票则是在 1993 年。

1984 年，当全国一些大城市因价格改革引起商品抢购时，深圳市场平稳，商品琳琅满目，曾经的生活资料紧缺和商品品种单调已成为历史，价格体制改革取得了巨大成功。1984 年 10 月，深圳对商品价格进行分类分批改革，重点是继续下放管理权限，缩小计划价格品种，扩大自由价格范围，按系统、分行业进行较大范围的改革。具体放开步骤是：先小商品后重要物资，先一般农副产品后日用工业品，先日用消费品后凭证定量供应的商品，先市场紧缺商品后供求平衡商品。

与此同时，在放开生产资料价格方面，深圳也走在全国前列。除对基本建设和生产影响较大的钢材、水泥、木材等生产资料实行部分指令性计划管理外，其余的生产资料价格全部放开。指令性计划管理的几种物资，其比重也逐年降低，从 1979 年到 1984 年，钢材由 29.6% 下降到 3.59%，水泥由 24.8% 下降至 9.3%，木材由 54.9% 下降为 4.38%。截至 1987 年底，深圳放开价格的商品比重达 91.5%。

1988 年，深圳按照“管调放结合，强化管理，继续理顺价格”的改革思路，继续深化价格改革。深圳对放开的生活必需品的价格，实行“管、放、调并重，重点加强对放开价格的间接控制”的物价管理方针，以免出现物价放开后的乱涨价问题。具体实施“差率控制法”和“六化管理措施”。“差率控制法”即规定这些商品的进价和销价差率、批发价和零售价的差率，实行计划指导与市场调节相结合；“六化管理措施”即交易公开化、成交票据化、簿记和度量衡器标准化、市场规范化、管理制度化及价格法制化。至 1988 年底，全市物价指数开始回落，1989 年底比年初下降 38.3%。1989 年 12 月 15 日，深圳成立“工商物价管理咨询委员会”，在国内率先建立价格咨询听证制度，对重要商品和服务价格制定或调整进行咨询论证。这一制度的实施，实现了政府价格决策的公开化、民主化、规范化，提高了政府价格决策的科学性、合理性，为国内听证制度特别是价格听证制度的建立和完善进行了有益探索。

价格改革是经济体制改革的关键。深圳成为全国率先大幅度放开价格的地区，率先取得价格改革的突破，并在实践中总结出“差率控制法”和“六化管理措施”，使深圳的物价走上了市场价值规律的轨道。通过改革，深圳经济特区的价格体制初步形成了在国家宏观计划指导下以市场调节为主的价格模式，改变了原来统得过多、管得过死和一些商品既不反映价值，也不反映供求关系的状况，较好地发挥了价格的作用。价格体制改革的可喜成果，给特区的经济带来了更大活力。经济的繁荣和发展，又为价格体制改革的顺利进行提供了坚实的物质基础。

基建招标：引入市场竞争机制

深圳经济特区建设初期面临百废待兴的局面，在国家财政支持有限的情况下，主要依靠中央赋予的特殊政策优势寻求突破。为有效解决人才、资金、物资短缺等问题，深圳市委、市政府以基建体制改革为切入点，率先在工程建设领域推行招投标制度。这一创新举措不仅优化了资源配置效率，更为特区市场化改革开拓了新的路径。

深圳国际商业大厦（简称“国商大厦”），由深圳市房地产公司和香港中发大同地产公司合资兴建，位于广东省深圳市罗湖区嘉宾路与人民路交叉口处。大厦由两栋各20层的主楼及3层附楼组成，高67.5米，建设面积5万多平方米。

1980年9月，深圳市房地产公司与香港中发大同地产公司签署合作协议，由深圳方提供1.2万平方米的土地，港商提供6027万港元，共同开发建设国商大厦。然而，协议签订后，建设部门依旧沿用行政任务分配的传统做法，直接指定一家建筑公司承建工程，因该公司报价过高，国商大厦建设项目迟迟未能启动。深圳市房地产公司在赴港考察后，深感香港企业在管理效率和市场运作方面的先进，意识到继续沿用旧有体制不仅影响基建工程效益，也将制约特区的发展。

在深圳市委支持下，国商大厦成为基建管理体制改革的试验对象。1981年8月，市建设部门成立招标领导小组，对国商大厦实行公开招投标，共有8个建设单位参加投标，最终第一冶金建筑公司以每平方米报价398元、工期18个月等条件中标，成功将项目总造价压缩了941万元。国商大厦开创了中国内地工程招投标先河，为深圳基础设施建设的顺利开展打下了坚实基础。

国商大厦项目通过公开招标引入竞争机制，承包单位须对工期、造价、质量实行“三包”责任制，全面承担项目建设的成败责任。这一制度设计不仅倒逼企业优化施工方案、创新技术工艺，还通过工资奖金“上不封顶、下不保底”的市场化分配机制，激发了施工团队的积极性，最终以16个月完成5万多平方米建筑的“深圳速度”，刷新了当时国内高层建筑的施工纪录。这一实践深刻体现了政策从“指令性管控”向“市场主导＋责任约束”的转型逻辑：一方面，招标程序的规范化（如技术标书审查、企业资质筛选）确保了资源向优质企业集中；另一方面，“大包干”模式通过风险共担机制推动承包单位提升管理效能，同时政府通过政策引导强化了市场公平性。国商大厦的成功，不仅是深圳经济特区建设史上的一座丰碑，更验证了市场化改革在资源配置效率、廉政风险防控及产业升级中的多重价值，为全国建设工程领域提供了可复制的制度创新样本。

在总结国商大厦建设经验的基础上，1982 年，市政府制定了《深圳经济特区建筑工程施工招标投标暂行办法》，初步形成了深圳建筑业的市场化运行机制。1983 年 4 月，国商大厦仅用 16 个月就胜利竣工，创造了“深圳速度”。这是深圳“敢闯第一例”。到 1984 年，建筑施工招投标已作为一项制度固定下来。1985 年，招投标工程已占全部基建工程的 90% 以上，招标工程完成 400 多项，总建筑面积 500 多万平方米，工期一般缩短了 20%，取得可观的改革成效。[①] 深圳招标基建工程的探索实践，验证了公开招投标制度的可行性，为中国基建体制改革开拓了新途径。

打破“铁饭碗”：实行劳动合同制

特区建立之初，沿袭了传统的计划经济劳动管理模式，实行“统包统配”的用工制度：劳动者就业由国家统一分配，推行终身雇用的固定用工模式，工资分配采取平均主义原则，人员流动率低。这种被称为“铁饭碗”的劳动制度，随着特区外向型经济的快速发展，特别是外资企业的大量涌入，日益暴露出与市场经济需求不相适应的结构性矛盾。为适应特区经济发展需要，深圳市委、市政府立足实际，率先对劳动用工机制进行改革，其核心是破除“统包统

① 深圳博物馆．深圳博物馆基本陈列·深圳改革开放史 [M]. 北京：文物出版社，2010.

配”的固定用工模式，建立用人单位与劳动者“双向选择”的市场化就业机制，从而打破“铁饭碗”的旧有格局。

1980 年，深圳在港商投资企业竹园宾馆和友谊餐厅率先试行劳动合同制，以适应外商投资企业自主选择用工形式的需要。深圳将用工自主权交给竹园宾馆，允许其推行一套全新的用工管理办法。例如，竹园宾馆既没有完全照搬香港的做法，又打破了内地“老一套”管理模式，主要包括：革除固定用工制，一律实行劳动合同制，全国第一份劳动合同随之诞生；工资改为“职务工资 + 浮动工资”形式，浮动工资与业绩和个人表现挂钩；在考核基础上确定职工的职务和级别……这些做法极大地调动了职工的劳动积极性，竹园宾馆 1982 年的利润比上一年翻了整整一倍，也为整个深圳乃至全国劳动用工制度和工资制度的改革进行了有益的探索。

深圳市政府认真总结竹园宾馆和友谊餐厅在劳动用工制度改革方面的有益经验，从 1982 年 7 月起，把相关改革逐步推广到国营企事业单位，同时赋予企业用工自主权，取消内招，实行公开招考，择优录用。由此，沿用了几十年的固定工、“铁饭碗”在深圳率先被打破。

1983 年，《深圳市实行劳动合同制暂行办法》出台，明确合同制是特区的用工方向。深圳成为中国内地第一个实行劳动合同制的城市，这也为后来国务院颁布《国营企业实行劳动合同制暂行规定》探明了方向。之后，深圳用工改革范围进一步扩大到全社会范围，基本适应多种所有制企业的用工需要。截至 1984 年 5 月底，深圳全市已有 303 个单位实行了劳动合同制，招收合同制职工 10052 人。与此同时，深圳经济特区仍实行多种用工形式，即除了坚持劳动合同制外，还同时存在固定工和临时性用工等，以适应不同企业特点的需要。

深圳率先进行劳动用工制度改革，跟当时的用工荒也有关系。1983—1987 年，深圳工业总值增加了 7 倍，外商投资企业数量增加了约 5 倍，然而当时特区能供给的劳动力数量与需求严重失衡。在这种情况下，深圳决定允许“三来一补”企业和基建企业雇用各地城镇待业人员和农村剩余劳动力。深圳开始招工的举措引起巨大的社会反响，1984 年前后，20 万外来人口涌入深圳。随着人员流动起来，深圳的劳动派遣用工模式也渐显雏形。至 1985 年，每年约有 4 万内地劳动者通过各种渠道进入深圳经济特区各企事业单位，形成一种无形的劳动力市场。之后，每年进入深圳经济特区的内地劳动力逐年增多。

1986 年 8 月，通过总结深圳、珠海等经济特区的经验和做法，国务院发布改革劳动制度四个规定，从此劳动合同制度和相关配套制度在国家政策层面得到确认。1987 年，在深圳经济特区首届劳务交流大会上，劳务工的用工模式正式合法化。

为配套劳动用工制度改革，深圳同步构建用工服务与监管体系。1984 年深圳市成立首家专业人才服务机构——深圳市人才服务公司。1986 年，深圳市劳动服务公司职业介绍所挂牌营业。1987 年起，深圳市开办综合性劳动力市场，逐渐形成以市、区劳动服务公司，职业介绍机构为中心的劳动力供求网络。1989 年 9 月 10 日，全国首家劳动监察机构——深圳市劳动监察大队挂牌成立。这些措施有效提升了人力资源配置效率，为后来更深层次的用人机制改革奠定了基础，成为全国人事制度改革的重要先声。

深圳通过推行劳动用工制度改革及配套的劳动力市场改革，构建企业与劳动者“双向选择”的市场化竞争机制，企业根据岗位需求招聘劳动者，通过绩效考核、技能评估等择优录用，取代行政分配的指令性用工模式；劳动者可自由应聘不同企业，通过薪资水平、职业发展、工作环境等综合条件选择雇主。这一机制为深圳吸引了大量农民工和专业技术人才，培育了充满活力的劳动力市场，使得百万劳动大军和各领域优秀人才得以通过市场机制实现自由流动，在更大范围内优化了人力资源配置，为深圳经济的高速发展提供了有力支撑。

劳动用工制度的改革促使与之相配套的劳务市场应运而生。1993 年初，深圳推行企业全员劳动合同制，为劳动力市场的发展扫除体制障碍。

人才竞争：建立市场化用人机制

深圳经济特区建立之初面临严重的人才短缺问题，1980年，经济特区建立时只有干部6000余人，其中工程师仅2人，急需从全国各地引进大批高素质干部和专业人才。原有的单一计划调配干部制度是采用指令性分配模式，由上级部门统一安排干部去向，采取“部门所有、单一调配”模式，导致供需错配，难以适应发展需求。在中央批准和各省市支持下，深圳率先打破传统干部调配模式，以蛇口工业区为改革先行区，建立起以公开招聘、考试选拔为主，自荐、推荐为辅的多元化人才引进机制，开创不拘一格选人用人的新局面。

自1980年起，深圳率先在全国推行企业领导人员选拔任用制度改革，通过公开招聘的创新方式，突破地域、单位和所有制限制，从全国各地选拔优秀企业高级管理人才，开创国营企业人事管理制度改革的新局面。1981年，蛇口工业区经中共中央组织部批准，自行从内地城市招考人才，公开招聘干部。1982年起，深圳市连续4年派出招聘工作组到各大城市公开招聘，当场面试，就地考核，简化手续，择优录取，从全国各地延揽特区建设所急需的各类专业技术人才。应聘者入选后，可以采用调任、聘用、借用、兼职、技术承包、协作支援等多种灵活形式来特区工作。

深圳还率先在中外合资企业中推行董事会领导下的经理（厂长）负责制。其后，深圳又在国营企业中试行经理（厂长）聘任制，改变了国营企业干部任免长期沿用的委任制。从1984年起，全市国营企业推广蛇口工业区的经验，实行群众推荐、组织考核、职代会差额选举经理（厂长）的选举聘用任期制。在行政事业单位，也实行聘用任期制和委任任期制。

深圳经济特区凭借灵活创新的用人机制，成功构筑起人才聚集高地，有效解决了特区大规模建设初期面临的人才资源严重短缺问题。截至1984年底，全市共有干部25501人，比1978年增加19035人，增长近3倍。干部的政治素质、文化素养显著提高，具有大专以上文化水平的干部人数从1978年的651人增长至6913人。干部平均年龄由1978年的43岁下降至37岁。

简政放权：政府职能转变

深圳经济特区建立初期，政府机构及其职能的设置，基本上沿袭计划经济体制模式，严重阻碍了特区的发展。

1981 年 8 月至 1982 年 5 月，深圳首次对政府机构进行改革。改革的主要内容是简政放权，精简和调整专业经济管理部门，精干领导班子，撤销、合并重叠的行政机构，减少不必要的中间层次和审批环节，压缩各类行政人员。这轮改革，市属部委办局由原来的 65 个精简到 32 个，减少 51%；机关行政人员由原来的 2237 人减为 867 人，减少 61%。改革还撤销官商不分的行政领导机构，建立独立的经济实体，并加强经济监督机构。原有的商业局、物资局、工业局、旅游局等机构被撤销，改建成经济实体。这使政府对企业管理由直接管理为主逐步转向以间接管理和市场导向为主，以适应经济的发展。

1983 年 12 月至 1985 年 5 月，深圳又进行第二次机构改革，改革的重点是围绕发展外向型经济的目标，对引进和与引进有关的政府机构进行调整。1984 年 4 月 28 日，市委颁布《深圳市机构改革方案》，主要内容是：第一，撤销市委内部与市政府对应、重叠的机构，将职能转移到政府部门。各级党委工作部门的主要任务是协助党委抓好党的路线、方针、政策的贯彻，实现中央和省委关于办好特区的战略目标。第二，进一步搞好政企分开，精简政务，划清职责权限。主要是加强计划、财政、审计等经济综合管理部门，以强化政府的宏观调控职能；建立健全决策咨询体系，以利于决策的民主化和科学化；组建全国首家行政监察局，加强对国家机关和企事业单位工作人员的行政监察工作。

第二次机构改革，进一步厘清党委与政府的职责分工，推动政企分开，强化宏观调控职能和政府的决策咨询能力。通过改革，深圳形成了“四委五办”的政府架构，即社会经济发展委员会、工业发展委员会、城市规划委员会、特区咨询委员会，基建办公室、财贸办公室、交通办公室、文教办公室、农林水办公室，为现代化治理奠定了基础。作为中国政府机构改革的重要先声，深圳开创阶段的两次政府机构改革，在国内深化行政管理体制改革方面形成了良好的示范效应。

1986 年 9 月至 1987 年 8 月，深圳开展第三次机构改革。改革的主要内容是设立咨询、审议和协调机构，加强监督，减少行政管理层次。这次改革后，形成综合管理、行业管理和资产管理三大管理系统，行政大系统管理体制基本形成。第三次改革进一步减少了管理层次，加强了决策的科学性和民主性，提高了行政效率。1988 年 2 月至 9 月，深圳开展第四次机构改革。这次改革的关键是转变政府职能，按照党政分开、政企分开的原则，对深圳市党政机构进行调整和改革。

深圳的四次机构改革，既是顺应时代发展的主动作为，也是挣脱体制机制束缚的破局之举。无论是精简机构、整合职能，还是推动党政、政事分开，改革始终坚持问题导向，突出效率优先，在不断调整中理顺政府与市场、政府与社会的关系。通过一轮又一轮大刀阔斧的改革，深圳不仅提升了行政效能，也为全国改革提供了宝贵经验，展现了特区“敢闯敢试”的改革精神与体制创新的探索魄力。1991 年，国家编制委员会把深圳市列为全国机构改革试点城市之一。之后，深圳市又根据市场经济体制改革和特区发展需要，进行了七次大的机构改革，使政府机构不断适应市场经济发展的需要。[①]

① 深圳博物馆．深圳博物馆基本陈列 · 深圳改革开放史 [M]. 北京：文物出版社，2010.

第三节 市场经济的全面探索：制度创新与突破

经济体制改革的新部署

20 世纪 80 年代，深圳经济特区作为中国改革开放的“排头兵”和“试验田”，肩负着突破计划经济体制的束缚和探索社会主义市场经济新路的历史使命。为突破传统体制的束缚，深圳率先推行一系列市场导向的经济体制改革，旨在建立宏观指导下的市场调节为主的经济运行模式。

在计划体制方面，深圳打破僵化模式，减少政府直接干预，逐步取消指令性计划，代之以市场调节和指导性计划，使企业能根据市场需求自主决策。在企业体制方面，深圳开创性地试行股份制改革。1983 年，深圳成立第一家农村股份制企业——沙头角群利股份有限公司。1984 年，宝安县沙井乡万丰村也成立股份制企业，一度成为广东省村镇经济发展最快、股份合作制最好的示范模式。在价格体制方面，深圳自 1984 年起实行“双轨制”，到 1987 年已基本取消生活资料价格管制，成为全国首个实现价格市场化的城市。

在流通体制方面，深圳建立开放型市场体系，1987 年设立全国首个保税工业区——沙头角保税工业区。在财政金融方面，实行“定额上缴、超收全留”政策，即按照经济管理体制规定的隶属关系，明确划分中央和地方财政的收支范围后，以 1979 年收支决算为基数，按照收支差额确定一个上缴（或差额补助）数，增收部分归省自行安排，并引入外资银行和股份制商业银行。

在劳动人事方面，深圳率先推行劳动合同制和绩效工资制，打破“铁饭碗”。这些改革使深圳经济迅猛发展，1980—1992 年 GDP 年均增长 37.4%，这不仅为特区发展注入强劲动力，更在全国层面提供可复制的市场化改革经验，奠定深圳作为改革开放先锋的历史地位。

1984 年 10 月，深圳市委、市政府召开“深圳市改革会议”，总结特区建立以来改革工作的经验教训，研究、部署今后改革的主要任务。会议指出，深圳作为改革开放的“试验田”，一定要加快改革的步伐，为建设中国式社会主义市场经济体制模式探索道路。当时特区管理体制改革的特点是：从局部改革转向全面改革，从单项改革转向系统改革，从初步改革转向深入改革。

1985 年 12 月，深圳市委改革领导小组制定《深圳特区“七五”期间经济体制改革方案》。改革的内容分为 5 个部分：一是进一步改革和完善企业管理体制，落实企业自主权，健全经营责任制，增强企业活力；二是建立健全宏观经济调控体系，有效地控制和调节经济运行；三是逐步完善市场体系，充分发挥特区联结国内外市场的枢纽作用；四是进一步调整和改革政府经济管理机构，提高决策的科学水平和宏观控制调节能力；五是进一步理顺条块关系，完善深圳经济特区政府经济管理的自主权。1986 年 5 月，市政府成立 8 个专题改革小组，即投资规划组、企业组、房租物价组、劳动工资和社会保障组、财政税收组、金融组、外贸组以及行政管理组，从组织上保证深圳经济体制改革方案的全面贯彻落实。

国有资产管理：从行政管控到市场化运营

国有资产管理体制改革是深圳企业改革的一项重要内容。随着经济体制改革的深化，深圳的政府机构进行了多次调整与撤并，各个行业局被逐步撤销，政府对企业的直接管理职能逐渐减少，企业逐步改造成独立核算、自负盈亏的经济实体。然而，这个过程中，未同步建立专业化的国有资产所有权代表机构，导致国家作为所有者的权力缺乏实际行使主体，形成“所有者虚置”状态，从而不能在国有资产的经营活动中形成约束机制，无法掌握全面、真实的国有资产运营状况，国有资产的安全与增值受到影响。

为改革国有资产管理体制和运营体制，深圳市委、市政府开始筹建市投资管理公司，负责管理市属企业国有资产。经过近两年的筹备，1987 年 7 月 22 日，深圳市投资管理公司正式挂牌成立，这是全国第一家国有资产管理公司，拉开了中国国有资产管理体制改革的序幕。

深圳市投资管理公司履行“投资、管理、监督、服务”四大职能，具体负责市属企业国有资产的监管，收缴和支配国有资产收益，行使政府对国有资产的管理职能。出资人制度是深圳市投资管理公司的一项创举，通过以国家出资人身份向企业委派产权代表，从而实现投资管理公司对企业重大产权和人事变动、一定数额的投资和贷款行为等国有资产相关事项的监控、管理。市投资管理公司的建立，既协调了防止国有资产流失和保障企业经营自主权，又实现了将政府对社会的管理权和对资产的管理权分开，将企业的所有权和经营权分开，释放了国有企业改革与发展的活力。1987 年 11 月 17 日，市政府向深圳电子集团公司、建设集团、城市建设开发集团等 6 家企业派出首批董事长作为资产代表，对所属企业行使资产管理权，首次实行国有资产所有权和经营权两权分离的改革试验。这是深圳国有资产管理体制改革迈出的重要一步。

从 1987 年开始，深圳陆续进行投资参股改革，拓展金融机构、科技型上市公司等投资领域；将从上市公司中分得的部分红股，与中国平安保险公司置换股权，实现国有股权流动；率先成立资产评估事务所，为企业进行资产评估、破产企业清算、企业验资等服务，国有资产改革不断深化，总体思路逐渐清晰。

1988 年 7 月 11 日，深圳市经济体制改革办公室出台《深圳市国有资产管理体制改革的总体设想》，首次提出建立“三个层次”的国有资产管理体制的构想，即实行国有资产的所有权、国有资产的经营权、企业生产经营权分离。1990 年 5 月，深圳市投资管理公司提出深化国有资产管理和国有企业改革新方案，逐步建立产权、评价、监督、动力、产业结构优化“五个体系”，最终形成特区国有资产管理总体系，使国有资产管理步入良性运行轨道。

通过一系列改革，深圳国有企业的总资产从 1980 年的 1.6 亿元增长至

1991 年的 186 亿元，不仅盘活了国有资产存量，还形成了“国家所有、分级管理、授权经营、权责明确”的国有资产管理新体制，为全国国企改革提供了制度创新的重要范本。[①]

国有企业股份制改革：现代企业制度的萌芽

改革开放初期，深圳经济特区作为企业体制改革的先行者，重点推进了三项关键举措：一是扩大企业经营自主权，二是实行经理（厂长）负责制，三是推行层层承包的经济责任制。这些举措旨在打破传统体制束缚，实现责、权、利的统一，逐步提升企业自我改造、自我发展以及应对市场变化的能力。然而，承包责任制虽然解决了企业生存问题，但也存在局限：首先，不能避免承包者的短期行为，不利于企业长远发展；其次，难以真正摆脱行政隶属关系对自主经营的制约，影响企业经营自主权；最后，无法从根本上激发企业持续发展的内生动力。这些局限性促使深圳在企业改革中不断进行深层次制度创新。

20 世纪 80 年代初期，在政府宽松的政策下，乡镇股份企业逐渐萌芽。1982 年，恢复县级建制的宝安，急需县城建设资金，但是政府财力有限，因此宝安县决定通过发放股票进行筹资，成立宝安县联合投资公司。1983 年 6 月，深圳市第一家股份公司——三和有限公司在深圳成立。1983 年 7 月，宝安县联合投资公司以县财政为担保发行了新中国成立后的第一只股票，首期集资 1300 万元，其中国家股 200 万元、法人股 160 万元、个人股 940 万元，股东遍布全国 20 多个省及港澳地区。

从 1982 年到 1984 年，宝安县联合投资公司、深圳银湖旅游中心以及宝安县一些集体企业，先后开始探索招股筹资、走企业股份化道路，这是深圳企业股份化的最早萌芽。

1984 年 8 月，深圳市颁布第一个全市性的改革方案——《深圳经济特区

---

① 中共深圳市委党史研究室，深圳市史志办公室．深圳改革开放四十年 [M]. 北京：中共党史出版社，2021.

管理体制改革试行方案》。在市政府的宣传发动下，深圳国有企业开始有步骤、有组织地推行股份制改造试点。1986 年 3 月，市政府转发市工商局《深圳经济特区国营企业股份化试点登记注册暂行办法》，标志着深圳企业股份制改造试点和股票发行工作正式启动。同年 10 月，市政府颁布《深圳经济特区国营企业股份化试点暂行规定》。这是中国第一个由地方政府发布的关于国企股份制改革的规范性文件，其中对企业进行股份制改革的范围、内容、股东、股份和股票、股份公司的组织结构、劳动人事制度、税收和分配、股份制改造程序等做了规定。例如，内部组织机构部分规定了股东会议是公司的最高权力机构，董事会为公司的常设机构，对股东会议负责，董事由股东会议选举产生，董事长和副董事长由董事会选举产生；公司经营管理机构设总经理一人、副总经理若干人，总经理对董事会负责，总经理、副总经理由董事会聘请，总经理、副总经理如果不称职时，经董事会决议可以随时解聘。

国有企业股份制改革后，摆脱原来的行政隶属，成为独立法人，经营自主权大大提升，并且政府和法律保护其合法权益。1986 年 10 月，深圳市政府颁布《深圳经济特区国营企业股份化试点暂行规定》，其中明确写道：国企股份化是经济体制改革的新尝试，应有组织、有领导、有步骤地进行试点，并在实践中不断总结、完善。推行股份制，是一次综合性改革，各部门要积极支持，互相配合，确保改革的顺利进行。由此可见，深圳市政府对国有企业股份制改革的重视。

1988—1989 年，市政府又颁发《深圳市国营企业董事会工作暂行规定》《深圳市国营企业经理（厂长）工作暂行规定》《深圳市完善国营企业承包经营责任制的若干规定》《深圳市国营企业产权转让暂行规定》等文件，指导和规范国有企业股份制改革。[①] 1991 年，深圳市成立专门的股份制改革联审领导

① 中共深圳市委党史研究室，深圳市史志办公室．深圳改革开放四十年 [M]. 北京：中共党史出版社，2021.

小组，全面统筹相关工作，规范发展道路。1992年，市政府又颁布《深圳市股份有限公司暂行规定》，股份公司从设立到终止清算的全过程都有了更明确的规定，股份有限公司的法律地位得到确立。到1990年底，在全市100多家股份制企业中，市属国有企业控股或参股的企业有22家，其中由国有企业改造而成的企业12家。到1991年底，全市3800多家工业企业中有限责任公司有200家，股份有限公司136家，其中企业股份制改组的有45家，新建公司91家；按公司类型分，公众公司17家，内部股份公司119家。

金融体制改革：资本市场初步形成

金融是现代经济的核心，改革旧有的金融体制是经济特区发展外向型经济的关键。深圳经济特区以超前的改革意识，大胆突破计划经济体制的束缚，按照国际通行的市场经济惯例，逐步建立适应外向型经济发展的金融市场。

1982年1月9日，南洋商业银行（简称“南商银行”）深圳分行正式开业，这是新中国成立后内地引进的第一家外资银行分行。南商银行申请设立深圳分行时，深圳的金融发展尚不全面，金融体制、法律等方面还有较大的发展空间。随着南商银行深圳分行的设立，深圳的存款、放款、汇款、押汇等服务愈加便利。南商银行为内地建设提供资金和引进外资，为香港和海外投资者物色适宜的内地合作伙伴，不少境外投资者随之被吸引，来深圳寻求适宜的合作机会。继南商银行在深圳开设分行之后，二十世纪八九十年代，英国汇丰银行，法国兴业银行、巴黎银行，日本东京银行、北海道拓殖银行等外资银行陆续在深圳设立分行，内地与境外的经济距离进一步缩短。

1987年4月8日，中国第一家由企业集团创办的银行——招商银行举行开业典礼。招商银行率先与国际惯例接轨，建立董事会制度，实行在董事会领导下的行长负责制，实现了所有权与经营权的分离。经过1989年和1994年两次增资扩股，招商银行由最初的招商局独资设立，逐步发展为标准化的股份制商业银行，并不断突破区域限制，迈向全国性发展。此后，招商银行又进行了多项创新，包括率先在全国施行离岸金融业务；长期开展占招商银行资产规模和利润较大比重的外汇业务；最早开办商业银行业务、实施 ISO9000 质量认证体系，以及实行在国内银行业具有划时代意义的一卡通等。

在金融体制改革的探索中，深圳不仅在银行体系建设上先行先试，还迅速向更广泛的领域延伸。为适应特区经济快速发展和对外开放的需要，深圳大胆探索期货、外汇调剂、证券交易等多层次金融机制，率先构建起服务实体经济、联通国际市场的金融创新格局。

1984 年，中国有色金属工业总公司（简称“有色总公司”）在深圳注册建立有色总公司深圳联合公司，作为有色金属工业系统改革开放的“窗口”。1986 年，有色总公司联合多家大中型有色金属企业在深圳成立了联营展销中心，进一步明确了有色金属期货交易的发展方向。其章程明确提出：要逐步办成沟通国内外市场的有色金属交易中心。1988 年，有色总公司深圳联合公司与香港深业公司合资成立香港深业有色金属有限公司。其通过电传电话或委托有关经纪人的方式，直接在英国伦敦金属交易所参与金属期货贸易。该公司当年期货交易成交额达 1.03 亿美元，成为中国率先大批量参与国际期货交易的企业之一。

期货交易曾一度被认为是投机倒把的非法行为。随着改革开放的推进，企业逐渐走向自主经营、自负盈亏，在这一背景下，建立能够真实反映长期供求情况，显示准确、权威市场和价格资料的期货市场，成为迫切需求。经过深圳联营展销中心的实践，以及有色总公司 4 年时间的考察和学习，深圳有色金属交易所逐渐成形。1991 年 6 月，经深圳市政府批准，深圳有色金属交易所正式成立。深圳有色金属交易所参照伦敦金属交易所的模式建立，将国际期货市场机制引进中国，并以此制定一套比较完整的运作程序和管理制度。交易所为会员单位的代表提供现货和期货交易的场所和资料，并按照政府颁布的法规制度办理交易结算业务。深圳有色金属交易所成立后，在国内期货市场创下多个“率先”：率先在国内成立首家期货交易所，率先由地方政府发布交易所的管理规定、交易规定和期货经纪商管理规定，率先推出国内首份商品期货标准合约——《特级铝标准合约》，率先形成“深圳铝价”的话语权……为深化体制改革、发展外向型经济做出了有益尝试，有效推动了中国期货市场的发展。

随着特区外向型经济的发展，大量的外资进入，深圳的出口产品也日渐增多，本地市场与国际市场交往日益密切，人民币与外币的兑换也成了一个突出问题。在计划经济体制下，国家一直对外汇实行统一管理和调配，禁止外汇市场交易。这就导致外商投资企业的投资利润不能自由兑换外汇，制约着特区投资环境的进一步改善，同时也导致企业之间的外汇余缺无法通过正常渠道进行调剂，外汇黑市交易猖獗。当时，有的企业想进口外国设备提升产品竞争力，但苦于手头的人民币不能换成美元，也有企业出口产品，赚取大量外汇，却缺少人民币发放工资。1985 年，深圳市政府决定创办外汇调剂中心，按照市场汇价公开办理企业外汇交易。11 月 9 日，深圳经济特区外汇调剂中心经市政府批准后正式成立，成为全国第一家外汇调剂中心。12 月 12 日，外汇调剂中心办理第一笔外汇交易，成交金额达 100 万美元。外汇调剂中心的建立，对于加强外汇资金的横向流动，提高使用外汇的经济效益发挥了重大作用，同时也为人民币与外汇资金的合理转换提供了成功的实践经验，使外汇调剂市场得以在大中城市顺利铺开，充分发挥了深圳经济特区的改革试验基地作用。

关于深圳经济特区外汇调剂中心还有一件有趣的事情。外汇调剂中心早在 1985 年就已设立并投入运行，但直到 3 年后的 1988 年 5 月，国家外汇管理局才正式下文批准其设立，并颁发外汇调剂经营许可证。这是深圳首个“先落地、后获批”的机构案例，体现了特区在改革试验中的探索精神与中央对先行先试成果的制度性认可。

深圳在证券领域也进行了大胆探索。特区建立初期，为了尽快聚集社会各界的闲散资金用于经济建设，深圳率先进行股份制集资试验。从 1983 年 7 月，宝安县联合投资公司发行新中国成立后的第一只股票开始，深圳加快建立股份制经济，证券市场开始萌芽。

随着多元、多层次经济成分的发展，银行需要提供灵活多样的金融服务，因此，1987 年 3 月，深圳组建了股份制信用银行——深圳信用银行（之后改名为“深圳发展银行”），实行独立经营、自负盈亏。5 月，深圳发展银行首次以自由认购方式向社会公开筹集 790 万元股金，开深圳股票发行市场之先河。9 月，深圳经济特区证券公司成立，负责债券和股票的发行工作。这是一家由 10 家金融机构出资合办的股份制企业，其中中国人民银行深圳分行出资 100 万元，其余 9 家各出资 50 万元，资本金总计 550 万元。深圳经济特区证券公司，是改革开放后成立的第一家证券公司，是中国证券市场专业中介机构发展的开始。

特区证券公司参照国际惯例，制定手工交易规则，承担接受委托、进行交易、办理登记过户等多元职责，形成了中国证券市场初期交易体系。1988 年 4 月，特区证券公司开始经营股票柜台交易。4 月 11 日，深圳发展银行股票首先上柜交易。这是中国内地第一家证券公司操作的第一只股票，也是深圳证券市场第一只挂牌上市交易的股票。由此，深圳证券市场正式成立。到 1990 年，深圳股市交易进入狂热期。仅在 5 月 25 日至 6 月 17 日的 20 多天内，深市 5 种股票大幅上扬，其增幅分别为：深发展 100%，深金田 140%，深原野 210%，深万科 380%，深安达 380%。仅“深发展”一家，1990 年成交额就达 17.65 亿元。

深圳股市交易的盛况，与股市初创时期股票数量少、营业网点少、交易效率低等因素有关，“黑市”非法交易也是重要原因。为了整治股市，1990 年 5 月，深圳市政府发布《关于加强证券市场管理 取缔场外非法交易的通告》，规定：证券交易必须在证券中介机构进行，登记过户必须采取持股者与本人身份证相符的做法；买卖要填写委托书；受托买卖原则为价格优先第一，时间优先第二；登记过户不得超过 7 天；并规定了涨跌幅均为 10%。1990 年 12 月 1 日，深圳证券交易所（简称“深交所”）试营业，标志着深圳证券市场实现了由柜台交易向集中交易的重大转变。

深交所从筹备到走向成熟，截至 1991 年 7 月 1 日，深圳有上市公司 6 家，上市股票 5 亿多元，总市值 40 多亿元，平均市盈率约 30 倍；深交所发行流通的各种债券有 15 种，总量 3.4 亿元；建立证券机构 14 家、证券商 12 家，共有 16 个营业网点。深圳的实践说明，建立深圳证券市场是事物发展、改革不断推进和深化的必然结果。

国有土地使用权拍卖"第一槌"

深圳经济特区建立之初，为了发挥市场在资源配置中的作用，合理利用土地资源和筹集城市建设资金，深圳在全国率先进行土地管理体制改革。1980 年 12 月，深圳市房地产公司与香港中央建业有限公司签订具有里程碑意义的协议：由港方以每平方米 5000 港元的标准，有偿使用罗湖小区 4000 平方米土地 30 年，用于建设商住大厦。这是深圳市收取土地使用费的第一次尝试。这一开创性实践实现了 3 个重大突破：首次引入土地有偿使用制度，确立了土地使用期限概念，开创了市场化配置土地资源的先河。

1981 年，为解决建设一座现代化城市的资金需求，深圳开始征收土地使用费。这项改革的法律依据是 1980 年 8 月 26 日公布的《广东省经济特区条例》，条例第 12 条规定境外客商使用经济特区的土地要缴纳土地使用费，但没有规定具体收费标准。1981 年 11 月，广东省五届人大常委会第十三次会议通过《深圳经济特区土地管理暂行规定》，其中包含在特区土地管理主要实行"行政划拨，分片开发，分散经营，征收使用费"的办法，这对于改善投资环境有一定的促进作用，但也存在弊端。例如，行政划拨的方式可能助长不正之风，使真正需要土地的企业或客商得不到土地；禁止买卖或出租土地，使前来投资的外商望而却步，直接影响吸引外资；政府收取的土地使用费不够偿还用于基础工程建设的贷款，出现特区开发土地越多，城市财政越困难的现象。[1]

到 20 世纪 80 年代中期，已有数十家房地产公司参与深圳经济特区建设，

① 中共深圳市委党史研究室，深圳市史志办公室．深圳改革开放四十年 [M]. 北京：中共党史出版社，2021.

但因房地产开发项目是边建边卖，资金回笼慢，企业只得频繁地向银行借贷，造成了巨大的资金压力。同时，特区建设步伐逐渐加快，但政府没钱成为制约发展的重要因素。根据历史资料，1985 年，“七通一平”基础建设导致深圳市政府向银行举债 6.5 亿元，每年仅利息就达 5000 万元。土地使用费收入即便在最高的 1985 年，也只有约 1200 万元，偿还利息的一半都不够。

为化解大规模城市建设所带来的资金压力，深圳决定学习和借鉴香港使用土地的有关经验。1986 年 11 月，深圳市政府派出相关人员赴香港进行了为期近 10 天的考察，考察结束后形成了《深圳市房地产改革赴港考察报告》，报告中写道：“香港政府十分珍惜 1066 平方公里的弹丸之地，在高峰年代的 1980 年至 1981 年度的卖地收入占当年总收入的 37%。更为重要的是，香港政府通过供应和拍卖经过规划的土地，有效地控制着整个城市建设，控制了基建规模，刺激并带动了金融（房地产贷款占全部银行贷款的 31.6%）、股市（房地产股票和与房地产有关的股票占所有上市公司股票的 70%以上）和香港整体经济的发展。难怪专家们说，香港政府把仅有的一点点土地玩活了。”

根据香港考察成果，1986 年底，深圳草拟了《深圳经济特区土地管理体制改革方案》。1987 年 3 月，深圳市房地产改革领导小组成立，负责全市房地产改革统一管理与协调工作。5 月，深圳市委、市政府正式颁布《深圳经济特区土地管理体制改革方案》，决定采用公开拍卖、招标、协议等办法，出让土地的使用权；允许土地流通、转让、买卖与抵押；引入竞争机制，为企业创造一个公平竞争的环境；加强政府宏观管理及产业政策的引导等。

在一系列准备之后，深圳开始进行土地使用权有偿出让的试点工作。1987 年 9 月，深圳首次采用协商议价方式，将一块面积为 5321 平方米的土地有偿出让给中国航空技术进出口公司深圳工贸中心。同年，深圳市首次推出公开招标地块。招标通告中写道：“深圳市人民政府决定对地块编号为 H-118-1 之土地使用权实行招标。该地块位于罗湖区深南东路南侧、北斗路东侧，旧名牛屎湖，面积约 46355 平方米，土地用途为商品住宅。”

1987 年 12 月 1 日，深圳按照国际惯例，计划对一块面积为 8588 平方米的土地进行土地使用权公开拍卖。这个地块紧靠深圳水库，规划为住宅用地，使用年限为50年。拍卖地块起拍价为200万元，每口价5万元。这也是深圳市进行土地管理体制改革以来首批推出的第三块土地。这场土地拍卖会引发强烈反响。拍卖前3天，已有44家企业领取编号参加竞投，其中外资企业9家。拍卖当天几位中央领导以及来自全国17个城市的市长都在现场，香港也派出“深圳第一次土地拍卖参观团”，见证历史时刻。随着激烈竞拍，最终这块土地以525万元被深圳经济特区房地产公司拍得。

这场拍卖会是中国经济体制改革的一个里程碑，被称为新中国建立土地使用制度后的“第一场革命”。深圳公开进行土地使用权拍卖的“第一槌”，率先打破了土地“无偿划拨、无限期使用”的制度，建设用地实行有偿、有期转让。这是新中国成立后土地管理的大胆探索，直接推动了土地使用相关法律的颁布和修订。拍卖会结束28天后，广东省六届人大常委会第三十次会议审议通过《深圳经济特区土地管理条例》，以立法形式确认深圳有偿有期土地使用权出让制度。4个月后，1988年4月12日，七届全国人大第一次会议通过《中华人民共和国宪法修正案》，将原来规定的“任何组织或者个人不得侵占、买卖、出租或者以其他形式非法转让土地”后面加上了“土地的使用权可以依照法律的规定转让”。这肯定了深圳的土地管理体制改革，为全国实行国有土地使用权的有偿转让提供了法律依据和保障。

通过改革国有土地制度，深圳从根本上改变开发土地越多市财政越困难的状况，土地开发、建设走向规范化、法治化和良性循环的轨道。国有土地改革为吸引外商创造了良好的投资环境，成为政府调控经济的重要手段。深圳土地管理新体制初步形成。

住房商品化

建市初期，深圳沿用了全国统一的福利性住房分配制度，实行“统一管理、统一分配、以租养房”的模式，即由单位兴建住房后，以极低的租金向职工分配。这一制度存在 3 个突出矛盾：一是住房福利属性与市场价值的背离，象征性租金远低于实际成本；二是财政负担沉重，每年需从城建经费中划拨大量资金用于公房维护；三是供给严重不足，早期建设者大多居住在临时搭建的竹棚、铁皮屋中。随着特区人口激增，住房供需矛盾急剧恶化，住房问题已从民生困境演变为制约特区发展的瓶颈。这一严峻形势倒逼深圳率先启动住房商品化改革。

20 世纪 80 年代中后期，为缓解国家财政压力、加速住房建设资金流动，并推动住房供需平衡，深圳率先对计划经济体制下的福利分房和低租金住房分配制度进行改革。1984 年 4 月，深圳市委召开常委会，讨论并原则同意《关于我市实行住宅商品化的方案》。1985 年 2 月 6 日，深圳市政府颁布《深圳经济特区行政事业单位干部职工住宅商品化试行办法》，其中规定：特区行政事业单位干部职工居住的公有住房，按质定价由个人付款购买，政府补贴出售；不同级别的干部、职工享受不同面积标准，由政府补贴 50%，购房干部职工自付 50% 及超标准部分的价款。为破解住房供需矛盾，市政府决定逐步以市场化手段取代传统的行政分配模式，推动住房制度改革。通过实行住宅商品化，加快住房建设资金的回收与周转，进一步激活房地产市场，推动住宅产业发展。深圳经济特区的住房商品化改革由此正式启动。①

1988 年 6 月，市委常委会会议讨论市房地产改革领导小组草拟的《深圳经济特区住房制度改革方案》。这一改革方案从 1984 年 4 月第一次提交市委常委会讨论，到 1988 年 6 月正式公布，共花费四年零两个月的时间。《深圳经济特区住房制度改革方案》主要内容是：补贴提租，鼓励职工买房，建立政府住房基金，分步骤实现住房商品化等。住房制度改革的落脚点在职工买房上，深圳在全国首次提出“以卖为主、鼓励职工买房”，把房租一次性提高到准成本租金的价位上，使职工感到买房比租房合算，从而促进个人买房，正确引导消

① 中共深圳市委党史研究室，深圳市史志办公室．深圳改革开放四十年 [M]. 北京：中共党史出版社，2021.

费，减轻国家和企业在职工住房补贴上的负担。1989 年 7 月 27 日，深圳市政府颁布的《深圳经济特区居屋发展纲要》，是全国第一个政府修建政策性住房和市场开发商品住房两轨并进，并划分各自比例的纲要，还将住房划分为福利商品房、微利商品房和市场商品房 3 类，在住房制度改革中迈出了历史性的一步。

深圳在全国率先取消计划经济体制下福利分房模式，确立住房市场化导向，打破计划经济体制束缚，有效解决了相当长一个时期全社会的住房问题。同时，深圳的住房制度改革在全国引起强烈反响，“房屋是商品”的观念开始从深圳走向全国，推动了深圳乃至全国房地产市场的发展与繁荣。1991 年 10 月，在国务院房改领导小组召开的全国房改工作会议上，深圳的住房制度改革获得了充分肯定并加以推广。1992 年，深圳因在住房改革中的贡献荣获“联合国人居奖”。

除了住房制度改革，深圳还开创了中国内地物业管理行业的先河。1981 年 3 月 10 日，深圳下发《关于成立深圳市物业管理公司的批复》。3 月 18 日，深圳市物业管理公司成立。这是中国内地首家物业管理机构，标志着深圳在全国率先突破传统房地产管理体制，开展了物业管理新模式的探索与实践。1989 年 7 月，深圳市房管局在全国率先将下属事业单位性质的房管所全部改制成企业性质的物业管理公司，在全国率先完成房管所向物业管理企业的改制。1991 年 1 月，中国内地第一个业主委员会深圳天景花园业主委员会成立。深圳房地产市场发展，不仅为特区建设提供了宝贵的“第一桶金”，也开启了全国房地产市场化改革的大幕。

专栏

深圳模式与浙江模式

“深圳经济特区模式”与“浙江八八战略”的经济发展模式分别代表了中国改革开放的两种典型经济发展路径，不仅展示中国经济发展的多样性，也体现中国特色社会主义市场经济体制的独特魅力。深圳作为“试验田”，以政策突破和全球化资源集聚推动跨越式发展，体现“效率优先、创新驱动”的特区特色；浙江以“地瓜经济”为内核，通过民营经济自发性改革与开放，实现“内生增长 + 全球链接”的可持续发展。两者共同构成中国改革开放的“双引擎”，为全国提供可复制的区域发展经验，体现中国特色社会主义市场经济体制的活力与韧性。

维度	深圳模式	浙江模式[①]
政策环境	1980 年成为首批经济特区之一，依托中央赋予的特殊政策（如税收优惠、外资准入、土地使用权拍卖等）吸引全球资源	通过“八八战略”推动民营经济自发创新，提出“地瓜经济”模式：企业如藤蔓向外延伸，根茎（本土经济）反哺发展
核心驱动力	以政策开放为突破口，快速集聚外部资源，形成“试验田”效应	以民间资本和“草根”创新为内核，通过“走出去”整合全球资源，再反哺本土产业升级
产业侧重	以电子信息、人工智能、新能源汽车、人形机器人等产业为核心，形成“科技 + 制造”双轮驱动	以“块状经济”为基础，通过“产业大脑 + 未来工厂”推动传统制造业（如纺织、化工）智能化；依托阿里巴巴、网易等企业形成数字经济高地
创新生态	通过高薪、政策吸引全球高端人才，同时依托高校和科研机构培养本土人才。企业主导创新（如华为、大疆），政府提供应用场景开放（如无人驾驶测试）和资金支持	鼓励高校教授创业，推动科研成果产业化，形成“产学研用”闭环。通过“特色小镇”“小微企业园”等载体孵化中小微企业，形成“大众创业、万众创新”格局
区域协同	粤港澳大湾区联动：推动深汕特别合作区“飞地经济”，辐射粤东；与香港、广州共建产业链（如广深科技创新走廊）	省内“山海协作”+ 长三角一体化：通过“山海协作”缩小区域差距（如开发舟山渔场、海岛资源），深度融入长三角一体化（如共建 G60 科创走廊）

① 胡承槐，胡文木 . 浙江精神与“八八战略”[M]. 北京：中共中央党校出版社，2020.

第四节　外向型经济的崛起：开放与融合

外引与内联双向驱动

引进外资

深圳经济特区建立初期，面对经济基础薄弱、技术力量不足、资金短缺等现实困难，充分发挥地理和政策优势，主要采取“三来一补”的工业发展模式，以尽快打开对外开放的局面。“三来一补”，即来料加工、来样加工、来件装配、补偿贸易，是由外商提供设备、原材料、来样等，由中方提供工地、厂房和劳动力，按照外商要求开展生产、加工，产品全部外销，中方赚取加工费的贸易方式。

兴办“三来一补”企业，既可以获得外汇收入，又可以安置大批劳动力，使工人和管理人员在这类企业中得到锻炼和提高。对于外商来讲，“三来一补”发展模式可以利用深圳廉价的土地和劳动力，较快形成生产能力，并充分利用深圳毗邻香港的区位优势，将产品随时销往香港，在港就地销售或销往世界其他地区。

1978 年 7 月，国务院颁布《开展对外加工装配业务试行办法》，允许以先办厂、后承接外商加工业务的“来料加工”方式，试行“三来一补”。根据国务院指示，同年 10 月，广东省外贸局发布通知，同意宝安、珠海、东莞等地的外贸单位依托地缘优势和生产基础，会同当地计划、工业部门，直接开展对港澳的加工装配业务。党的十一届三中全会后，中央进一步赋予广东“特殊政策、灵活措施”的改革权限，彼时的宝安县充分发挥毗邻港澳、华侨众多、交通便利等独特优势，积极发展“三来一补”贸易。1979 年 9 月，国务院又颁布《开展对外加工装配和中小型补偿贸易办法》，从国家层面确认“三来一补”的合法性，并将贸易模式进一步规范和制度化。随着政策环境的明朗和制度的完善，深圳引进“三来一补”企业的步伐明显加快。

1978 年 12 月，香港怡高实业公司与宝安县石岩公社上屋村签下深圳市“001 号”办厂协议，约定在上屋大队部楼上创办一个生产吹风机发热器中零配件的线圈厂。根据协议，石岩上屋大队提供生产工人，香港怡高实业公司提供资金、设备、原材料，进行补偿加工贸易，并支付工人工资。线圈厂的创办增加了当地就业机会和财政收入。1979 年有 120 名村民到该厂做工，年收入加工费 30 万港元。1988 年在上屋建厂，员工增加到 400 余名，上缴税金 2000 多万元。1993 年香港怡高实业公司更是将在香港的全部生产线迁到上屋。

通过“三来一补”模式，深圳不仅积累了建设资金，还学习到国外先进技术和管理经验，逐步拓展市场份额，为深圳形成外向型经济奠定较好的基础。至 1983 年底，在深圳引进的 2505 个项目中，“三来一补”项目占比高达 82%，是特区初期吸引外资的主要方式。但是“三来一补”企业的局限性也很明显，如大多属于劳动密集型企业，设备简陋、技术水平低、劳动强度大、水电消耗多，甚至还伴随着环境污染。而且该类企业的原材料进出口、产品销售及经营管理的主动权完全掌握在外商手中，所以其不太可能成为外向型经济的主体。

此后，随着投资环境日臻完善，深圳利用外资的形式开始由以“三来一补”为主逐渐转向以建立“三资”（中外合资、中外合作、外商独资）企业为主。1979 年 12 月，香港招商局与瑞士大昌洋行集团有限公司合作成立特区首家中外合资企业——中瑞机械工程有限公司，总部设在香港，分公司及总厂设在蛇口工业区。1980 年 5 月，新南新印染厂作为首家港商独资企业创办。1981 年 2 月，百事可乐公司和深圳罐头厂正式签约建立深圳市饮乐汽水厂，百事可乐公司成为首家投资深圳的世界 500 强企业。

20世纪80年代中期起，深圳调整策略，重点发展外向型工业，有选择地引进先进技术、设备和外销产品。1986年，深圳市委、市政府出台《深圳经济特区发展外向型经济纲要》，强调要“抓生产、上水平、求效益”，对引进项目进行严格筛选，限制以内销为主及非生产性项目的引进。当年共签订外资项目454个，实际利用外资4.89亿美元，其中外商直接投资3.65亿美元。利用外资开始以外商直接投资为主，这是一个战略性的转变。

1986年8月，为加强外资工作，深圳成立引进外资领导小组、办公室及外资服务中心。1987年，深圳贯彻落实《国务院关于鼓励外商投资的规定》，制定了一系列鼓励外商投资的优惠政策。这期间，深圳引进了广东浮法玻璃厂、卷烟厂、惠中化纤厂、中华自行车厂、现代彩色显像管厂等一批有较大影响的项目。同时，引进的外资和技术结构不断优化，更多地引进生产性项目、产品外销比例大的项目、大型骨干项目。这个阶段外商直接投资比重加大，投资工业项目占比达到59.7%。

“三资”企业有助于学习、吸收国外科学管理经验，有助于利用外商的销售渠道扩大产品出口，因而成为深圳实现以工业为主、扩大自产产品贸易这一发展外向型经济战略目标的有效途径。深圳从1979年开始尝试创办“三资”企业，早期多以中方土地入股形式合作，项目多集中在劳动密集型的饮食、服务和房地产等行业。20世纪80年代中期，项目向资本密集型转移，工业成为主要投资领域。进入20世纪90年代，深圳“三资”企业和外向型经济快速发展。利用外资方式转变为以合资、合作、外商独资为主，并且深圳鼓励外商投资基础设施、高新技术产业及第三产业。

深圳“三资”企业中很多是源自“三来一补”企业的转型升级。康佳、中华自行车、华强三洋合资公司等大型“三资”企业，均是从“三来一补”模式转型而来。1991年，全市批准外资合同986项，实际利用外资57988万美元，外商投资企业工业产值占全市的69.1%。1986—1991年，深圳实际利用外资28.95亿美元，是1980—1985年总和的3.1倍。这一时期，深圳形成以工业为主、各行业全面发展的招商引资局面，有力促进了国民经济的发展。

对外招商引资取得积极成效，外商企业工业产值对深圳市的工业总产值贡献巨大。1979 年，深圳市的外商企业工业产值占全市工业总产值的比重为 13.1%，2000 年该占比高达 79.8%。1979—2000 年外商企业工业产值占全市工业总产值的比重增加 66.7%。

从 1979—2000 年深圳实际引进外资金额变化来看，1979 年深圳实际引进外资金额 1537 万美元，1991 年实际引进外资金额 57988 万美元，2000 年实际引进外资金额为 296839 万美元。尤其是在 1992 年前后，深圳市实际引进外资金额从 1992 年的 71539 万美元增加至 1993 年的 143218 万美元，实现翻倍增长，此后深圳市实际引进外资金额一直保持大幅增长。2000 年，深圳市实际引进外资金额是 1979 年的近 200 倍。深圳引进外资企业，增加外资金额取得积极成效。

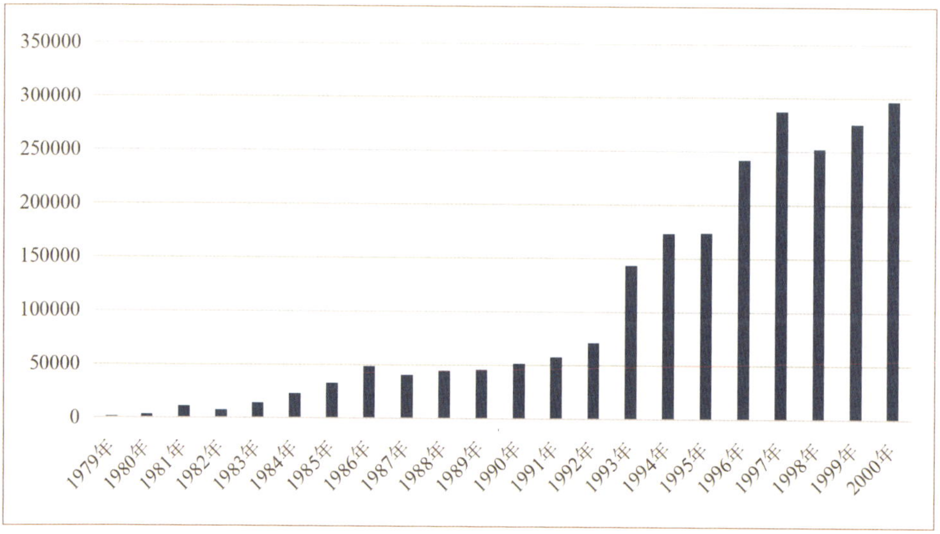

1979—2000 年深圳当年实际引进外资金额（单位：万美元）

沙头角：深圳引进外资的特殊窗口

在引进外资发展经济方面，沙头角成为深圳的一个特殊窗口。位于沙头角镇的中英街，对外开放之前是一个戒备森严的边防禁区。自从 1951 年实行边防管制以后，深圳偷渡逃港事件从未中断。据统计，1949—1978 年，沙头角外逃香港人员达 2518 人。1979 年深圳建市后，沙头角镇党组织在深圳市委支持下，充分利用与香港新界一街相连的特殊地理条件，积极引进外资发展经济，大搞来料加工和来料养殖，货物直接进出；允许集体和社员把完成国家任务后的农副产品直接运到新界销售；允许群众利用农闲时间过境打工；允许集体单位抽一定比例的外汇分配给群众；对镇内群众购买自用的生活用品实行免税。这些灵活措施极大地激发群众建设边境小镇的热情，促进沙头角经济的快速发展。

到 1981 年，中英街已变成了一条繁华的商业街。1980 年 11 月，广东省委书记来深圳市检查工作，充分肯定沙头角镇的经验，并提出“在沙头角实行的某些政策可不可以扩大到整个深圳去实行”。同年 12 月 18 日，中央工作会议中南组讨论会又高度肯定沙头角的开放成就。

1981 年 3 月，深圳下发《关于加强沙头角镇市政建设和城镇管理的决定》，沙头角镇建设跨入新阶段。1982 年 9 月，经国务院批准，深圳市政府将沙头角镇升格为县级镇。新成立的沙头角镇人民政府充分利用特殊政策和得天独厚的地理优势，积极开展“外引内联”，在继续发展商业的同时，大力发展工业、房地产业、旅游服务业，促进经济发展。中英街以其特殊的地理位置和琳琅满目的商品，吸引着全国各地慕名而来的人们参观购物，成为闻名全国的“购物天堂”。

到 1984 年，沙头角镇工业总产值已达 337 万元，商业销售总额突破 1 亿元。沙头角摆脱贫困、走向富裕，吸引过去逃往香港的群众纷纷回来。香港报纸评论说：“唐界一日千里，英界老牛迈步。”

兴办内联企业

所谓“内联”，就是加强与国内其他城市的合作，联人才、联技术、联资金、联资源。深圳经济特区一直非常重视加强国内经济联合。例如，初期城市基础设施不完善，工程力量薄弱，深圳就开展内联活动，组成中央部门和部分省、市参加的工程公司，调集装备良好的施工队伍，担负基建和外资工程任务。

1979 年初，第三机械工业部及中国航空技术进出口公司即在深圳设立办事处；1979 年末，国家电子计算机工业总局成立深圳电子工业总公司，为内地首家在深大型企业。经济特区建立初期，中央领导多次来深圳考察，推动“三线”军工企业及国务院各部属企业投资深圳，并动员农垦系统发展现代农业。至 1982 年，深圳内联工业总产值达 10110 万元，内联商业营业额达 4685 万元。至 1983 年底，深圳已与 14 个中央部（局），20 个省、自治区、直辖市，80 多个地、市、县签订 497 项联合办厂、开店的协议，有 457 项付诸实施。

为进一步做好内联工作，1983 年，深圳市委、市政府召开内联工作会议。在总结深圳市上海时装公司、深圳市果菜公司内联蔬菜队等 10 家单位经验基础上，制定了《深圳经济特区近期内联企（事）业若干政策的暂行规定》，明确提出，创办经济特区必须以引进外资为主，但同时要重视对内地的联合，内联重点是工业项目。该规定对“内联”的原则、重点、对象等都做出了具体的规定，并在土地使用费、税收、产品、原材料进出口、销售和利润分成等方面制定了内联优惠政策，鼓励更多的内地企业到深圳投资办厂。通过“引进来”“走出去”等办法积极洽谈，深圳 1983 年内联项目比前 3 年总和还多出 1.5 倍，投资额多出 2 倍，成效显著。

20 世纪 80 年代，劳动密集型的发展模式逐渐制约深圳城市发展，建设科技工业园，尽早发展高新技术产业，成为当时深圳经济特区谋求发展突破的一条重要出路，因此深圳加大与科研单位的联合工作。1985 年 4 月 29 日，深圳市政府与中国科学院签订协议，在粤海门、深圳大学一带合作兴办深圳科技工业园，旨在建立一个开发、生产相结合的综合基地。同年 6 月，市政府又与中国科学院联合组建了中国深圳科技工业园总公司，以保证科技工业园目标的实现和园区规划的实施。同年 7 月，深圳科技工业园成立。这是内地第一个科技园区。

深圳科技工业园建成后，充分利用毗邻港澳的地理优势吸引了大批国内外企业，同时依靠中国科学院为主要技术后盾，联合高等院校及产业部门研究、开发和生产高新技术产品。在面向国际市场的发展过程中，深圳科技工业园还不断地吸收、创新国外技术，为深圳和内地输送新兴的科技力量。

深圳科技工业园是产学研结合发展的成功实践，自成立后，园区内产值不断提升，成为“科学技术是第一生产力”的示范基地，也为发展高新产业的探索与改革提供了独有的“深圳范本”。北京、上海、武汉等科技力量雄厚的城市纷纷派人来考察，深圳科技工业园也随之成为高新产业发展绕不开的一个话题。1991 年 3 月，经国务院批准，深圳科技工业园成为首批国家级高新技术产业园区之一。

除了引入先进的科研资源，深圳也积极推动原本分散的联合企业向集团化、规模化方向整合，从而实现产业快速集聚和高起点发展。20 世纪 80 年代，罗湖口岸至上步地区约 50 平方千米范围被确定为经济特区内最为重要的开发建设区域之一。其中，上步工业区（华强北前身）便是特区内早期以电子加工和装配业为主导的工业园区。电子行业投资少、门槛低、渗透力强，电子产品却涉及各行各业，因此早在 1982 年制定的《深圳经济特区社会经济发展规划大纲》中，就提出“深圳的工业以电子工业为主”的方针。数年间，中央多个部委、省、自治区、直辖市均在深圳设立办事机构，兴办内联企业，其中包含大量电子企业。这也导致深圳的电子企业，有中央各部委办的、各省区市办的、深圳市办的，有中外合资的、有外资独资的，出现多头领导、分散管理、低水平重复的行业现象。例如，1985 年仅收录机厂就有 56 家，做电脑的有 80 多家，但大都在做进口元器件组装的后道工序。为了整合分散的电子企业，实现市场化运营，1986 年 1 月，深圳电子集团公司成立。深圳电子集团公司成立 1 年，就实现 13 亿元工业产值，占深圳当年工业总产值的 38%。

华强北（1991 年）

随着特区建设不断推进，深圳的“内联”形式不断演进：由最初与周边市县、社队的单点联合，拓展为与全国大中城市的广泛合作；由一地一厂的简单对接，发展为中央部门牵头、多个省市参与的行业联合；由经济实体之间的合作，提升为高校、科研机构与以工业为主的企业深度融合，逐步实现由低级向高级的转变，推动“内联”合作模式不断迈向系统化、高水平。

特区建立之初就提出了“外引内联”的口号。“内联”实际上就是依靠全国。之后，深圳又提出了“依靠全国，服务全国”的方针。通过内联，深圳迅速扭转资金、技术、人才、设备紧缺状况。1979 年深圳仅有一家无线电厂，总产值 107 万元。至 1985 年底，深圳已拥有 168 家电子企业，总产值达 13.75 亿元，成为工业龙头。

截至 1990 年 12 月，特区共兴办内联企业 3900 多家，吸引内地实际投资超 36 亿元。内联企业已成长为推动特区经济发展的重要力量。全国各地来深圳举办各类展销会、洽谈会和培训班共 4000 多次，参加人员超 36 万人次。同时，来深圳参与内联的另一方，不仅可以实现资金和项目对接，还可以在技术转移、管理经验吸收、信息传递、出口渠道拓展及经贸人才培养等方面受益，助力本地区经济发展。

对外贸易走向全球市场

20 世纪 80 年代初，深圳的外贸活动主要集中在口岸贸易和通过香港的转口贸易。随着外向型经济的蓬勃发展，深圳的外贸企业开始积极拓展远洋贸易。

首先，深圳与其他地区合作，建立多种形式和规模的出口商品基地，以适销对路的产品成功打入国际市场。其次，深圳发展经济特区转口贸易、多边贸易以及“多头在外”项目。例如，深圳经济特区进出口贸易（集团）公司、深圳经济特区发展公司等企业，或组织原材料在深圳及内地其他城市加工增值后再出口，或为国内“三资”企业加工国际市场组织急需的原材料或半成品后再出口，或从事 A 国到 B 国的“洋生意”，充当“洋商人”角色。此外，深圳还在国外设立贸易和生产的营销网点或分支机构，为企业直接参与国际市场竞争搭建前沿阵地。20 世纪 80 年代末，中电深圳工贸公司在美国纽约成立纽深电子实业公司，建立覆盖华盛顿、纽约等 14 个州 120 多家公司的销售网络，取得显著效益。

深圳凭借其沿海地理位置和毗邻香港的优势，在外贸领域不断改革创新。1979 年初，广东省革委会批准宝安县恢复边境小额贸易，打破独家经营体制。特区建立后，深圳率先允许多种经济形式的企业从事外贸业务。1984 年，深圳发布《深圳经济特区财贸体制改革方案》，提出建立多渠道、少环节，内外贸一体化的外向型、多元化的流通体制，将外贸、商业、副食品总公司和进出口服务公司组建为深圳经济特区对外贸易（集团）公司、工业品贸易（集团）公司、食品贸易（集团）公司、进出口贸易（集团）公司，并使之享有进出口经营权。1987 年，深圳贸易主管部门与下属企业脱钩，加强行业管理，并推出多项改革措施，包括外商投资企业考核办法、经理（厂长）任期目标责任制等，同时全面放开外汇价格，进行税制改革。

这些改革措施促进深圳外贸企业队伍的壮大，从国有专业外贸公司发展到包括中央、各省市驻深外贸企业在内的多元化队伍。到 1990 年，深圳形成一体化的外贸经营体制，进出口贸易持续高增长。1986—1991年，深圳累计进出口总额达229.67亿美元。出口商品的货源、结构和品种发生显著变化，市场拓展至60多个国家和地区。同时，深圳以工业为主、工贸结合的外向型经济基本形成。截至1991年底，深圳拥有工业企业3051家，形成多个工业城和十几个工业门类，工业总产值达296.7亿元，其中出口工业产值占60%。多家企业的产品出口多个国家并获奖，形成一批重点出口产品和出口产值比重较高的行业。

在发展过程中，深圳最初主要采取“借船出海”的模式，利用外商的资金、技术、管理经验和海外市场，实现出口创汇和培养企业人才。开发科技（蛇口）有限公司是在国家工商总局（现国家市场监督管理总局）注册，在深圳经济特区成立的一家中外合资公司。1985年，开发科技（蛇口）有限公司第一次实行“技术入股”，成为中国第一家“引智入股”高科技企业。以这种“花钱买脑袋”的方式来合资，在1985年的中国是一种大胆的创新。“引智入股”的合资方式引起国内媒体的极大关注，1987年5月15日《人民日报》发表《借“船”出海》的报道，称深圳“就像第一个吃螃蟹的人”。①

1986年，深圳电子集团公司成立（后于1988年1月改名为深圳赛格集团公司，简称“赛格集团”）。1988年6月，赛格集团作为加拿大善美电脑公司的主要股东之一，促使善美公司购买美国东部地区的销售网，使深圳企业首次拥有自己的国外销售网络，为中国产品提供长期进入美国市场的可靠通道，这一举措被喻为“买船出海”。此后，赛格集团还“造船出海”，通过租赁方式接收多家企业，形成出口加工基地，并在全国多地建立分公司，形成全国性营销网络。从“借船出海”到“买船出海”再到“造船出海”，深圳不断探索发展路径，积极参与国际经济的循环和竞争。

① 中国人民政治协商会议广东省深圳市委员会．敢闯敢试：改革开放以来深圳创造的全国“率先”[M]. 深圳：海天出版社，2018.

口岸建设使通关加速

1986年国务院召开中央经济特区工作会议后，深圳积极践行“抓生产、上水平、求效益”方针，全面加强对外开放，口岸建设与改革取得显著成效。

经济特区建立以前，深圳仅有罗湖和文锦渡两个陆路口岸。罗湖口岸主要服务于内地居民和深港边民的出入境，文锦渡则通过一座简易木桥与香港相连，作为牲畜运输通道使用。

1980年以来，深圳不断拓展口岸体系，各级政府投资几十亿元，对原有口岸进行改扩建，并新建多个现代化口岸，逐步形成海陆空立体开放格局。1981年1月，文锦渡口岸增加客运、货运功能，成为深圳首个综合性客货运公路口岸。同年9月，深圳第一个海港口岸——蛇口港对外开放。1984年，赤湾港、梅沙码头相继对外开放。1985年，罗湖口岸完成改扩建，新联检大楼启用，通关能力显著提升。1990年，妈湾港、盐田港先后获批开放，自此深圳港的业务开始急剧增长。至1992年，深圳经国务院批准的一类口岸达12个，即罗湖、皇岗、文锦渡、沙头角4个陆路口岸，蛇口、赤湾、东角头、妈湾、梅沙、大亚湾、盐田7个海港口岸和深圳机场空港口岸。其中，罗湖口岸为全国规模最大的旅检口岸，皇岗口岸为全国规模最大的陆路口岸，盐田港为全国十大海港之一，深圳机场为全国第四大航空港。深圳构建起海陆空全面对外开放的新格局。

随着口岸数量增多、规模扩大，深圳在全国率先进行口岸管理体制局部改革。海关、边检、卫生检疫等查验单位对通关制度和查验方式进行一系列创新。海关简化旅检查验手续，实行“免税通道”“应税通道”的“双通道”等制度；边检将原来证件查验“检查、复验、盖印”三道手续改革合并为一道手续，1988年罗湖口岸在全国首次启用边防检查计算机验证系统；货运通关设立专用通道，实行随车监管等制度；卫生检疫启用电脑报验系统，实行不登轮联检等试点。这些改革初步建立起适应市场经济的口岸管理体制，大幅提升了口岸通关能力和对外开放水平，同时也为20世纪90年代初全国口岸管理体制改革提供宝贵经验。

创建保税区

投资环境是影响企业效益的重要因素，在投资环境较好的地区，外资企业会实现更高的利润水平。同时，投资环境对外资企业的影响随着外资企业在中国的经营时间增加和经营经验的积累而减弱。设立和发展保税区的根本目的是进一步改善投资环境，利用海关保税的优惠政策，最大限度地利用外资、引进技术，促进外向型经济发展。

为了进一步深化改革、扩大开放，1986 年，深圳率先在全国探索保税区建设，下半年，沙头角管理区提出依托其毗邻香港的独特区位优势，创办沙头角出口加工区或沙头角保税工业区的设想。同时，深圳国际工程有限公司偕同香港方显扬集团多次实地考察现今福田保税区所在地，双方围绕共建福田出口加工区展开深入洽谈。1987 年 5 月，福田出口加工区筹备办公室在香港挂牌成立。

深圳市政府高度重视，历经两年多时间，深入研究从单一出口加工区到多功能保税区的转变。1987 年 12 月 25 日，深圳市政府正式批准设立国内首个保税区——沙头角保税工业区（1991 年 5 月 28 日，更名为“沙头角保税区”）。1988 年 7 月 1 日，深圳市政府公布《深圳市沙头角保税工业区暂行管理规定》，这项规定符合国际商业、贸易、加工惯例，使沙头角保税区的开发建设管理走上了法治化、程序化、规范化道路。

沙头角保税工业区设立后，大胆改革创新，在全国首次实行“一站式”工作、“一条龙”服务工作制度。“一站式”工作，即在保税工业区内设立企业，从申请到领取营业执照，一切手续都在保税工业区办理，并且时间不超过 7 个工作日。这打破之前外商在国内创办企业，需要多部门办理手续，费时半年以上的旧惯例。“一条龙”服务，即保税工业区为企业经营提供厂房、仓库、办公用房、住房、水、电、通信、劳动用工、安全保卫、运输、报关等一切的配套服务工作，优化了之前企业经营无配套服务的问题。因沙头角保税工业区为企业提供便捷、高效的管理服务，有力地吸引外商，1988 年，沙头角保税工业区就实现了“当年规划、当年建设、当年投产、当年出效益”。

皇岗口岸、福田保税区（1993 年）

1990 年 5 月，深圳又成立福田保税区，重点发展仓储物流、国际贸易及高科技工业。两个保税区的成立引起国内外广泛关注，为国内其他保税区的设立、建设、招商和管理服务探索了经验，促进了深圳与世界的经济交流，加快了外向型经济发展。1991 年 5 月 28 日，国务院正式批准设立福田、沙头角保税区，并明确要求充分发挥两区毗邻香港的区位优势，吸引资金和先进技术，发展出口导向型工业，并对两个保税区的规划面积作出具体划定。国务院的批文，不仅充分肯定了深圳经济特区在保税工业区建设上的探索实践，为外商投资注入了信心，也标志着福田、沙头角保税区的建设和发展迈入全新阶段。

从“深圳速度”到“深圳效益”

1990 年是深圳经济特区建立 10 周年，深圳市委、市政府举办庆祝活动，数百名中外来宾参与。同年 12 月，深圳市第一次党代会、政协深圳市一届委员会第一次会议和深圳市一届人大第一次会议召开，总结深圳 10 年来的发展成就，并明确下一个 10 年的发展规划。

10年间，深圳进行了大规模的基础设施建设，积极改善投资环境，初步建成一个现代化城市；开辟了“外引内联”的发展路径，初步形成以工业为主的外向型经济格局。1989年与1979年比较，人均国民收入由493元提高到4196元；职工年人均工资由769元提高到3858元。但是随着发展也出现了一些新问题，主要是：由于工业发展太快，人口膨胀，基础设施不适应经济发展的需要，特别是水电严重短缺；产品结构不尽合理，企业管理比较薄弱，经济效益水平不高；高科技开发人才短缺，技术进步贡献率不高等。面对风云变幻的世界形势、日益激烈的贸易竞争，深圳明确发展新任务：探索中国特色社会主义道路，建成综合性经济特区和国际性城市，并提出在“深圳速度”基础上再创“深圳效益”，强调以提高效益为经济工作中心。这一提法具有重要战略和历史意义。

创造“深圳效益”不仅是特区建设的需要，也是为中国经济建设探索新路子的需要。“深圳效益”主要是在经济建设中，坚持按经济规律办事，千方百计提高投入产出率、资金利税率和人均创利、创汇率，创造出更好的企业经济效益。同时，政府各职能部门和各行各业，都要搞好服务，提高工作效益，从而促进特区整体效益和总体素质的全面提升，进一步增强特区在国际市场上的竞争力和对内对外的辐射力。

创造“深圳效益”，一是向优化经济结构要效益，要进一步调整和优化投资结构、产业结构、企业组织结构和产品结构，集中更多资金投放到能源、交通、电信等基础设施中，发展重点产业项目，提高投资效益。二是向加强管理要效益，要通过深化改革，理顺各种关系，改善政府对企业的管理，建立和健全企业内部机制；要借鉴国际上先进的管理经验，改变企业管理粗放的状况，全面提高管理水平。三是向科技进步要效益，要充分利用特区作为技术“窗口”的优势，建立和运用现代化的信息系统，跟踪世界新技术革命的进程，引进先进技术设备，培育一批高科技产业；充分运用现代先进科技，特别是适用先进技术来装备和改造传统工业，努力开发新产品，采用新设备、新材料、新工艺，逐步形成科研、引进、创新、推广和应用相结合的机制。四是向规模经济要效益，要根据不同行业，制定规模经济的标准和发展方向，采取各种有效的政策措施，大力发展和扶植一些实力雄厚的集团公司，形成集团经营和规模经营，发展规模经济，并创造条件走跨国经营的路子，把“深圳效益”建立在具有较高的外向程度和较强的竞争力基础上。

1990 年，深圳制定《深圳市国民经济和社会发展十年规划和第八个五年计划纲要》，提出在保持“深圳速度”的同时，努力创造“深圳效益”。要把创造“深圳效益”作为整个经济工作的中心。围绕“深圳效益”，要加快产业结构调整，突出发展高新技术产业和第三产业，强化企业管理，营造水电供应充足、道路畅通、通信便捷的投资环境等。深圳由此踏上从“深圳速度”向“深圳效益”的转变之路。

第五节　开放型经济建设的方法论及其启示

从 1980 年特区建立以来，深圳 GDP 增长显著。1980—1991 年改革开放发展时期，除 1986 年外，深圳 GDP 增长率均远超全国 GDP 增长率。尤其是 1980—1981 年，深圳 GDP 增长率最高可达全国 GDP 增长率的 11 倍。在 1987—1991 年，深圳 GDP 增长率和全国 GDP 增长率均有所放缓，但前者还是连续多年高于后者。深圳开市场导向改革之先河，经济发展取得积极成效。

从人均 GDP 比较来看，1979 年，深圳市人均 GDP 为 606 元，全国人均 GDP 为 423 元，深圳人均 GDP 仅是全国人均 GDP 的 1.4 倍，差距较小。随着深圳对外开放范围扩大，人均 GDP 持续大幅增加。1991 年，深圳人均 GDP 为 11997 元，是全国人均 GDP 的约 6 倍。

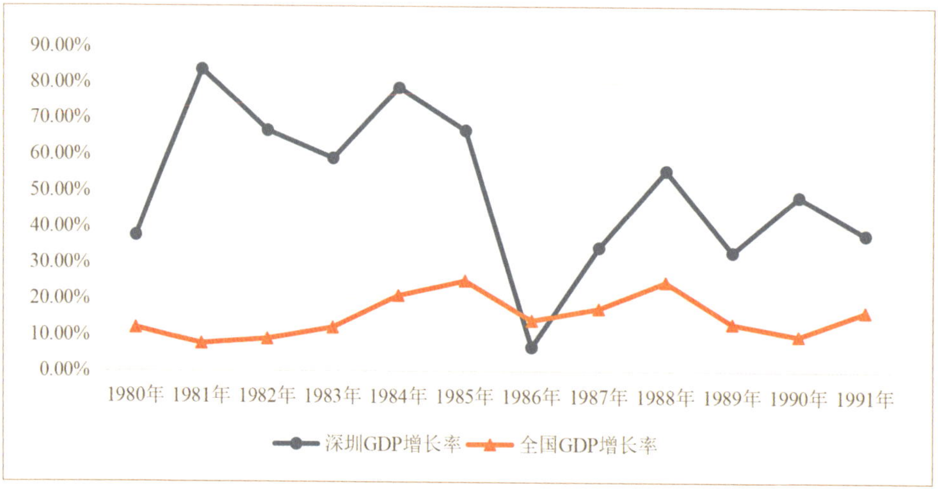

1980—1991 年深圳 GDP 增长率与全国 GDP 增长率对比

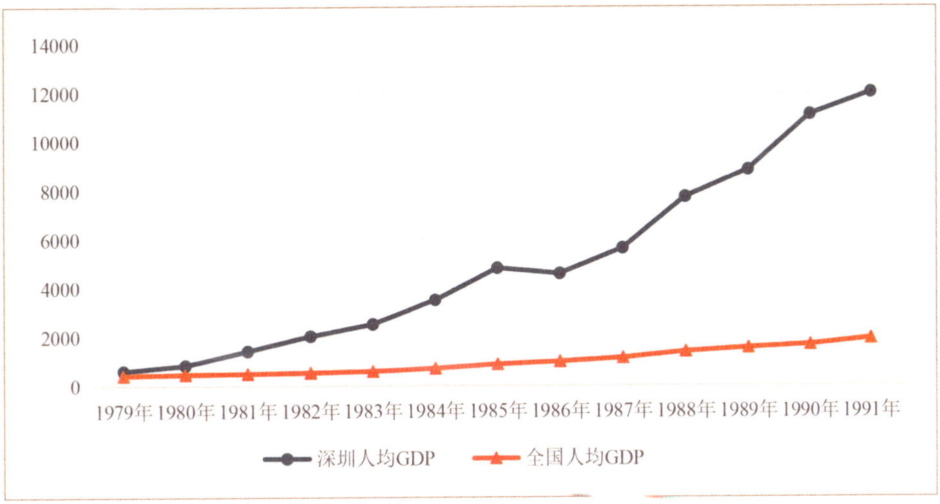

1979—1991 年深圳人均 GDP 与全国人均 GDP 对比（单位：元）

道路决定命运。深圳经济开放的实践，是科学运用马克思主义世界观方法论破解中国问题的典范。党的十一届三中全会确立了“解放思想”“实事求是”的马克思主义思想路线以后，1982 年 9 月，党的十二大召开，提出“把马克思主义的普遍真理同我国的具体实际结合起来，走自己的道路，建设有中国特色的社会主义”的思想。1987 年召开的党的十三大系统论述了中国社会主义初级阶段的理论，明确概括党的“一个中心、两个基本点”基本路线，即以经济建设为中心，坚持四项基本原则，坚持改革开放。这是对建设中国特色社会主义理论的丰富和发展，坚持这条基本路线，是建设中国特色社会主义事业取得胜利的根本保证。[①]

在“一个中心、两个基本点”的基本路线指引下，深圳人民率先进行市场取向改革，培育充满生机与活力的市场主体。深圳抓住改革开放的历史机遇，赢得了发展先机，形成了以公有制为主体、多种所有制经济共同发展，对内对外开放相统一的格局，极大地解放和发展了生产力，拓宽了发展空间。

① 洪银兴，杨德才，等．中国共产党百年经济思想史论 [M]. 天津：天津人民出版社，2021.

深圳开放型经济建设的总体方法论特征

马克思主义的总体方法论强调对对象的系统性把握与实践性探索。深圳作为中国改革开放的“试验田”，其开放型经济建设始终遵循这一方法论，将经济开放视为涵盖全局、贯穿始终的战略布局，既注重实践逻辑的现实基础，又强调系统思维的顶层设计，形成一套具有中国特色的开放方法论体系。

深圳的开放战略以“破立结合”为根本逻辑，既突破计划经济体制束缚，又构建市场化发展的新框架。开放不仅是经济发展的手段，更是贯穿社会、经济、文化等领域的系统性变革。其方法论特征体现在以下 4 个方面：

其一，以实践为根基，将制度创新与人的能动性相统一。深圳的开放始于对传统体制的突破，通过土地有偿使用、外资引进、劳动合同制度等市场化改革，激活社会与市场的双重活力。这一过程不仅依赖政策创新，更通过“时间就是金钱，效率就是生命”的实践导向，将人的主观能动性转化为推动改革的内生动力。例如，1979 年蛇口工业区率先实行“定额超产奖励”和工程招标，打破“大锅饭”体制，激发企业活力；1987 年土地使用权拍卖“第一槌”则通过制度创新释放市场潜能，为全国土地市场化改革提供范本。

其二，以辩证思维把握开放与发展的内在规律。深圳的开放既注重“引进来”和“走出去”的动态平衡，又强调特区与腹地的协同发展。早期通过“三来一补”模式吸引外资，形成“前店后厂”的产业链分工，既利用香港的资本和技术优势，又推动本土制造业升级。同时，通过“特区带山区”“先富帮后富”的理念，深圳的发展与粤东、粤西、粤北地区联动，形成“比特区更大特区”的开放格局。例如，1988 年深圳与韶关合作建立“广梅汕铁路经济带”，通过基础设施互联互通促进区域协调发展，体现了开放与反哺的辩证统一。

其三，以问题导向聚焦关键领域突破。深圳的开放战略始终以解决主要矛盾为突破口，集中力量推进重点领域改革。在早期阶段，针对计划经济体制束缚，率先在土地、金融、行政管理等领域试点市场化改革；针对外资结构单一问题，通过税收优惠、基建配套等政策引导外资投向电子、机械等产业，推动电子工业产值占比从 1980 年的不足 10% 跃升至 1990 年的 35%；针对区域协同不足，主动对接香港，建设罗湖口岸、沙头角口岸，形成“港澳资 + 深圳制造 + 国际市场”的三角贸易模式，以点带面推动珠三角联动发展。

其四，以系统思维构建开放发展的顶层设计。深圳的开放不是零散的政策堆砌，而是全局性、战略性的制度设计。通过“接轨香港、融入珠三角”的区域协同战略，将深圳发展嵌入珠三角乃至全国开放格局；通过“引进来”与“走出去”并举，既学习国际先进管理经验（如借鉴新加坡城市治理模式），又探索本土化路径（如“星期六工程师”柔性引才政策），形成制度创新与文化融合的复合动力。

深圳的开放方法论深刻体现了马克思主义的总体性特征：既立足于特区发展的现实逻辑，又超越局部利益，将开放视为贯穿经济、社会、文化等领域的系统工程；既强调人的主观能动性，又遵循市场规律与区域协同的客观要求；既通过关键领域实现“点”的突破，又通过制度设计与战略规划形成“面”的协同。这种方法论不仅推动深圳从边陲小镇跃升为现代化国际大都市，更为中国改革开放提供了“摸着石头过河”与“顶层设计”相结合的实践范式。

深圳开放型经济建设的基本经验

深圳作为中国改革开放的“试验田”，在 1978—1991 年以“闯”的精神和“敢为天下先”的实践，探索出一条具有中国特色的开放型经济发展路径。其经验以制度创新为突破口，以市场活力为动力源，以文化精神为凝聚力，形成可复制、可推广的开放型经济建设范式，为全国改革开放提供先行示范。

政策创新与市场活力突破体制束缚

深圳的开放始于对计划经济体制的突破，其核心在于通过制度创新激活市场潜能。1980 年，深圳被设立为全国首批经济特区之一，中央赋予其“特殊政策、灵活措施”的试验权。深圳市委、市政府抓住机遇，率先将“摸着石头过河”的改革精神转化为具体实践：以政策破冰释放市场潜能，率先打破传统经济体制束缚，建立土地有偿使用制度、外汇留成制度、劳动合同制度等，为外资进入和民营经济成长扫清障碍。同时，深圳以开放倒逼机制改革，通过“时间就是金钱，效率就是生命”的口号，将市场竞争意识引入政府管理，率先推行“一站式”审批服务、企业登记注册便利化等，构建市场化营商环境。

全局统筹与重点突破拓展开放格局

深圳的开放既是全方位的探索，又始终以关键领域突破带动全局发展。全局性开放方面，深圳以“比特区更大特区”的视野，推动与港澳、珠三角的联动发展。在重点突破层面，深圳以蛇口工业区、福田保税区等“点状突破”带动全域发展。蛇口工业区 1979 年率先引入港资合作开发，建成中国第一个对外开放的工业园区，成为改革开放的“试管”；招商局集团有限公司 1985 年成立，推动国企改革与市场化经营结合，成为对外开放的标杆企业。此外，“三天一层楼”的建设速度，将基建投资与产业发展结合，形成“深圳速度”品牌效应。在区域协同方面，深圳以“特区带山区”“先富帮后富”的理念，通过产业转移、技术输出、人才支援等方式，带动粤北、粤东、粤西地区发展。

制度优势与精神力量激发开放动力

深圳的开放不仅体现在经济层面，更塑造独特的城市精神与文化软实力。制度创新与法治保障方面，深圳率先探索“法治是最好的营商环境”，1983 年颁布全国首部地方性法规《深圳经济特区治安管理条例》，1993 年成立内地首个破产法庭，通过法治化为开放型经济护航；获得特区立法权，为市场自由化提供法律依据。

在精神文化层面，深圳以“来了就是深圳人”的包容理念，吸引全国人才汇聚，形成“敢闯敢试、敢为人先”的特区精神。来自五湖四海的“拓荒牛”们催生出华为、中兴等本土企业的雏形。1987 年华为在深圳注册成立，成为从“三来一补”向技术自主创新转型的代表。

从特区到全国——新常态下的开放型经济建设

深圳经济特区的建立是中国改革开放的标志性事件，其开放型经济建设模式不仅推动深圳的跨越式发展，更通过制度创新与经验推广，为全国探索出一条以开放促改革、以改革促发展的新路径。深圳经验的全国推广，与新时代开放型经济体系的构建形成历史与现实的呼应，展现了中国开放战略的延续性与创新性。

深圳作为改革开放的“试验田”，其探索为全国提供可复制的制度框架与实践样本。在政策创新方面，深圳率先突破计划经济体制束缚，通过土地有偿使用、国企股份制改革、劳动合同制度等市场化探索，为全国提供制度范本。二十世纪八九十年代，这些经验被纳入国家沿海开放战略，推动全国外向型经济布局。与此同时，深圳的区域协同效应显著，通过产业转移、技术输出、人才流动等方式，与珠三角地区形成“特区 + 腹地”的联动发展。1984 年中央决定开放 14 个沿海城市时，深圳的管理经验、政策框架被推广至大连、青岛、厦门等城市，形成“点—线—面”的开放格局。1988 年海南经济特区建立后，深圳经验进一步向南延伸，助力海南成为改革开放新窗口。

进入新时代，深圳经验的全国推广与升级，推动开放型经济向更高水平、更深层次发展。在创新驱动与产业升级方面，深圳从早期的“三来一补”转向自主创新，依托国家自主创新示范区、前海深港现代服务业合作区（简称“前海合作区”）等平台，推动高新技术产业和现代服务业发展。2020 年，深圳高新技术产业增加值占 GDP 比重超 40%，成为全国创新高地的标杆。同时，深圳企业通过跨境并购、海外建厂等方式布局全球产业链，华为、大疆等企业成为国际化经营的典范。

在双向开放与区域协同层面，中国（广东）自由贸易试验区、海南自由贸易港等借鉴深圳经验，通过制度型开放推动贸易投资自由化。2020 年粤港澳大湾区建设全面提速，形成“9+2”城市群协同发展的新格局。深圳依托港口、科技、金融优势，成为“一带一路”重要节点城市，2021 年对共建国家和地区进出口额占全市进出口总额比重超25%，跨境电商、海外仓等新业态蓬勃发展。

在制度型开放与全球治理参与方面，深圳通过前海合作区探索与国际接轨的金融、法治、营商环境规则，例如“跨境金融”“涉外法律服务”等创新模式被纳入国家改革试点；中国以深圳经验为基础提出的“人类命运共同体”理念，推动构建开放型世界经济。2020年中国成为全球唯一实现货物贸易正增长的主要经济体，彰显开放战略的全球影响力。

面对新时代的机遇与挑战，开放型经济建设需进一步深化。在优化开放布局上，需构建海陆空立体开放通道，强化深圳港、广州港与中欧班列联动，打造“一带一路”陆海新通道枢纽；推动长三角、粤港澳、京津冀等城市群协同开放，形成区域开放协同网络。在提升开放质量方面，以“双循环”新发展格局为导向，扩大高端制造、数字经济、绿色经济等领域开放，引导外资投向高技术、高附加值产业；完善跨境数据流动、知识产权保护等制度，参与全球数字贸易规则制定。同时，需强化风险防控，建立开放型经济动态监测体系，防范国际资本流动、产业链安全等风险；通过“放管服”改革优化营商环境，增强市场主体国际竞争力。

深圳从“先行先试”到“先行示范”的历程，印证开放型经济建设的“试验—推广—升级”逻辑。其经验表明：开放型经济的深化需以制度创新为引领，以区域协同为支撑，以全球规则对接为方向。在新时代，深圳经验的全国推广将推动中国从“参与全球治理”向“引领制度创新”跨越，为构建开放型世界经济贡献中国智慧。

第二章　深化改革：率先建立社会主义市场经济体系

（1992—2002）

1992 年初，邓小平视察深圳并发表了重要谈话。邓小平南方谈话肯定特区姓“社”不姓“资”，阐明社会主义的本质与“三个有利于”的标准，深刻回答了长期束缚人们思想的许多重大认识问题，为建设中国特色社会主义指明了前进方向。[①] 同年召开的党的十四大确立起社会主义市场经济体制的改革目标，这一重大理论创新突破了传统计划经济体制的束缚，开创性地把社会主义基本制度和市场经济运行机制有机结合，堪称中国共产党的伟大创举。

作为改革开放的“试验田”，深圳经济特区积极响应党中央号召。1994 年初，深圳市委工作会议提出要在全国率先建立社会主义市场经济体制。1995 年 4 月，深圳市第二次党代会召开，首次提出“二次创业”的战略口号，由此全面开启经济特区深化改革、再攀高峰的新征程。

深圳充分发挥先行先试优势，积极探索符合中国特色的市场经济体制：高度重视人才培养，致力于建设教育强市；强化依法治市，营造公平公正的法治环境；加强区域协同，增强服务和辐射内地的能力；深化国有企业改革，健全市场运行机制……深圳，这座充满活力与梦想的城市，向着富裕、文明、民主的现代化国际性城市大步迈进。

① 邓小平．邓小平文选第三卷 [M]．北京：人民出版社，1993．

第一节 增创经济特区新优势

体制创新：市场经济的制度突破

创新是深圳的灵魂，也是深圳发展的不竭动力。为了增创体制改革新优势，继续发挥经济特区在体制改革中的“试验田”作用，深圳市委根据党的十四大报告和十四届三中全会审议通过的《中共中央关于建立社会主义市场经济体制若干问题的决定》，把坚持社会主义基本制度同发展市场经济结合起来，于 1994 年制定了《建立社会主义市场经济体制总体规划》，提出了深圳建立社会主义市场经济体制的总体目标和指导思想。

经过配套改革，到 1996 年、1997 年，深圳已经形成以“十大体系”为内容的社会主义市场经济体制基本框架：一是以公有制为主体，多种经济成分平等竞争、共同发展的所有制体系；二是以资本为纽带的国有资产监督管理和运营体系；三是以市场为基础的价格体系；四是以商品市场为基础、要素市场为支柱的市场体系；五是社会共济与个人保障相结合的社会保障体系；六是以中介组织为主体的社会服务监督体系；七是适应市场经济需要的国民经济核算和企业财务会计体系；八是以按劳分配为主，效率优先、兼顾公平的分配体系；九是以间接手段为主、面向全社会的经济管理调控体系；十是为适应特区社会主义市场经济体制需要的法规体系。

随后，深圳在实践中根据全国改革开放的新形势和中国加入世界贸易组织后全面融入国际经济的新情况，与时俱进，不断把改革引向深入，在体制创新上继续走在全国前列。具体体现在深化国有企业改革、健全现代市场体系、完善宏观调控体系、深化分配制度改革、健全社会保障体系 5 个方面。[①]

深化国有企业改革

深圳国有企业的发展是在中国改革开放设立经济特区的历史背景下产生，并伴随着深圳这座现代化大都市的发展而逐步发展变化的，呈现一定的客观必然性。在中国从计划经济走向市场经济，从封闭走向开放，深圳从边陲小镇发展成为具有全球影响力的国际化大都市进程中，国有企业和国有经济作出了重要的历史贡献。

在政府发挥对经济推动作用的过程中，国有企业是政府促进经济发展和城市建设的主要平台。如在政府促进对外开放、引进外资中，国有企业通常充当招商引资、合资合作的重要平台；在促进民营经济发展的过程中，国有企业通过股份制改造，发展混合所有制等方式成为促进民营经济发展的重要载体；在深圳以高科技为主导的现代化产业体系的形成和发展的过程中，国有企业或通过成立各种风险投资、产业投资、担保机构为高科技企业提供金融服务，或通过开发产业园区，为园区内各种所有制企业发展提供全方位的服务，助推以民营经济为主体的深圳高科技发展；政府开展重大基础设施建设投资、重要行业领域特许经营、重大产业发展项目建设和运营活动，通常都是通过国有企业的平台来实现。[②]

国有企业作为政府推动经济发展和城市建设的平台，具有两重性作用。一方面，从提高资源配置效率、建立完善的市场经济体系和公平竞争的环境来看，国有企业的平台作用应该逐步缩小，直至最终取消；另一方面，市场机制的形成和市场体制的完善有一个过程，国有企业的平台作用有其客观必然性和合理性，有其不可替代性。另外，发挥国有企业的平台作用，也有利于促进政府自身的改革和职能的转变。在深圳的政府改革过程中，曾经把大量政企不

① 深圳博物馆．深圳博物馆基本陈列·深圳改革开放史 [M]. 北京：文物出版社，2010.
② 深圳市地方志编纂委员会．深圳市志·改革开放卷 [M]. 北京：方志出版社，2014.

分、政事不分、管办不分的机构承担的职能转由国有企业来承担，无论从政府改革还是从资源配置的效率来看，这都是一个历史的进步。

1992 年，党的十四大确立了社会主义市场经济体制的改革方向，对全国的经济发展起到了历史性的推动作用。在这个大背景下，深圳的国有企业虽然也得到快速发展，但在市场机制不断完善、公平竞争的环境逐步形成过程中，国有企业与民营企业相比，效率低下、动力缺失、活力不足等劣势逐渐显现，在市场竞争中处于劣势地位。

在建立社会主义市场经济体制的过程中，深圳国有企业改革一直走在全国前列。这一阶段，深圳提出要建立现代企业制度，具体包括建立企业法人制度、企业产权制度、激励分配机制、现代企业法规制度等，真正实现政企分开和资产所有权与经营权的分离。

建立现代企业法人制度。1994 年 8 月深圳实行企业无行政主管部门的改革，取消政府与企业的行政隶属关系，机关与所办的经济实体彻底脱钩，从而完成由行政管理向企业法人管理、产权管理的转变。

探索企业内部激励分配机制。1994 年深圳开始实行内部员工持股试点的办法，使员工利益与企业利益紧密地联结在一起；1999 年深圳探索期权股份等改革，拓展激励手段。深圳还推行多要素参与分配，专利和技术可以作价入股，知识和管理可参与企业的收益分配。

建立现代企业法规制度。1993 年，深圳市政府颁布《深圳市企业登记管理规则》，将企业注册从传统的“审批制”改革为“准则登记制”。这一转变意味着，除《深圳市投资导向目录》中列明的限制类项目外，企业设立、变更和注销等事项无须逐级审批，可直接向工商行政管理部门办理注册登记手续。改革大幅压缩了办理时限，企业登记时间平均缩短 1/3，外资企业的开业登记时间更是减少了 4/5。这一制度创新极大地提升了营商效率，推动企业注册量迅速增长，深圳迎来新一轮投资热潮。1993—1994 年，深圳市人大利用特区立法权，通过《深圳经济特区有限责任公司条例》《深圳经济特区股份有限公司条例》《深圳经济特区合伙条例》等法规，为各类企业的改革与经营活动提供法治保障，夯实了现代企业制度的法律基础。

在此基础上，深圳进一步深化国有企业体制改革，以建立现代企业制度为核心目标，持续推动产权制度、公司治理、监督机制等方面的系统优化。一方面，深圳继续深化改革的试点工作，巩固试点成果。在产权制度改革方面，深圳继续对赛格集团、深圳经济特区工业品贸易（集团）公司等进行公司制改造，并加快试点企业下属二级公司的改制工作。在企业领导体制改革方面，1996 年 9 月召开的深圳市委常委会扩大会议，讨论通过了《深圳市公司董事会工作暂行规定》等文件，特别是改革了对企业领导干部的管理办法，把“党管干部”与《中华人民共和国公司法》相衔接，实行干部下管一级，管人与管事相结合，理顺了企业领导管理体制。在建立企业监督约束机制方面，深圳加快了在各试点企业中配备财务总监的工作，进一步完善和规范企业内部的监督约束机制。在分配制度改革等方面，深圳不断扩大企业领导年薪制和内部员工持股制的试点范围。

另一方面，深圳加快推进企业改制进程，并持续完善配套改革措施，强化改革的系统性与协同性。为规范存量企业，深圳出台了《深圳市对原有有限责任公司和股份有限公司进行规范的意见》，对《中华人民共和国公司法》施行前设立的 2.3 万余家企业进行全面梳理和制度规范。同时，深圳不断扩大政府职能转变的改革试点范围，推进市计划局、经济发展局、贸易发展局等部门职能由“管理型”向“服务型”转变，并制订针对性的改革方案，着力提升政府为企业发展提供高效、专业服务的能力。

培育现代市场体系

自经济特区建立以来，深圳一直遵循市场导向的原则推进商贸流通体制改革。这使得原本单一、封闭的流通体制转变为一种以公有制为主体、多种所有制形式共存且公平竞争的开放型体系。

在培育现代市场体系的进程中，民营经济始终是一股不可忽视的中坚力量。作为最贴近市场、最具活力的经济形态，民营经济不仅承载着就业、创业和创新的多重功能，更在推动产业发展、优化资源配置中发挥着关键作用。早在 1980 年，广东省工商局便出台全国首个支持个体经济的文件《关于城镇个体工商业若干政策暂行规定》，大幅降低准入门槛，明确只要愿意从事个体经营，政府就可以发给营业执照，在注册资本、场地管理等方面基本上没有要求。这使得个体经营出现了爆发性增长。广东省个体工商户数量从 1979 年底的 1.56 万户激增至 1982 年底的 25.16 万户。1981 年，《国务院关于城镇非农业个体经济若干政策性规定》出台，正式承认了个体经济的合法地位，并明确个体经济和私营经济均是民营经济的组成部分。

1992 年，党的十四大正式确立了社会主义市场经济体制的改革目标。同年 6 月，国家经济体制改革委员会印发《有限责任公司规范意见》《股份有限公司规范意见》，为民营资本规范进入市场提供制度保障。在这一年前后，大批在政府机构、科研院所的知识分子下海创办企业，市场化股份制企业迅速崛起。1993 年《中华人民共和国公司法》出台，进一步明确了民营企业的法律地位。1997 年，党的十五大报告则首次明确非公有制经济是社会主义市场经济的重要组成部分。2002 年，九届全国人大常委会第二十八次会议通过《中华人民共和国中小企业促进法》，为民营经济的发展出台一系列配套的政策。

伴随国家对民营经济支持力度的持续加大，深圳凭借先行先试的政策优势和毗邻香港的独特区位，在港资企业大规模内迁的浪潮中迅速集聚起一批本地民营配套企业，呈现出蓬勃发展的强劲势头。

民营商贸企业是深圳民营经济蓬勃发展的缩影。深圳经济特区建立初期，东门老街是最早兴起、最为繁华的商业区，传统街铺广布其间。坊间流传着“不到东门，就不算来过深圳”的说法，足见其当时在城市商业版图中的地位。1982 年，被誉为“罗湖第一楼”的友谊商场在东门商业圈开门营业，标志着深圳百货商场的起步。1985 年，为了完善中航苑小区的商业配套，天虹商场建成开业，营业面积达 3000 平方米。这家商场开创了多个第一：中国第一个中外合资的商业零售企业，第一个在国内全面开架销售的商场，第一个提出最低价格承诺的商场等。天虹商场的崛起也带动了福田商业中心的快速发展。1979—

东门老街（1994 年）

1992 年，深圳的商业发展被形象地概括为“丰”字，东门南、东门北，人民南、人民北，华强南、华强北商业区，由深南大道贯穿相连，构成当时城市繁荣商业的骨架。这一时期，深圳商贸业从街头店铺向现代商场过渡，为日后购物中心的崛起奠定了坚实基础。

1992—2002 年，深圳的百货零售业迎来前所未有的发展高峰。1994 年 7 月 17 日，国内商超零售巨头华润万家的前身——万佳百货华强北店开业，首日营业额高达 24 万元，创下当时深圳零售业的最高纪录。门店甚至因客流过大不得不“每隔 10 分钟放一批顾客进场”。作为全国首家仓储式自选超市，万佳百货将日用品、食品、蔬菜等 3 万余种商品陈列上架，顾客可自行选购，首次在深圳实现“一站式”购物体验，开创了“超市 + 百货”的业态模式，也带动了一大批零售企业的兴起。

万佳百货在华强北的成功迅速带动了周边商业氛围，服装、餐饮、电器等各类门店相继聚集。1998 年，深圳市政府顺势而为，对原本以通信、电子、电

深南大道（1991 年）

器生产为主的老工业区——华强北进行商业化改造，华强北一举从工业区和电子元器件一条路变成了商业一条街。

1996 年是深圳百货业具有里程碑意义的一年。这一年，岁宝百货成为深圳首家营业面积达到 1 万平方米的单体商场；深圳友谊贸易中心和深圳康德集团建立了大型国有百货零售企业——友谊城百货；沃尔玛入驻深圳，在深圳开设在中国的第一家购物广场和第一家山姆会员店，揭开了外资零售企业进入深圳市场的序幕，紧随其后，家乐福也在深圳开设首家门店。两大国际零售巨头的同时落地，使深圳商业的国际化水平大幅提升，市场竞争迅速升温。

1992—2002 年，在开放自由的营商环境推动下，深圳本土零售企业迅速成长，不仅在本地站稳脚跟，更逐步迈向全国市场。2000 年，人人乐、新一佳分别在西安、惠州、长沙、徐州等地开店，拉开深圳零售军团向外扩张的序幕。同时，外资品牌也将深圳作为试点，逐步发展为全国性连锁零售巨头。这一时期，不仅零售业态日益多元，城市商圈结构也逐步成形，形成了多中心、多层级的商业格局。根据不同的消费层次与消费习惯，可划分为八大商圈，其中东门商圈、华强北商圈、南山商圈为三大主力商圈，人民南商圈、福田中心商圈、华侨城商圈为三大特色商圈，宝安商圈、龙岗商圈为新兴商圈。

截至 2002 年底，深圳已经形成了成熟的生活资料商品市场体系，连锁经营模式正朝着全方位、多业态、宽领域的方向迅速发展。同时，中高端农产品批发市场和大型购物中心如雨后春笋般涌现，物流技术与信息技术在商贸活动中得到了广泛应用，会展业也呈现出蓬勃发展的态势。在深圳，华润万家、新一佳、百佳、山姆、岁宝百货、沃尔玛等大型超市，以及布吉农产品批发市场、赛格电子市场、田贝建材市场等大型市场的销售情况都非常理想。值得一提的是，2001 年，布吉农产品批发市场以 120 亿元的成交额位居全国同行业之首。此外，包括沃尔玛、索尼在内的多家跨国公司均选择在深圳设立采购中心。到了 2002 年，在全国百强连锁经营企业评选中，深圳独占鳌头，占据了 9 个席位。

在商贸业繁荣的基础上，深圳的民营经济并未止步于流通领域，而是迅速向高科技产业纵深发展，开辟出新的增长空间。深圳市政府大力营造公平竞争的市场环境，构建高效便捷的服务体系，为高科技民营企业的崛起提供了坚实支撑。例如，针对高科技民营企业普遍面临的高风险和融资难题，深圳率先探索建立多层次金融支持体系。早在 1994 年，深圳便设立了全国首个专门服务中小科技企业融资的高新企业投资基金；2000 年前后，深圳又相继成立了专门从事创业投资的创新投资基金以及深圳市中小企业信用担保中心。

为了引进发展高新科技企业需要的人才，深圳 1991 年成立了全国首家常设型人才市场——深圳人才智力市场，1992 年在全国首创率团到海外招揽人才，1993 年又出台文件深化企业劳动、人事制度改革。1995 年 7 月，深圳市人事局受深圳市政府委托，与全国博士后科研流动站管理协调委员会办公室签订协议，在深圳市建立“深圳企业博士后工作站”。随后，全国博士后管理委员会办公室正式下发《关于建立深圳企业博士后工作站的通知》，深圳成为全国第一家地方政府参与、支持企业博士后工作，并设立政府企业博士后工作站的城市。[①] 1996 年，深圳成立了深圳市高级经理人才评荐中心；1997 年 1 月，深圳市人才大市场建成办公。2000 年 10 月，深圳市政府为吸引海外留学人员回国创业、扶持留学生企业发展，成立深圳市留学生创业园有限公司。这是中国第一家地方政府与海外留学生团体合作共建的留学生创业园，也是国内第一家留学生团体参与投资的留学生创业园。

为促进深圳人才资源的开发和人才规模的扩大，市政府还颁布实施了《深圳经济特区人才市场条例》《关于引进国内人才来深工作的若干规定》《关于为外国籍高层次人才和投资者提供入境及居留便利的实施办法》《深圳市海外留学人才居住证管理办法》等法规，使人才市场逐步走上配套建设、规范管理的轨道。

作为改革开放的“窗口”，深圳是民营企业重镇。截至 2002 年底，深圳有民营企业 66943 家，注册资本 1079 亿元，仅次于上海、北京，居全国大中城市第三位。2000 年全市注册资本 1000 万元以上的民企有 2714 个，产值或销售额 100 亿元以上的民企有 3 个，超过 10 亿元的民企有 8 个，超过 1 亿元的民企有 200 多个。

民营经济作为市场活力的源泉，展现出强劲的发展势头，不断拓展产业边界、提升竞争能力。同时，深圳市场服务体系也在持续优化。1993 年 2 月 8 日，深圳产权交易所正式挂牌，标志着深圳产权转让正式步入市场。这是中国内地首个面向国内外、面向各种经济成分的产权交易市场，主要是在完善产权管理、促进企业经营机制转换、发展社会主义市场经济方面发挥作用。

许多人误以为，企业拍卖、兼并与转让只会在企业亏损、濒临破产时发生，因而将产权或股权转让与企业经营失败画上等号。事实上，产权转让和股份收购是一种优化资源配置、重组生产要素的有效方式，有助于集聚土地、资金、技术、人才和市场等多方面优势，从而降低经营风险、提升发展效率。

---

① 中国人民政治协商会议广东省委员会．敢为人先——改革开放广东一千个率先：科技 · 教育卷[M]．北京：人民出版社，2015．

通过产权转让，可以将那些缺乏市场、连年亏损、管理不善、无法提供有效供给的企业所占用的资源释放出来，为具有高效益、高潜力的企业腾出发展空间。与此同时，股权收购使得大型企业能够跳过前期选址、采购、渠道建设等烦琐环节，以更高效率介入运营环节，直接开展投资并参与企业管理，从而加快项目落地，实现协同发展。

在建立产权市场之前，深圳的产权转让和股权收购存在诸多问题：信息不透明、收购方难以全面了解企业财务状况和市场行情，以及私下交易导致国有资产低价流失等。这些问题在一定程度上制约了企业资源的有效流动与市场机制的正常运作。深圳产权交易所的设立，正是为顺应企业兼并重组和股权收购日益规模化、规范化的发展需求。其核心职能包括：办理企业部分或整体产权、股权的交易业务，并提供资产评估、产权拍卖、代理过户、信息发布与咨询等一系列配套服务。通过推进产权交易的公开化、市场化运作，深圳产权交易所有效防止了国有资产低价转让和流失问题，对健全产权管理体系、推动企业经营机制转型、促进社会主义市场经济的健康发展发挥了积极作用。

除产权交易服务外，自 1993 年起，深圳陆续建立了科技成果交流中心、技术经纪行、无形资产评估事务所、技术合同仲裁委员会和知识产权审判庭等专业机构，逐步构建起涵盖交易、中介、评估、信息发布、咨询服务、专利代理、仲裁与司法审判等环节的一体化市场服务体系，为现代市场体系的构建提供了有力支撑。

专栏

土地交易：市场机制下的资源配置

土地作为关键生产要素，其交易机制的规范与完善也是健全现代市场体系的重要一环。1987 年，深圳敲响了新中国成立以来首次有偿出让国有土地使用权的“第一槌”，在国内率先开放土地市场。随着经济快速发展和房地产市场日益活跃，一些单位手中掌握的历史遗留用地、行政划拨用地以及集体建设用地被私自“地下交易”，严重扰乱了土地市场和房地产市场秩序。同时，一些拍卖机构未经核实土地性质便擅自处置破产企业土地，导致国有资产大量流失。

鉴于这些问题，2001 年 3 月 6 日，深圳市政府发布第 100 号令，颁布实施《深圳市土地交易市场管理规定》，明确：土地交易范围涵盖土地使用权出让、转让和租赁三个层次，从而构成完整的土地交易体系；土地交易方式按市场规则运作，通过招标、拍卖、挂牌三种方式公开进行；土地交易统一管理、集中操作，推进了其行为过程的规范化。通过土地交易有形市场配置经营性土地，保证每一块经营性土地的出让和转让都必须进入交易市场公开交易，经营性土地供应由多轨制变为单轨制。土地买卖公开透明，充分发挥了市场机制在土地资源配置过程中的基础作用。

《深圳市土地交易市场管理规定》的出台，突破了原有土地制度中禁止单纯土地使用权转让的限制，首次明确允许二级、三级土地使用权（即从政府手中有偿取得土地使用权后的再转让）在市土地房产交易中心进行公开交易，极大地提升了土地资源的流通效率和使用效益。这一制度创新标志着深圳在土地管理改革、政府职能转变和政务公开方面迈出了关键一步，顺应并推动了土地要素市场的逐步成熟。

专栏

100 号令的颁布实施不仅保障了土地交易的公开、公平、公正，有效遏制了暗箱操作和资源浪费，还促进了土地向高效益、高产出的产业项目集中，为高新技术产业和现代服务业发展提供了坚实支撑。同时，随着 100 号令的颁布，深圳的土地使用制度改革进一步深化，土地供需关系实现了从“需求引导供给”向“供给引导需求”的重大转变，为构建更加高效、规范的土地要素市场奠定了制度基础。100 号令实施后，土地交易市场成为把控土地的“总阀门”，在之后的 5 年时间，深圳成交转让土地超过 3 平方千米，土地交易收入达到 150 多亿元。

2005 年 12 月，深圳市龙岗区的两块工业用地及工业配套用地在市土地房产交易中心成功出让，这是广东省范围内首次在产业用地领域引进市场机制配置土地资源，标志着深圳市以市场化方式配置土地资源的范围从经营性用地扩大至产业用地。这场土地交易开启了深圳市土地使用制度改革的“第三次革命”。100 号令推出 4 年后，深圳市用市场机制在产业用地领域配置土地资源，再次走在全国土地使用制度改革的前列。

健全宏观调控体系，优化政府与市场关系

随着社会主义市场经济体制的逐步完善，深圳经济特区敏锐地认识到：健全的宏观调控体系是确保经济高效运行、公平竞争和市场秩序的重要保障。然而在实践中，政府与市场边界模糊、职能交叉等问题日益凸显，具体表现在3个方面：行政审批事项过多干预企业经营自主权，市场监管存在“越位”与“缺位”并存现象，公共服务供给难以满足市场主体需求。这些问题严重制约了资源配置效率，抑制了市场活力。为此，深圳稳步开展相关改革，推动政府职能向战略规划、市场监管和公共服务转变。

1994年，深圳全面实行企业无行政主管部门改革，通过颁布《深圳市企业无行政主管部门改革实施办法》，明确规定全市党政机关与所办经济实体脱钩，解除党政部门同企业之间的隶属关系。这一改革打破了政企不分的体制障碍，减少了政府部门直接干预微观经济活动的行为，转向宏观调控，进一步激发了企业活力。深圳市还持续深化“放管服”改革，着力削减不必要的行政审批事项，大幅提升了政府治理效能和行政服务水平。1998年，市政府进行了第一轮政府审批制度改革，审批核准事项由1091项减少至628项，减幅达42.4%；2001年进行第二轮审批制度改革，取消审批核准事项277项。2004年，结合贯彻《中华人民共和国行政许可法》，市政府开展了大规模的法规、规章清理行动，公布取消近40%的行政审批事项。

随着营商环境的持续改善，财政税收体系作为政府治理的重要支柱，亟须与市场机制相适应、与经济发展相协调。税务改革成为优化营商环境、增强政府调控能力、推动高质量发展的关键一环。1996年，深圳税务部门制定了《深圳市税收征管体制改革总体方案》，构建纳税申报、税务代理、税务检查相结合的现代税收征管体系，按照税务登记、税款征收、税务检查三大系列设置税务机构，全面推广电子报税、税款征收无纸化。深圳的税收征管体制改革，得到了国家税务总局的高度评价，并在全国推广。

1997年，深圳开始实施市、区两级政府分税制改革。根据《深圳市1997年经济体制改革年度计划》，改革依据税源构成的差异实行分类分税，并在明

确市、区政府事权边界的基础上重新划分税收收入。与经济发展相关度高、增长稳定的税种，如营业税、增值税（地方分成 25% 的部分）、个人所得税、企业所得税、教育费附加等作为市、区共享税，充当市、区两级财政主要收入来源；全市集中征收解缴入库的税种，划归市专享；税源分散、征收难度大的税种，划归区专享。这项分税制改革打破了此前沿用 10 余年的财力划分方式，重塑了市、区之间的财政利益格局和资源分配机制。

深圳还加大投融资领域的宏观调控。深圳全面推行部门预算改革，深化“收支两条线”管理改革，先后出台《深圳经济特区政府采购条例》《深圳市政府投资项目管理条例》，促进财政体制改革，加强对财政资金使用的管理与监督。2001 年，深圳市政府制定并颁布实施《深圳市深化投融资体制改革指导意见》，2002 年又颁布实施《深圳市投融资体制改革实施意见》，提出加快落实改革政府投资决策体制、非经营性项目建设体制、非经营性基础设施项目运营体制、公用事业监督管理体制、社会事业投资和经营方式等 9 类、28 项投融资体制改革任务，提升资金配置效率与使用效能。2002 年 10 月，深圳市创新投资集团正式成立。同期，深圳的创业投资机构数量从 2000 年的 40 余家迅速增长至 2002 年的 130 多家，创业资本规模 115 亿元，约占全国的 1/3。至 2002 年，深圳已成为中国内地创业投资规模最大、创投机构最集中的城市。2003 年 4 月 1 日，深圳又实施《深圳经济特区创业投资条例》，为创投行业提供了制度保障和法治支撑，助力行业发展。

社会信用包括资金信用、商业信用、商业信誉，是评价市场主体最重要的指标之一。深圳在 20 世纪末就开始重视社会信用管理体系建设。2002 年，深圳出台《深圳市企业信用征信和评估管理办法》，为全市企业信用信息系统的建设和运营管理提供了法规保障。同年，深圳市企业信用信息系统正式向社会开通试运行，深圳成为全国率先建立并实施个人及企业信用信息系统的城市之一。企业信用系统集成了全市 51 万个企业、个体工商户、“三来一补”项目等市场主体的 200 多万条信用信息。全市 16 家国内商业银行参与了系统建设并实现联网。2003 年 4 月，在深圳市委、市政府的统一部署下，社会信用系统数据进行了3次充实、更新，过程中全市公安、税务、银行、法院等16个部门共同参与，有效保证了系统数据的全面、准确。通过制度先行、技术支撑、部门协同，深圳构建起覆盖广泛的信用信息网络，不仅夯实了宏观调控的数据基础，也为营造公平透明的营商环境提供了坚实保障。

深化分配制度改革，兼顾效率与公平

在计划经济体制下，工资分配呈现3个典型特征：一是实行全国统一的等级工资制，工资标准由国家统一制定；二是采取“大锅饭”式的平均主义分配方式，劳动贡献与报酬严重脱节；三是缺乏动态调整机制，工资水平长期固化。这种僵化的分配制度既抑制了劳动者的积极性，也无法适应特区经济快速发展的需求。深圳经济特区建立之初，便率先探索以按劳分配为主体、多种分配方式并存的制度模式，逐步将市场机制引入工资分配领域。

有一个说法：蛇口4分钱奖金，拉开中国分配制度改革序幕。1979年7月，蛇口工业区基础工程正式破土动工。但是，前期施工进度十分缓慢，从炸山的地方到码头，仅300米的运土路程，正常来说每辆车每天可跑80趟，但因为工人懒散，现实情况是车队一天只能完成一半进度。为了提升工人积极性，蛇口工业区创新性地实施超产奖励制度：拉土的距离乘上趟数，定额每人每天55车，完成定额后每车奖2分钱，超过定额每车奖4分钱。政策公布后，工人热情高涨，主动加班，半年时间多创造了130万元产值。1981年，蛇口工业区又实行基本工资+1.15倍基本工资，取消各种补贴，进一步推动劳动分配制度的改革。

20世纪80年代初，深圳率先在竹园宾馆、友谊餐厅开展工资改革试点，将工资从按资格（资历、级别）发放改革为按职务发放，奖金则由平均分配转为按工作表现和实际贡献发放，并设立占总工资50%的浮动工资部分，这也是按劳分配的实践，打破了干部与职工之间的身份界限。

此后，试点逐步扩大，工资分配方式趋于多元化。1984年，深圳制定《深圳经济特区内部管理体制全面改革试行方案》，创造性地提出“结构工资”制和“工资总额”制。“结构工资”制彻底打破“大锅饭”，将职工工资和个人表现挂钩；“工资总额”制则给予企业更大分配自主权，工厂的工资总额经主管部门核定后，企业可根据实际灵活分配。

1984年，深圳还率先在全国实行“技术入股”。20世纪80年代，国家重视计算机产业发展。1984年，电子工业部在深圳筹建企业，寻求合作伙伴，开发生产计算机配套产品。特殊的是，合作方并不是经济实体，而是一批中国香港、美国专家。1984年底，双方经过谈判，确定电子工业部投入200万美元占股66%，合作方以无形资产入股，持有34%“干股”的合作模式。1985年，开发科技（蛇口）有限公司成立，这是中国第一家实行“技术入股”合作模式的企业。企业成立3个月便试制出达到世界水平的第一代温彻斯特（Winchester）磁头，并于1986年1月正式投产。1987年9月，公司年销售额突破1060万美元，成为中国计算机行业投资见效最快的工业企业之一。1991年，公司更是成为世界第三大磁头生产厂家，证明“技术入股”体制改革的正确性。

1987年，深圳市政府正式出台《关于鼓励科技人员兴办民间科技企业的暂行规定》，明确规定科技人员可以将个人拥有的专利、专有技术及商标权等作为投资入股。之后又制定了《深圳经济特区无形资产评估管理办法》《深圳经济特区企业技术秘密保护条例》等法规，不断完善技术要素参与分配的改革。1998年，为了进一步鼓励技术入股，规范行为操作，深圳颁布《深圳经济特区技术成果入股管理办法》，明确：发明、实用新型专利权，计算机软件著作权，非专利技术成果使用权等，都可以作价入股。同年，为促进高新技术产业发展，吸引科技人员来深圳工作，深圳颁布《关于进一步扶持高新技术产业发展的若干规定》，里面规定了科技人员可以技术参与分配。

在推动分配制度改革中，深圳不仅率先引入技术要素参与分配，还在全国率先开展管理要素参与分配的实践。1993年，深圳出台《深圳市属国有企业经营者工资收入与企业类级挂钩办法》，企业经营者收入包含基本工资和效益工资，基本工资与企业类别、职级相关，效益工资则直接与企业当年利润挂钩。

1994 年，深圳出台《企业董事长、总经理年薪制试点办法》，明确管理是一种特殊劳动，可以参与分配。企业经营者年薪制将年薪分为基本年薪、增值年薪和奖励年薪三部分。1997 年 9 月，深圳市政府印发《深圳市国有企业经营者年薪制暂行规定》，首次在全国范围内以统一标准在国有企业中试行年薪制，将经营者收入与企业规模和经营绩效紧密挂钩，这显著激发了企业管理层的积极性和创造力。

1999 年，深圳大胆探索了期权股份改革方式，先进适用的专利和技术可以作价入股，知识和管理作为生产要素参与企业的收益分配。例如，华为创新实施按劳分配与按资分配相结合的机制，根据员工的能力、责任、贡献和工作态度，综合采用职能工资、奖金、安全退休金、医疗保险及股权激励等多元方式，构建了科学合理、激励有效的分配体系。

2001 年，深圳市政府出台《关于进一步推行按劳分配与按生产要素分配相结合分配制度的指导意见》，在全国率先推进按劳分配与按生产要素分配相结合的分配制度，探索资本、管理、技术等要素参与分配的改革，建立健全收入分配的激励机制和约束机制。2002 年，深圳进一步完善与市场经济相适应的新型分配体制。

构建多层次社会保障体系

深圳建市初期，企业职工养老保险实行企业自保制度，即职工的保险由企业负责，所需要的费用均由单位负担。20 世纪 80 年代，深圳率先在全国实行劳动合同制，为深圳的发展汇聚了大量人才，但是问题随之而来：如果员工合同期满终止合同，或者解除合同，他们将来养老等后顾之忧如何解决？因此，与劳动合同制相配套，深圳开始探索建立合同制工人的社会保险基金统筹制度。

1982 年，深圳成立全国首个社会保险机构，同年 1 月，深圳市劳动局向竹园宾馆收取了第一笔劳动保险费，标准为员工工资的 25%，外商投资企业合同制职工社会保险正式启动。

1983 年，深圳市劳动局社会劳动保险公司成立。同年，市政府颁布《深圳市实行社会劳动保险暂行规定》，对全市所有合同制职工，包括国家机关、企事业单位和区县以上集体所有制企业的合同制工人，实行社会劳动保险制度。1985 年，深圳开始对全民所有制单位职工实行退休养老保险基金社会统筹，完善社会劳动保险制度的改革，统筹范围主要是全市全民所有制企事业单位的固定职工。1987 年，《深圳市临时工社会劳动保险试行办法》颁布，这代表着深圳经济特区初步建立起覆盖合同工、固定工、集体工、临时工等各类劳动者，社会化程度较高的社会保险制度，使养老保险逐步由企业化走向社会化。

在相继建立多项保险制度的基础上，深圳市政府决定对社会保险制度实行综合配套改革。从 1989 年开始，深圳在参考新加坡和智利经验的基础上，经过数年的调查研究和反复论证，提出了一条社会统筹和个人账户相结合的改革思路。它既不同于过去一包到底的供给制，也不照搬欧美高福利政策，而是走一条既符合中国国情又有深圳特色的路子。1992 年，深圳建立社会共济与个人账户相结合的养老保险模式。这一模式统一了全民工、集体工、合同工、临时工的缴费标准和退休待遇，并将基金统一调剂使用；实行医疗保险改革，取消了公费医疗和劳保医疗制度，建立全市机关事业单位和企业职工缴费比例一致、待遇一致的医疗保险制度。作为全国首创，这一模式在 1993 年党的十四届三中全会通过的《中共中央关于建立社会主义市场经济体制若干问题的决定》中，被确定为全国的养老保险模式。深圳在养老金管理服务上也走在全国前列，率先实现了养老金社会化发放，退休职工可以不出社区，按时从银行领到退休金。深圳还在全国率先建立了住房公积金制度。

1993 年，深圳颁布《深圳经济特区工伤保险条例》，全国工伤保险首个单项立法的条例出炉。1995 年，深圳进行了社会统筹与个人账户相结合的医疗保险改革试点工作，随后成立新的社会保险局，统一管理全市养老、医疗和工伤保险工作。1995 年底，市政府批准通过《深圳市基本养老保险制度深化改革方案》和《深圳市基本医疗保险制度深化改革方案》，并制定了工伤保险和失业保险的有关条例。1996 年，机关事业单位纳入基本养老保险范畴，形成了企业和机关事业单位养老保险制度相同，但补充养老保险各有特色的养老保险制度。2002 年，全市户籍职工养老保险参保率达 99.8%，医疗保险参保率达 98%，户籍职工和劳务工工伤保险参保率达 97%，失业保险参保率达 95%。

深圳经济特区建立以来，社保制度从无到有，逐步建立起多层次的养老保险和医疗保险体系，社会保险各险种越来越规范、完善。同时，深圳建立了统一的社会保险管理机构，并引入现代化手段加强社会化管理和服务，织就坚实细密的民生兜底网。深圳社会保险制度改革，为建立符合中国国情的社会保障制度积累了丰富经验。

开放升级：融入全球经济体系

深圳从一开始就继承了亚洲“四小龙”外向型经济的发展模式，实践证明，外向型经济发展到一定阶段是存在缺陷的，深圳必须实现从外向型经济向开放型经济转变，开放型经济的核心是必须对内对外开放市场。“二次创业”时期，深圳把坚持独立自主同参与经济全球化结合起来。随着经济特区发展进入新阶段，特别是随着中国加入世贸组织以及内地与香港建立更紧密经贸关系安排的实施，深圳的对外开放也迈出新步伐。这一阶段的显著特征包括：注重引进外资的质量和产品技术含量，优先引进高新技术和知识密集型企业，促进经济特区的技术发展和产业升级；建立起“内地—深圳—国际市场”三点一线，“进料—加工—增值—出口”一条龙的外向型经济，深圳已成为国内经济国际化程度最高的城市之一；外商投资大项目不断增多，项目档次逐渐提高。自 2001 年中国加入世贸组织以来，深圳对外开放已逐步由过去的一般生产加工领域拓展到了服务贸易领域，由过去一般引进上升到在世贸规则框架下全面参与国际经济技术合作。①

深圳保税区域是参照国际自由贸易区实行“境内关外”模式运作的特殊关税区域，是深圳实行对外开放的重要载体。各保税区在改善贸易与投资环境、

① 深圳经济特区研究会，深圳市史志办公室．深圳经济特区三十年 [M]．深圳：海天出版社，2011．

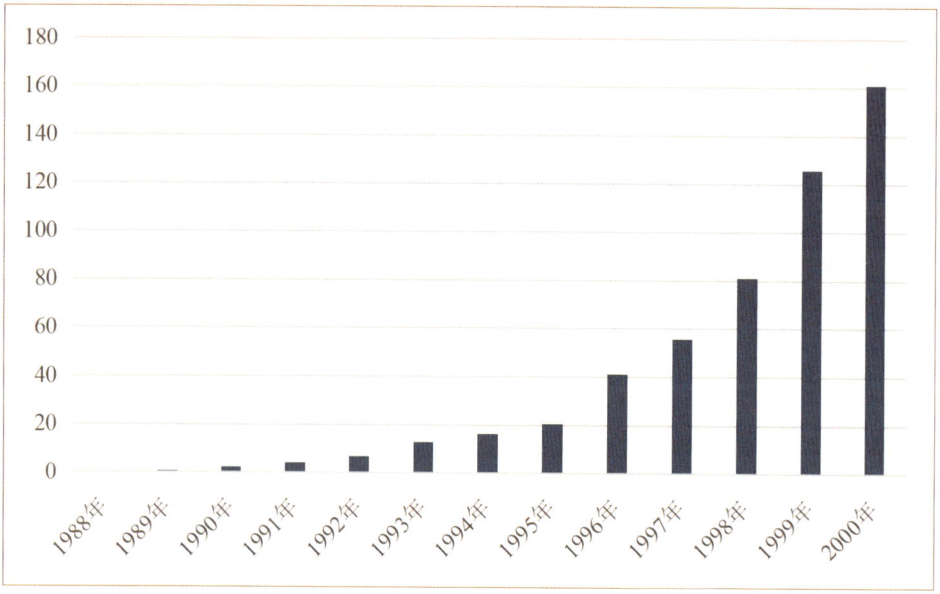

1988—2000 年沙头角保税（工业）区工业总产值变化（单位：亿元）

扩大招商引资和拓展功能运作等方面，取得了巨大的成就，显示出其特有的经济活力和辐射功能，为特区建设和发展作出了重要的历史贡献。以沙头角保税区为例，从 1987 年沙头角保税工业区建立起，工业总产值从 1988 年的 0.1 亿元增加至 2000 年的 161 亿元。1988—2000 年，沙头角保税（工业）区年工业总产值快速增长，企业利润除少数年份有波动外，大多数年份呈递增态势。截至 2000 年底，沙头角保税区累计实现工业总产值 528.4 亿元，累计实现工业利润 12.2 亿元。

“二次创业”时期，深圳的高新技术企业已经形成一定规模，但是高新技术产品存在着少名牌、无名牌的状况，这对国际市场的开发，以及让国际市场认识中国的高新技术产品乃至产业十分不利。[①]

20 世纪 90 年代中期以来，深圳以主导产业为重点，以名牌产品和名牌企业为龙头，培养产业外向发展的中坚力量，涌现出华为、中兴等一批国内知名

① 陶一桃．深圳市高新技术产业发展战略研究 [J]. 学术研究，1998(10)：26-32.

企业和一批知名品牌。出口额超亿美元的出口大企业不断增加。2002年，深圳共有50家企业出口额超过1亿美元，累计出口额达285.9亿美元，占全市外贸出口总额的61.4%。在商务部公布的2002年中国出口额最大的200家企业和进出口额最大的500家企业名单中，深圳有26家企业进入全国出口200强，14家企业跻身全国进出口500强前100名，分别占全国入选企业的13%和14%。同时，出口结构不断优化，高新技术产品出口迅猛增长。2004年，深圳高新技术产品出口额350.6亿美元，占出口总额的45.1%，成为深圳外贸出口的主力军。

2001年，随着中国正式加入世贸组织，深圳迎来了新一轮对外开放的重大机遇。根据当年《政府工作报告》数据，深圳市实际利用外资达到29.68亿美元，创下历史新高，同比增长7.8%。外资引进不仅在规模上取得突破，在质量、领域和形式上也呈现出多元化趋势，全年新批准外资风险投资机构2家，外资参与企业股权并购项目59个，留学生创办企业超过100家，体现出深圳开放型经济日益成熟。年底，借助中国加入世贸组织的契机，深圳市委、市政府向中央有关部门上报了《关于将深圳作为服务贸易对外开放试点的请求》，进一步彰显了深圳在国家对外开放战略中的先行地位。

2002年，深圳市积极参与国内外经济竞争与合作，开放型经济实现新的发展。一是努力扩大出口和利用外资。出台了一系列促进企业出口的政策措施，各级政府和各有关部门深入出口企业，主动为企业扩大出口服务；与海关密切配合，在几十家出口额超亿美元的企业实行电子报关监管模式，通关效率全面提高；主动出击争取了一批大订单，英特尔、索尼、希捷等高科技大企业大幅增加了在深圳的采购和生产；探索利用跨国公司国际销售渠道促进出口，引进沃尔玛、家乐福等，在深圳设立采购中心；实施“走出去”战略，组织境外加工贸易项目，带动设备、原材料出口；深圳出口加工区正式运作，保税区、龙岗大工业区在对外贸易、招商引资和全市经济发展中发挥了重要作用。

二是深港两地合作取得新进展。加快了两地在口岸、大型跨境项目等方面的合作，皇岗口岸、罗湖口岸通关时间延长；罗湖口岸改造正式动工，电子口岸建设进展顺利；深港西部通道、深港联合清理沙头角河道工程进度加快。

三是与内地其他地区经济合作加强。积极参与西部大开发，拓展经济发展空间，与西部地区达成投资意向。根据中央和广东省的部署，深圳积极开展对口扶持工作，既扩大了深圳产品市场，也增强了受援地区的造血功能。2002年，深圳还在全国率先成立负责地方世贸组织事务的专门工作机构——深圳市世贸组织事务中心，以咨询、培训、论坛、法律援助为主要手段，对深圳企业在国际贸易、对外投资过程中所遭遇的壁垒情况进行对策研究。

2003年6月，深圳市发布首个系统应对世贸组织挑战的政府指导性文件——《深圳市应对入世行动纲要》。该纲要以国际贸易为重点，提出了15个方面的应对措施，包括：积极应对反倾销、反补贴和保障措施，建立反倾销预警机制；积极应对国外技术性贸易壁垒，建立预警机制；进一步提高口岸通关效率，加快贸易便利化步伐；建立与国际惯例接轨的出口促进体系；建立公共信息数据交换平台，平等地为社会公众提供政府信息；鼓励企业加快实施“走出去”战略，发挥比较优势积极参与国际竞争；充分利用特区立法权，把世贸组织规则转化为符合深圳市实际需要的法律规章等。通过这一纲领性文件，深圳不仅着眼于应对短期挑战，更着力于构建与国际规则接轨的长效机制。这标志着深圳在更高水平对外开放进程中迈出关键一步。

深港合作也是深圳打造对外开放新优势的重要引擎。在深圳经济特区建立初期，深圳以改革开放为指引，依托毗邻香港的地理优势，不仅着重借鉴了国际经验并引进境外资金技术，同时在制度创新、产业实践方面开展了先行先试的探索。深圳经济特区初期建设中，中央并没有赋予其维护香港繁荣稳定的职责，而且当时深圳只是一个边陲小镇，没有能力和条件为香港的繁荣稳定发挥太大的作用。但是，随着深圳经济的迅速发展和城市规模的扩大，深圳与香港的关系和经济地位也发生了变化，两地经济社会的全面融合，使深圳实际上已经成为香港回归祖国后繁荣稳定的一个强大支撑。这不仅体现在经济发展和产业协作上，更体现在制度融合、基础设施联通、社会稳定保障以及文化认同等多个维度。深圳以其独特的优势和持续的高质量发展，成为香港融入国家发展大局的重要桥梁和坚强后盾，为“一国两制”行稳致远提供了坚实支撑。

1996 年是第九个五年计划的第一年，也是迎接香港顺利回归的关键性一年。深圳市委、市政府紧紧围绕改革发展中的突出问题和关键问题，大胆推进改革，扩大开放，积极推进两个根本性转变。首先，从计划经济体制向市场经济体制的转变意味着资源配置模式从政府主导转变为市场主导，这一过程要求减少国家对经济活动的直接干预，扩大企业自主权，并建立和完善现代企业制度及相应的法律法规体系。深圳作为改革开放的先锋城市，在这方面进行了许多开创性的尝试，例如大胆引入外资、发展多种所有制经济以及推进价格改革等措施，逐步建立起与国际接轨的市场经济体系。其次，从粗放型增长方式向集约型增长方式的转型，这标志着中国经济发展模式从依赖资源和数量扩张转向依靠科技进步、劳动者素质提升和管理创新来驱动增长。这种方式更加注重经济效益和质量，强调环境保护和社会可持续发展。

1997 年香港的回归，无疑为深港两地经济合作的进一步发展，开辟了前所未有的广阔天地，并注入了更大的动力。香港回归后，深圳利用这一历史机遇，背靠内地，面向香港，坚持两地经济合作的基本原则，指导和协调好深港经济合作与发展。深圳在为香港服务和促进香港经济进一步繁荣的同时，也借助香港促进自身的发展，探索出新的经济合作形式和发展方向，推动“增创新优势，更上一层楼”的二次创业发展。

产业升级：布局现代产业体系

20 世纪下半叶以来，以高新技术产业为主要突破口的新技术革命猛烈冲击着传统生产方式和产业结构，抢占高新技术高地成为各国和各地区经济发展的关键。党的十五大提出全面实施科教兴国战略，积极推进经济增长方式的根本性转变。深圳在 20 世纪 80 年代中后期，加快了工业化和城市化步伐，20 世纪 90 年代初基本完成了从传统的农业经济和商贸经济向工业化的转型。20 世纪 90 年代中期以来，深圳抓住国际信息产业的崛起和全球生产力布局调整的机遇，大力发展高新技术和先进工业，使经济发展水平又上了一个新的台阶。[①]

首先，大力发展高新技术产业。深圳经济特区作为中国改革开放的“排头兵”“先行地”“试验田”，通过积极参与全球分工来克服本土高端要素的短缺，从低成本要素驱动的加工贸易逐渐升级为高新技术产业集群发展。通过多次转型升级，深圳从工业制造产业链的最末端，走到了高新技术产业的最前端，构建了“高新技术、先进制造、现代服务”三足鼎立的现代产业体系。

在产业转型的过程中，政府充分发挥积极的主导作用。20 世纪 90 年代初，市委、市政府根据市场经济中高新技术产业发展的规律和特点，明确提出“将特区建成高新技术产业开发生产基地”，并把发展高新技术产业作为深圳的第一经济增长点。1991 年颁布的《1990—2000 年深圳科学技术发展规划》提出：以开发高新技术产品为龙头，推动现有产业结构、产品结构调整与技术升级，促进以工业为主导的外向型经济发展与腾飞；建成和完善以替代进口、出口创汇型先进适用技术，高新技术产品设计、制造及大规模生产工艺开发为主的，科研生产一体化的研究开发体系，推动企业科技进步，把深圳市建设成为中国南方高新技术产品开发和生产的重要基地之一。在深圳经济的高速发展期，政府对高新技术产业的扶持政策起到了至关重要的推动作用。深圳市政府通过制定系统化的政策框架、提供财政与税收支持、建设创新服务平台等手段，为高新技术产业的崛起营造了良好的环境，推动了深圳产业结构的转型升级。

深圳高新技术产业园区（简称“高新区”）作为国家级高新技术产业开发区，是国家“建设世界一流高科技园区”6 个试点园区之一，其建设与发展是深圳高新技术产业崛起的重要载体。高新区成立之初，政府明确了其在深圳经济转型中的战略定位，即主要承担科技研发、成果转化、产业孵化的功能，致力于推动高新技术产业成为深圳经济发展的新引擎。自 1996 年成立以来，高新区经过不断建设和扩展，逐渐成为深圳高新技术产业发展的核心区域。2002

① 深圳博物馆．深圳博物馆基本陈列 · 深圳改革开放史 [M]. 北京：文物出版社，2010.

年，高新区具有自主知识产权的高新技术产品产值已占整个深圳的“半壁江山”。华为、中兴的程控交换、移动通信和接入设备，长城的计算机系统，金蝶的软件产品，飞通的光器件，迈瑞的医疗器械，科兴制药的基因工程和产品，海王、海普瑞的医药产品，长园的新材料等，都在国内外占有相当的市场份额。

其次，积极发展现代服务业。深圳作为中国的经济特区和改革开放的前沿，现代服务业的崛起是其产业结构升级的重要组成部分。现代服务业又称新兴第三产业，科学技术和经济全球化的迅猛发展，已使现代服务业在世界各国，尤其是在发达国家的发展达到空前的规模。现代服务业已成为推动经济全球化、拉动区域经济增长、促进社会发展的新动力。

物流业方面，20 世纪 90 年代以来，深圳依托海空“双港齐飞”战略，积极发展商贸物流业。盐田港、福田机场、深圳第一条高速公路——梅林至观澜高速公路、京九铁路等交通基础设施陆续建成使用。随着物流基础设施建设的不断完善和迅猛发展，深圳在全国率先确立物流业为支柱产业，率先提出建设“区域性物流中心”，并出台相关规划、政策支持物流业发展。2000 年 5 月，深圳市第三次党代会将现代物流确定为深圳市三大重要支柱产业之一，明确提出以建设现代物流中心城市为目标，将发展物流业基础设施的重点工作转移到引导、规范物流业的发展上来，这是中国第一次将现代物流业确定为国民经济的“重要支柱产业”。同年，深圳市编制并发布《深圳市“十五”及 2015 年现代物流业发展规划》，这是全国第一个城市和区域性的物流发展规划。2002 年 10 月，市政府出台了《关于加快发展深圳现代物流业的若干意见》，在土地、用电、人才等方面实行优惠政策，扶持其发展，物流业跃上了一个新台阶。

作为经济特区，深圳曾连续十几年位居中国城市外贸进出口额首位。特区经济的外向型特点，也使得深圳物流业国际物流、跨境物流的特点明显。在科学合理的规划下，物流产业迅速崛起，成为深圳发展的支柱产业之一。物流产业结合了深圳的地缘及经济发展优势，为深圳在全球经济中的地位奠定了基础，也对内地经济的发展起到了巨大的辐射作用。

金融业方面，深圳持续推进制度与工具创新，着力提升金融体系的效率与风险管控水平。在银行管理机制上，率先推行资产风险管理制度，将资本与资产风险挂钩，实现资产结构优化，提升了金融资产质量。1995 年，深圳经济特区融资中心在全国率先开展金融债券回购业务，并推出金融同业本票这一全新货币市场工具，有效加快企业资金周转，改善负债结构，分散银行信贷风险。同时，深圳还在全国率先推出储蓄通存通兑、缴费一本通、大额实时支付系统、深港澳 ATM（自动柜员机）大联网、住房按揭贷款、网络银行业务、投资连接保险等 100 多项金融业务和金融工具。

深圳金融电子结算中心是中国内地第一家金融电子结算中心，于 1995 年 12 月 18 日成立。在设立结算中心前，深圳辖区的银行收到跨行支票只能在中国人民银行的票据交换所进行票据交换，过程中涉及约 170 个机构，每家机构都要派会计专员进行票据交换，效率低下。滞后的资金流通速度制约了深圳经济发展。在此背景下，深圳组织人员到正在组建银行网络系统的广州和香港考察学习。之后，深圳起草了《关于成立深圳金融结算中心有限公司申请报告》《关于成立深圳金融结算中心有限公司的可行性研究》《深圳金融结算中心有限公司总体业务规划》等文件，报送中国人民银行总行。

1995 年 9 月，中国人民银行总行专题研究讨论深圳筹建金融电子结算中心的方案，予以同意，并命名为“深圳金融电子结算中心”。12 月，内地第一家金融电子结算中心在深圳正式成立，标志着中国金融支付系统现代化建设迈出重要一步。深圳金融电子结算中心在借鉴国际先进经验与惯例的基础上，结合国内实际，开创了中国金融史上前所未有的全方位的现代化支付系统建设。深圳金融电子结算中心陆续开发了小额批量支付系统、大额实时支付系统，ATM/POS 同城互联综合交换网以及同城网与国内、国际支付系统的联网。借助地缘优势，深圳金融电子结算中心还顺利接通了珠三角、香港的清算支付网络，并在此基础上，联通全国及海外。1996 年 4 月，深圳同城“深银联”金卡网络建成，实现了多银行间的互联互通，第一年就完成跨行联网交易 11 万笔。

通过对信贷管理体制、金融间接调控体系、外汇管理制度、金融监管体制等一系列综合改革，深圳的金融体系日臻完善，金融市场迅猛发展，形成了多渠道、多形式筹集和分配资金的格局，有力地支持了特区建设。至2000年，深圳已初步建立起以银行、证券、保险为主体，其他各种类型金融机构并存，结构比较合理、功能比较完备的现代金融体系。

旅游业方面，深圳积极改革旅游机制，拓展旅游市场，打造旅游品牌，旅游旺市态势日显。1994年，深圳市政府根据国务院有关部门联合印发的《关于为到香港的外国人组团进深圳经济特区旅游提供便利的管理办法》，制定实施细则，率先对到香港的外国人组团来深圳经济特区旅游提供“72小时免签证”特殊政策，成立“深圳市外国人入境旅游管理协调小组”，为旅游提供便利，从而掀开了中国旅游史上崭新的一页。

深圳市旅游部门本着“大旅游、大市场、大发展”的指导思想，结合经济发展的实际，制定了《深圳市旅游发展规划》，使特区的旅游业走上了快步发展的轨道。作为改革开放的窗口城市，深圳在全国率先探索旅游产业机制创新，尤其在人造主题公园开发方面走在前列，逐步形成具有国际影响力的城市旅游品牌。针对来往的港澳同胞、华侨和外国游客，深圳打造“锦绣中华”主题公园，将中国80多个景点浓缩其中。“锦绣中华”是中国第一个现代意义上的主题公园。针对内地游客，深圳打造“世界之窗”主题公园，包含100多个世界著名的文化景观和建筑奇迹。1998年，华侨城集团又在深圳打造了国内首个强调参与性与互动体验的主题公园——欢乐谷，旅游产品向体验型拓展。“锦绣中华”“世界之窗”“民俗文化村”等一批独具特色的旅游娱乐设施，使旅游业成为深圳的一个重要支柱产业。据统计，截至1997年底，深圳拥有旅游宾馆酒店近300家，旅游从业人员超过10万人。1997年，深圳全市旅游总收入156.7亿元，旅游外汇收入9.3亿美元，深圳已成为全国重要旅游城市和旅游创汇基地。

1998年11月，深圳印发《深圳市旅游发展“九五”计划和2010年远景目标纲要》，总结旅游业发展经验和问题，提出“九五”期间要完善功能、提

“锦绣中华”圆明园景点（1994 年）

高质量、走向世界的发展思路，力争成为首批中国优秀旅游城市，进一步提升在国际旅游市场的知名度，打造东南亚重要旅游目的地。同年，深圳成功跻身“中国优秀旅游城市”行列。随着主题公园等核心旅游产品的不断丰富，深圳旅游接待能力和国际影响力显著提升。2002 年来深旅客超过 5000 万人次，收入超过 355 亿元，创汇 17 亿美元。

旅游业的快速发展不仅直接带动交通、通信、住宿、餐饮、零售等相关行业的增值与繁荣，推动城市整体产业结构向服务化、现代化转型，也成为吸引外资的重要桥梁，有效提升了深圳在全球经济中的吸引力与竞争力。

最后，改造和提升传统产业。深圳经济特区建立后至 20 世纪 90 年代初期，深圳传统产业尚处于初步发展阶段，投资以外商为主、生产以加工为主、产品以出口为主。由于小厂居多、生产规模比较小，产品档次偏低，产业链尚未形成。

自 20 世纪 90 年代初至 2002 年，深圳传统产业进入高速发展阶段，许多企业从劳动密集型生产方式，逐渐向劳动密集和技术密集并重模式转变，整个传统产业进入扩大生产、产品趋多元化、企业求效益的阶段。这一阶段，深圳传统产业产值约占深圳工业产值的60%，并逐渐形成了以机械、服装、钟表、家具、包装印刷等为代表的一批优势传统产业。

随着产业优势的凸显，深圳市于20世纪90年代中期，适时提出品牌发展战略，服装行业据此推出“名企、名牌、名师、名店、名模”的“五名”工程。为推动传统产业的改造升级，1996年市财政首次设立“挖潜改造资金”，引导企业加大技术改造的力度。这项专项资金的目的在于引导和支持企业加大技术改造的投资力度，采用新技术、新工艺、新材料来改进生产流程，提高产品质量和生产效率，进而增强企业的核心竞争力和市场响应速度。这标志着政府对传统产业转型给予了实质性的支持，为企业提供了必要的财政保障和技术指导，促进了产业结构优化调整和升级换代，为深圳市后续的持续健康发展奠定了坚实的基础。

2001年，经市政府批准，市经济发展局出台了《用高新技术或先进适用技术改造优势传统产业指导意见》，实施了一批重点改造项目，包括推动传统中药加速现代化、推进医疗器械高技术产业的发展、实现纺织和服装产业的技术升级、巩固和扩大钟表业的领先优势、大力发展技术含量较高的新型建材、进一步巩固珠宝首饰业在全国的龙头地位、以技术进步推动食品工业向支柱产业发展、提高皮革行业的制革自动化水平、将家具行业的技术改造摆上重要日程等。

通过在高新技术产业、现代服务业以及改造和提升传统产业等领域推动产业升级，深圳不仅推动了产业结构的深度优化，也为经济持续发展注入了强劲动能。深圳逐步形成以高新技术为引领、现代服务业为支撑、先进制造业为基础的多元产业体系，传统产业焕发新生，新兴产业加速崛起。

专栏

深圳高新区：创新驱动的战略高地

作为中国改革开放的先锋城市，深圳始终站在科技进步与产业变革的最前沿。深圳高新技术产业园区，正是这座创新之城最具代表性的引擎之一。自 1996 年设立以来，深圳高新区承担起国家创新战略的重要使命，是首批“建设世界一流高科技园区”的六大试点之一，同时也是“国家知识产权试点园区”“国家高新技术产业标准化示范区”，在全国高新区体系中居于前列。

20 余年来，深圳高新区坚持以高新技术为主导产业方向，着力发展电子信息、生物工程、新材料、光机电一体化等领域，逐步形成了结构完整、生态健全的高技术产业体系。从移动通信、程控交换到光纤光缆、网络设备的通信产业集群，从配件、部件到整机的计算机产业集群，从 IC 设计、嵌入式软件到应用软件及服务外包的软件产业集群，从诊断试剂、生物疫苗、基因药物到医疗器械的生物医药产业集群……这些集群式发展的产业体系，不仅推动了深圳现代产业体系升级，也为城市增强全球产业话语权提供了有力支撑。

科技企业的蓬勃发展，构成了深圳高新区最具活力的“细胞单元”。高新区坚持以企业为主体、市场为导向，深化产学研用一体化机制建设，持续优化创新生态体系。高新区重点培育壮大高新技术企业，培育并涌现出一批具有行业影响力和国际竞争力的科技企业代表，如华为、中兴、迈瑞、大疆等“头部企业”引领行业发展方向，形成全面领跑之势；同时，一大批新锐企业在细分领域快速崛起，带动中小科技企业“雨后春笋”般成长，构成多层次、多梯队、多元化的企业格局，释放出强大的科技创新动能。

回望 20 余年的发展历程，深圳高新区不仅是深圳科技创新的缩影，更是中国高新技术产业发展的战略支点。它以改革为动力、以科技为支撑、以创新为核心，走出了一条具有中国特色、深圳风格、面向未来的高质量发展之路。站在新一轮科技革命和产业变革的历史关口，深圳高新区必将继续引领中国创新发展，迈向更加广阔的世界舞台。

城市治理：现代规划与建设

1992年，根据邓小平南方谈话精神，深圳的经济发展和城市建设掀起一个新的高潮。深圳城市发展面临新的形势和环境：深圳从原来的出口加工区，开始向特大型城市发展，经济结构由粗放型向集约型转变，特区内高新技术产业发展迅速，"三来一补"产业向特区外转移。国家"可持续发展"战略的提出，也赋予了深圳市土地开发新的原则和目标。

1993年，市长办公会议审议通过以国际性城市为目标，立足于特区、宝安区、龙岗区"三位一体"的宏伟蓝图——宝安、龙岗两个新区的区域总体规划，并纳入随后制定的《深圳市城市总体规划（1996—2010）》。规划确定宝安区以航空和立体化交通为枢纽，以精细化工、电子机械为主体，发展商贸、金融、旅游、高科技产业、创汇农业，建设成现代化新城区；龙岗区以大工业基地和自然优美的海滨环境为依托，建设成国际、国内港口货物疏运集散中心、大工业基地、海滨旅游中心，并利用本地环境发展高科技产业。①

深圳市委、市政府对加快推进宝安、龙岗两区城市化进程高度重视，从发展思路、产业布局到人、财、物的投入上都有充分的考虑，进行了周密部署，同时认真对待两区推进城市化进程中遇到的各种问题，寻求积极稳妥的解决办法。市政府根据两区城市化的需要，合理划分事权、财权，拿出更多的财力，加大两区基础设施和公共配套设施建设的投入力度，确保特区内外按一个标准来进行规划、建设和管理，全力支持两区提升和完善城市功能。

1993年2月下旬，在深圳全市建设会议上，市政府确定深圳新的总体规划：按照特区、宝安区、龙岗区"三位一体"的构架与总体布局，把特区建成自由贸易区，地区性的行政、金融、贸易、商业中心，发展第三产业和高科技为主的产业结构；到2000年全市建成区面积为350平方千米，2010年达到或超过400平方千米，交通、通信、能源、供水等设施的人均拥有量和技术装备

① 深圳博物馆．深圳博物馆基本陈列·深圳改革开放史[M]．北京：文物出版社，2010．

水平超过香港1993年的水平，达到国际性城市的要求。

1996年，深圳完成《深圳市城市总体规划（1996—2010）》的编制工作，对深圳发展的总体布局，提出了“一核、三轴、三圈（层）、三级城市中心、九大组团”的结构：“一核”是深圳经济特区，要有高质量、辐射力；“三轴”是深圳与广州、东莞、惠州三个城市的交通、经济发展轴；“三圈（层）”即深圳经济特区是第一圈层，离特区较近的特区外围是第二圈层，靠近东莞、惠州的地区是第三圈层；“三级城市中心”指特区内城市中心，宝安、龙岗、南山次区域中心，这些中心形成九个组团，称为“九大组团”。该规划还提出有效保护城市生态，严格控制城市建设用地，建设体现国际性城市功能的中心商务区，营造优美的城市环境，培育新的城市特色，创建现代文化名城等城市发展策略。《深圳市城市总体规划（1996—2010）》将规划区范围扩大到全市，确立了以特区为中心，以西、中、东三条放射发展轴为基本骨架、梯度推进的组团结构，适应了高速增长阶段城市空间拓展的需求。

城市总体规划是城市建设和管理的依据，是在一定时期指导各项建设发展的综合部署，也是指导城市建设的蓝图。自经济特区建立以来，深圳就十分重视城市规划，坚持以规划为龙头，指导整个城市的建设和发展。

在经济特区建立的同一年，深圳就制定了第一个城市规划——《深圳市城市建设总体规划》。这版规划是按照中等城市的格局和要求进行规划的，划定了特区范围和面积。之后，深圳编制和修订过多版城市总体层面的规划，其中1986版、1996版和2010版最具影响力。这三轮城市总体规划都以超前的规划理念，全面引领了深圳这座城市健康有序地发展。

20世纪80年代中期，深圳的经济发展进入了快车道，城市规划日益重要。在这一背景下，1986版总体规划应运而生。其明确了“以工业为重点的综合性经济特区”的城市性质，提出了福田作为未来的新行政、金融、会展、文化中心。同时，确定了经济特区由东部组团、罗湖上步组团、福田组团、沙河组团以及南头组团五个组团组成的带状组团结构。之后，深圳为推动改革、扩大开放、促进经济特区发展、完善城市功能、提升城市品质、改善人居环境等又出台了许多规划。但这些后续的规划无不建立在 1986 版总体规划所打下的牢固根基之上。

1992 年后，深圳城市发展进入新的阶段，面临的环境与形势也发生了重大变化。因此，市规划国土部门从 1993 年起组织进行深圳市城市总体规划修编工作，历时三年多，于 1996 年底完成《深圳市城市总体规划（1996—2010）》编制工作。

1996 版总体规划在空间布局、用地规模、生态环境方面，为深圳经济特区内外一体化发展打下了坚实的基础，对于深圳的发展意义重大。首先，总体规划奠定了深圳经济特区内外一体化发展的基础。不仅将全市空间纳入规划范围，而且对建设用地和生态用地进行了统一规划，对特区外的生态环境保护和生态系统建设起到了超前引导的作用。其次，总体规划确立的西、中、东三条发展轴线，依托广深高速、梅观高速等交通干道，构筑了深圳辐射状的城市基本骨架，为深圳向西、中、东三个方向的区域联系和辐射起到了重要作用。再次，总规超前规划布置了交通和市政基础设施，保证了后来城市在人口和用地规模都大大超过规划预期的条件下仍能够正常运转，且保持了较好环境质量。最后，总体规划确定的重要发展地区，如龙岗中心城、大工业区（现坪山新区）、龙华拓展区等，都是一种超前的规划安排，为深圳今后的发展做好了铺垫。

2000 年 4 月，《深圳市城市总体规划（1996—2010）》获国务院批准，成为深圳迈向新世纪的蓝图。该规划在 1999 年 6 月荣获国际建筑师协会“阿伯克隆比爵士荣誉奖”提名奖，为亚洲首次获此荣誉的城市规划。国际建筑师协会是世界建筑师行业的最高学术权威组织，时任国际建筑师协会主席的莎拉·托佩尔森·格宁博在颁奖仪式上说，作为一个新兴城市，深圳在这么短的时间内发展这么快，城市规划实施得这么好，令人感到惊讶。深圳的城市规划把自然环境、城市建设和社会经济发展有机地结合起来，创造了奇迹，获得这个奖项当之无愧。2000 年，1996 版总体规划又获得全国规划设计金奖和建设部优秀城乡规划设计一等奖。

按照 1996 版总体规划的建设发展目标，深圳进入了现代化的发展新阶段。城市的发展目标确立为：区域性经济中心城市、现代化国际性城市、园林式花园城市。为实现这个目标，市委、市政府决定在之后 10 年投资 1000 亿元，直接用于城市基础设施建设，完善城市功能，改善投资环境。

在 1996 版总体规划指导下，深圳按照国际一流标准，以重大基础设施项目为依托，高标准地建设国际化城市。地王大厦、市民中心等标志性建筑拔地而起，市中心区建设气势恢宏，“一市多城、众星拱月”的城市格局逐步形成。深圳港和宝安国际机场实现“双港齐飞”，现代立体交通网络初步形成。市政基础设施建设水平不断提高，城市环境日趋优美。深圳在 1994 年荣获国家“园林城市”称号，1997 年荣获“国家环境保护模范城市”称号，2000 年荣获国际“花园城市”称号，2001 年荣获建设部“中国人居环境”奖，2002 年荣获联合国环境规划署“全球环境 500 佳”。

施工中的地王大厦（1993 年）

深圳被称为“一个基本按照规划建设起来的城市”。其几十年的跨越式发展，浓缩了其他城市几百年的演变进程，创造了城市建设的奇迹。在这一进程中，城市规划始终发挥着关键引领作用。由于历史发展阶段不同，深圳每一轮城市规划都在不同时期承担了指导城市发展的重要使命，全面引领了深圳的城市社会经济发展。

进入 21 世纪，深圳逐步告别大规模、大范围开发阶段，迈入从增量扩张向存量优化转型的新时期。面对土地空间日益紧张、资源短缺、环境承载力趋于极限、人口压力持续加剧“四个难以为继”的挑战，深圳率先在全国提出城市转型的发展路径，启动新一轮城市总体规划修编。2010 年 8 月，《深圳市城市总体规划（2010　2020）》获国务院批复原则同意。深圳发展从以往增量扩张转向存量优化和调整，解决土地资源紧张的难题。新规突出绿色低碳、节能减排理念，统筹布局战略发展地区、重点开发地区、优先更新地区在内的特别政策地区，将前海、沙井西部沿江地区列入战略发展地区，积极推动城市结构优化与可持续发展格局的形成。

第二节　率先基本实现社会主义现代化

建设经济中心城市

20 世纪 90 年代，深圳的发展面临着诸多挑战。从国际环境看，知识经济时代正悄然来临，全球各国都在积极调整经济结构，经济技术竞争愈发激烈，全球经济逐渐向知识密集型和服务导向型转变。这意味着，国家和地区的竞争力越来越依赖于创新能力、教育水平以及对新技术的应用能力。为了在全球市场中保持竞争优势，深圳不仅要面对来自发达国家的技术和资本优势，还要应对新兴经济体在低成本制造方面的挑战。这要求深圳不断提升自身的技术创新能力和管理效率，提高产品和服务的质量、附加值。同时，1997 年以来，亚洲特别是东南亚地区爆发的金融危机导致了需求萎缩和资金外流，直接影响到深圳的出口导向型经济模式，也给深圳的发展带来了巨大压力。

从国内形势看，随着全方位改革开放的深入推进，各地都加快了建设和发展的步伐，许多方面已经取得了显著成效。各地纷纷出台优惠政策吸引外资，优化投资环境，加快基础设施建设，提升本地经济实力。在这种背景下，深圳必须与其他城市竞争，寻找新的增长点和发展路径。而深圳在体制创新、产业升级、扩大开放、城市管理、社会治安、精神文明建设和基层组织建设等方面，仍然存在许多问题和薄弱环节，一些深层次的矛盾尚未解决。深圳正处在改革与发展的攻坚阶段，正处在“二次创业”的关键时期。为应对困境，给特区发展注入强心剂，深圳适时提出了建设经济中心城市的战略。

1997年，深圳的GDP达到1302.3亿元，工业总产值1256亿元，固定资产投资393亿元，社会消费品零售总额326亿元，进出口贸易总额450亿美元，实际利用外资28.7亿美元。至20世纪90年代末，深圳的交通基础设施已经具备良好的条件，拥有在全国具有重要地位的航空港、深圳火车站和蛇口、盐田两个海运港区，形成了海、陆、空运输网络，通信设施也初具规模。深圳已成为全国重要的融资中心，区域性金融中心的地位得到确立，同时商贸网络不断拓展，是连接内地与海外市场的重要商品集散地，区域性物流中心地位日益凸显。此外，深圳地理位置得天独厚，与香港陆路相邻、海路相连，便于直接参与国际市场的经济活动，扩大在国际市场上的影响力。在经济体制方面，深圳已经初步形成了社会主义市场经济体制的基本框架，形成了外向型开放式的经济结构以及高新技术产业的生产基地。这些条件使得深圳具备了作为经济中心城市的基本要素，在国内特别是广东省内产生了较大影响。

进入20世纪90年代，中国经济的快速健康发展使世界经济的增长中心逐渐转向中国，产业的转移为资金、技术、人才的流入提供了便利。深圳作为中

深圳火车站广场（1996年）

国对外开放的窗口和世界进入中国的重要通道，在此时期成为接纳国际产业、资金、技术和贸易转移的前沿阵地。深圳靠近香港，具有得天独厚的地理优势，便于与国际市场接轨。深圳逐渐发展为全球重要的制造中心之一，特别是在电子信息技术、通信设备、家用电器等领域。通过与国际企业的合作，深圳不仅获得了先进的生产技术和管理经验，而且加强了自主研发能力。此外，深圳通过经济特区的政策优势，试行更加开放透明的贸易政策，探索新型贸易模式和服务体系。在此背景下，1997 年党的十五大鼓励经济特区在体制创新、扩大开放、产业升级等方面继续走在全国前列，发挥示范、辐射、带动作用。同时，广东省委也强调要履行新时期赋予深圳的重要历史使命，加快深圳经济中心城市的建设。

1998 年 5 月，广东省第八次党代会召开，会上强调要加快深圳经济中心城市的建设，同时发表了《增创新优势，迈向新世纪，全面推进广东现代化建设》的报告，指出："广州、深圳要加强城市规划、建设与管理，进一步增强区域中心城市功能，重点在金融、科技、信息、商贸、交通、文化、旅游等方面成为区域中心，发挥辐射作用。"

1998 年 6 月，深圳召开市委二届八次全体（扩大）会议。会议再次强调加快经济中心城市建设，同时明确了发展方向和重点任务：要大胆探索、深化改革，不断完善社会主义市场经济体制；要依托内地、扩大开放，加强国际经济技术交流与合作；要挖掘潜力、提高效益，确保国民经济持续、快速、健康发展，并大力发展高新技术产业，使其成为深圳特色经济和第一经济增长点。此外，深圳还注重城市规划和建设管理，创造优美的城市环境，不断完善城市功能和提高环境质量。这一系列举措的提出和实施，为深圳更好地完成历史使命、发挥特区改革"试验田"和对外开放"窗口"作用指明了方向。

在世纪之交，深圳提出建设经济中心城市的战略目标，标志着这座城市在迈向现代化国际都市的进程中踏出了关键一步，也为其各项事业的发展带来了前所未有的机遇。在经济领域，深圳积极融入全球经济体系，稳步推进对外开放，与国际经济逐步实现接轨。1999 年，深圳累计实际利用外资达 27.54 亿美元，全年外贸出口总额达282.08亿美元，占全国出口总额的比重达14.5%，成为中国最重要的对外贸易进出口基地之一，辐射带动能力不断增强，影响力扩展至珠三角乃至内陆地区。在城市建设方面，到1999年，深圳已发展成为区域性的交通运输枢纽，拥有全国最大的陆路口岸、第二大集装箱海港和第四大航空港，现代化立体综合交通体系初具规模。与此同时，城市基础设施日益完善，绿化覆盖率提升至45%，生态环境和人居质量持续改善。

大力发展高新技术企业

从1980年经济特区建立到20世纪90年代初期，深圳工业主要形式是“三来一补”。这种加工贸易虽然对深圳经济发展的作用非常重要，但是也存在层次不高、市场不稳定、受制于人等问题，不能够为经济增长提供持续动力。凭借特区与生俱来的“敢闯敢试”的创新精神，深圳主动承接全球产业转移浪潮，从大量的“三来一补”加工业中挣脱出来，在20世纪80年代发展的基础上，毫不犹豫地选择发展高新技术企业，走上了一条“自主研发创新”的路。

深圳发展高新技术产业具有一定的产业资源基础。1985年设立的深圳科技工业园成为这一发展的起点。进入20世纪90年代，随着全球产业经济分工与转移的趋势日益明显，深圳紧抓机遇，加速推动高新技术产业的发展。

政策明确支持深圳发展高新技术企业。1991年8月，深圳市委、市政府颁布《关于依靠科技进步推动经济发展的决定》，提出把发展科学技术摆到经济和社会发展的首要位置，“以先进工业为基础”发展高新技术产业的战略，并首次提出了认定高新技术企业的量化标准。1992年4月，深圳召开第二次全市科技工作会议，指出“特区经济的发展已经迫切需要转移到依靠科技进步的轨道上来”。1993年，市政府组织制定《深圳市高新技术产业十年规划和八五计划纲要》，提出把高新技术产业作为深圳经济发展的重点产业。

高新技术产业园区成为深圳发展高新技术企业的关键载体。1996年，为了进一步推动高新技术产业的发展，深圳高新区宣告成立，园区面积达11.5平方千米，实行“一区多园”的管理体制，旨在为不同类型的高科技企业提供适宜的发展空间，吸引众多高科技含量的高新技术企业进驻。随着园区设施的不断完善和优惠政策的实施，众多具有高技术含量的企业纷纷入驻高新区，涵盖了信息技术、生物医药、新材料等多个前沿领域。这些企业的集聚效应迅速显现，带动了区域内的技术创新能力和产业链水平的整体提升。通过不断优化创新创业环境，加强产学研合作以及加大对科研项目的扶持力度，深圳高新区逐步发展为引领城市乃至国家科技进步的重要力量。同时，这也反映了深圳市政府对于推动产业结构升级、实现经济高质量发展的坚定决心与有效行动。

1998 年，市政府出台了一系列扶持高新技术产业发展的规定，包括《关于进一步扶持高新技术产业发展的若干规定》，规定中明确：政府将通过设立专项基金或与金融机构合作，为企业提供贷款担保、风险投资等金融服务，降低企业融资难度和成本，鼓励更多资金流向高新技术领域；实施对高端人才的住房补贴、子女教育安排、个人所得税减免等优惠政策。此外，还强调了对高新技术研发活动的支持力度，如设立科研项目资助计划，鼓励企业和研究机构开展前沿技术的研究开发；对于获得国家或省级科技奖项的企业给予奖励；建立公共技术服务平台，为企业提供技术支持和服务。这些举措为高新技术企业在投资担保、人才引进等方面提供了大量便利，引发了高新技术产业新一轮的发展热潮，并有效缓解了亚洲金融危机对经济发展的冲击。同年，深圳完成了 GDP14% 的增长目标，高新技术产业成为主要贡献力量。

为促进科技成果转化为生产力，深圳不断完善法规体系，先后颁布了多项地方性法规和政府规章，如《深圳经济特区企业技术秘密保护条例》等，为高新技术产业的发展营造了良好的法治环境。同时，政府大力精简机构，推出审批制度改革，提高行政效率。

深圳高新技术企业飞速发展，截至 1999 年底，深圳已认定高新技术企业 142 家，当年创造产值 620.14 亿元；具有自主知识产权的高新技术产品大规模发展，占全部高新技术产品产值的近一半。深圳还建立起了以市场为导向、以企业为主体的研究开发体系。至 2000 年，全市有 727 家研究开发机构，其中

93.4% 为企业所创办，90%的技术开发人员集中在企业。为突破高新技术人才短缺的瓶颈，深圳采取了引进和培养相结合的人才政策，与多所著名院校联合成立研究机构，如深圳清华大学研究院、深港产学研基地等，为深圳高新技术产业发展培养了一大批高层次人才。

在深圳市高新技术产业迅猛发展的背景下，1998 年，深圳将一年一度的荔枝节改为中国国际高新技术成果交易会（简称“高交会”）。深圳是岭南荔枝的主要产地之一，据记载，深圳宝安所产的荔枝品种多达百种。1988 年 2 月，深圳市政府下发《关于建立“深圳荔枝节”的通知》，提出在荔枝的最佳赏味期间举办荔枝节。当时，深圳有荔枝树八九万亩，举办荔枝节既有深厚的群众基础，也有鲜明的地方特色。20 世纪 90 年代末，当知识经济和高科技的浪潮席卷全球的时候，深圳乃至全国的高新技术产业发展面临着一次新的挑战和机遇。在“科教兴国”的战略下，中国的高科技产业开始蓬勃发展，但限于体制、机制等原因，当时国内的各种科技展会和技术成果交易市场存

深圳荔枝公园（1993 年）

在规模小、成效不大等问题。而当时的深圳伴随着华为、中兴等一批本土企业的崛起，整个产业规模和创新能力的发展，也亟须获得更大的展示和交易平台。

1998 年，经过大量实地考察，深圳决定将“荔枝节”改为“科技节”，以回应时代需求，担当时代使命。1999 年 10 月 5—10 日，首届高交会正式举办，从此深刻地改写了深圳乃至全国高新技术产业的发展进程和布局。高交会主要由高新技术成果交易、以“国际计算机、通信、网络产品”为主题的高新技术产品展示交易、高新技术论坛三大部分构成，将高新技术成果交易与专业产品展有机结合在一起，并率先提出了“成果交易与风险投资相结合”的交易形式，掀起了一场中国科技创新革命。

首届高交会展馆面积 20200 平方米，参展企业 2856 家，参展项目 4150 个，到会投资商 955 家。5 个外国政府团组，26 个国家和地区的 86 个代表团，30 多家世界著名的高新技术企业，31 个省、自治区、直辖市和港澳台地区以及 22 所著名高校组团参加了展示交易洽谈，成交额达 64.94 亿美元。高交会的举办，为高科技产品提供了一个展示的平台，极大地增强了深圳与国内外其他地区高新技术产业的交流与合作。此后，高交会每年一届，成为深圳对外展示的一张亮丽名片。

2000 年 10 月 13 日，深圳国际高新技术产权交易所在深圳科技大厦挂牌成立。这是中国首家以股份制组建的技术产权交易机构，也是国内首家以公司形式运作的技术产权交易所，同时也是中国第一家混合经济体制的产权交易机构。在经营宗旨上，高交所确定了以促进中国的高新技术产业化进程，架设技术与资本的桥梁为己任的方向，以高新技术成果、科技项目、公司制或非公司制科技企业产权为主要交易对象，通过政策协调、市场服务和规范操作，为科技项目和企业产权的交易提供交易信息、交易场地、交易设备、政策咨询、交易鉴证以及拍卖、培训、登记过户等综合服务，同时为科技风险资本提供便利的撤出通道。

进入 21 世纪，深圳高新技术产业迅速发展，成为国民经济的第一增长点和推动力。2000 年，深圳市第三次党代会提出要加快发展高新技术产业、现代金融业和现代物流业三大战略性支柱产业，明确将高新技术产业作为深圳的三大战略性支柱产业之首。为拓展高新技术产业发展空间，2001 年，深圳规划建设高新技术产业带，将原有 11.5 平方千米的高新技术园区，扩大成 152.6 平方千米 11 个片区。这是深圳继举办高交会之后的又一重大战略举措。

2001 年 9 月，科技部正式复函深圳，同意加快建设深圳高新技术产业带。该产业带由多个片区组成，包括市高新区、留仙洞、大学城、石岩、光明、龙华、坂雪岗、葵涌、大鹏和生态农业片区等，规划用地面积大，占到深圳全市工业用地面积的 19%。深圳高新技术产业带成立后成为大量“大企业、大项目、大品牌”的聚集地和名牌摇篮。

通过出台鼓励高新技术产业发展的政策措施，制订前瞻性的产业发展规划，给予企业良好的法治和政策环境，给予人才培养支持，深圳高新技术产业从无到有、从小到大，逐渐发展壮大。深圳高新技术产业的发展加快了深圳产业结构的调整升级，为战胜亚洲金融危机，实现深圳在跨世纪的“二次创业”中继续腾飞提供了强大的动力，为深圳逐步实施自主创新战略开辟了广阔道路。1999 年，深圳全市开发、生产高新技术产品的企业达 553 家，产品 1028 种，总产值 819.79 亿元。2001 年，全市高新技术产品产值上升到 1321.36 亿元，占工业总产值的比重达到 45.9%。

专栏

高交会：深圳创新发展的璀璨名片

1999年，中国国际高新技术成果交易会在深圳首次启幕，自此成为深圳科技创新的金色名片。历经20余载深耕，高交会以国际化、专业化的姿态，搭建起科技成果转化的桥梁，为高新技术产业发展注入强劲动力，推动深圳乃至全国经济迈向高质量发展新征程。

高交会始终以敏锐的嗅觉把握科技发展脉搏，在展览内容上不断推陈出新。从早期聚焦计算机、通信等领域，到全面覆盖人工智能、生物医药、新能源、新材料等前沿科技，每一届展会都是科技发展的缩影。走进人工智能展区，先进的算法模型、高性能芯片等核心技术成果与智能安防系统、智慧物流机器人等创新产品云集。这些展品不仅展现了科技的前沿突破，更生动诠释了科技赋能传统产业、推动转型升级的强大力量。

在展会形式的创新探索上，高交会同样走在前列。随着互联网技术不断升级发展，高交会打造了线上线下深度融合的全新模式。线上平台借助虚拟现实、3D建模等技术，突破时空限制，为全球参展商与观众带来沉浸式观展体验。人们足不出户，就能感受科技魅力，通过实时互动实现高效交流。同时，线上平台集成项目对接、技术交易等功能，让科技成果转化搭上快车道，极大提升了服务效率。

高交会还是产学研协同创新的重要纽带。各类专业论坛、技术交流会轮番举办，为高校、科研机构和企业搭建起沟通合作的广阔舞台。在项目对接会上，高校与科研机构的创新成果精准对接企业需求，加速科技成果从实验室走向市场。众多企业通过高交会引入新技术，实现创新能力与市场竞争力的双提升，真正打通了产学研合作的“最后一公里”。通过高交会，深圳既引入了国际先进技术与创新理念，又助力中国科技成果与创新产品走出国门，在世界舞台上绽放光彩。

获得特区立法权

改革开放以来，市场取向的改革一直是深圳改革的主体，深圳在全国率先进行了一系列经济体制方面的改革。但改革实践证明，传统计划经济体制下通用的应急式行政性文件，已经难以应对改革和发展产生的新情况、新问题，必须用法律法规形式把改革开放成果及时固定下来。[①] 在全面推进市场取向的经济体制改革中，法治是特区建设的保障。

深圳经济特区建立之初，就争取获得立法权。1981 年 5 月 27 日—6 月 14 日，国务院在北京召开广东、福建两省和经济特区工作会议。会议明确指出，为加快特区各项建设事业的发展，必须制订特区专门的单行法规，并建议全国人大常委会授权广东、福建两省人大常委会负责制订所属特区的单行法规，报全国人大常委会和国务院备案。这一决定，实质上是以法律形式为改革开放政策和经济特区的发展提供制度保障。同年 11 月 26 日，五届全国人大常委会第二十一次会议通过《关于授权广东省、福建省人民代表大会及其常务委员会制定所属经济特区的各项单行经济法规的决议》，正式赋予两省人大依据国家法律政策、结合特区实际制定经济领域法规的权限，尽管权限仅限于经济领域，立法主体也仍为省级人大，但其在全国立法体系中具有里程碑意义。为配合立法工作，深圳市委当年成立立法工作组，1983 年又设立条法处，专门负责法规草拟与研究。

此后 5 年，《深圳经济特区土地管理暂行规定》《深圳经济特区涉外公司破产条例》等 10 余项法规相继在省人大通过。这些法规由深圳市负责起草，经省政府上报并提交省人大审批。由于依照法律程序，地方立法提案必须由同级政府向同级人大提出，因此深圳自身尚不具备直接立法的权限，立法过程较为复杂，周期较长。

随着深圳经济社会建设的全面推进，立法需求日益增长，而省人大事务日

---

① 吴奕新．深圳市依法治市的实践与启示 [J]. 学术研究，1999(6)：44-49.

益繁重，响应周期拉长。1986年，深圳市法制局组织专家赴欧美等国家和地区考察民商法律制度，回国后拟定《借鉴移植香港和国外立法经验、加快深圳立法的工作方案》，计划5年内制定135项法规，推动深圳各项改革有法可依。该方案获市委审定后，逐级上报广东省及国家层面相关部门审批。

为争取立法自主权，1987年深圳举办“经济特区立法研讨会”，年底正式向中央上报《请求全国人大授予深圳经济特区制订经济特区法规和政府规章的权力》。1988年，深圳参考香港经验，提出设立立法委员会，并挂牌成立立法委员会办公室。年底，中央对深圳立法权的申请表示支持，但不同意设立立法委员会，明确要求深圳设立市级人大机构以规范立法程序。

1988年12月，国家经济体制改革委员会和国务院法制局派人赴深圳调研，并与深圳方面商讨立法授权事宜。1989年3月，七届全国人大第二次会议召开，国务院正式向大会提交《提请审议授权深圳市人民代表大会及其常委会和深圳市人民政府分别制定深圳经济特区法规和深圳经济特区规章的议案》。由于当时深圳市人大尚未设立，议案引发一定争议。

1990年，深圳市人民代表大会及其常务委员会设立，这标志着深圳具备了承接授权立法的制度基础，也为经济特区进一步推动法治建设打开了通道。此后，深圳市委、市政府加快争取立法权的步伐。1991年，深圳市委陆续邀请百余位全国人大常委会委员来深圳调研，深入了解深圳发展中的实际问题和制度瓶颈，进一步强化争取立法授权的正当性与必要性。同年9月，深圳市再次以正式书面报告的方式，向全国人大提出授予地方立法权的申请。

1992年7月1日，七届全国人大常委会第二十六次会议审议并通过《关于授权深圳市人民代表大会及其常务委员会和深圳市人民政府分别制定法规和规章在深圳经济特区实施的决定》，深圳正式获得地方立法权。这一授权，是对深圳立法能力的认可，也为其在法律层面推进体制机制创新提供了坚实支撑。

为了用好这项权力，提升立法质量，深圳市委于1992年9月出台《关于加强立法工作的决定》，明确特区立法的指导思想、基本原则、主要任务和发展目标。紧接着，深圳市人大常委会于10月审议通过《深圳市人民代表大会常务委员会制定深圳经济特区法规规定》，这是深圳获授权立法后通过的首部法规，确立了法规制定的适用范围、基本原则及审议程序。同年12月，深圳市政府发布《深圳市人民政府制定深圳经济特区规章和拟定深圳经济特区法规草案的程序规定》。作为市政府层面首部规章，其对规章起草、职责分工、程序安排等作出系统规范，进一步提升了特区立法工作的制度化、规范化水平。

此后，围绕建立和完善社会主义市场经济体制的目标，深圳市人大和市政府立足实际、统筹规划，既坚持国家法律体系的统一性，又充分借鉴香港及国外立法经验，在多个领域大胆探索、先行先试，逐步构建起与国家法律相衔接、与地方发展相适应的法规体系。

在获得立法权初期，深圳立法工作的重心集中在服务市场经济体制建设上，围绕市场主体规范、要素市场培育、交易秩序维护等领域先行立法。1993年4月，《深圳经济特区股份有限公司条例》《深圳经济特区有限责任公司条例》率先出台，成为全国最早的综合性公司立法，引起广泛关注，为深圳建立和完善市场经济体制提供法治保障。同年11月通过的《深圳经济特区企业破产条例》，扩大了破产适用范围，并引入小额破产制度，强化法院主导，减少行政干预。1994年6月出台的《深圳经济特区土地使用权出让条例》，在确立土地有偿使用原则的基础上，对协议、拍卖、招标等出让方式作出细化规定，推进土地市场化改革。

在市场立法之外，深圳亦注重推动公共事业发展领域的制度建设。1995年，《深圳经济特区公民无偿献血及血液管理条例》作为全国首部无偿献血法规，促成了深圳从有偿到无偿献血制度的转型。此外，深圳还在教育、科技、文化、卫生、城市管理、社会治安、宗教事务和侨务等多个领域开展立法，为社会发展提供法治保障。

2000年3月，九届全国人大第三次会议通过《中华人民共和国立法法》，明确授权经济特区所在地的省、市人大及其常委会制定经济特区法规，并赋予经济特区所在地市以“较大的市”地方性立法权。深圳由此既可继续行使特区立法权，又可依法开展地方性立法，其立法空间进一步拓展。此后，市人大常委会和市政府逐步将立法工作重点转向“较大的市”权限范围，拓展法规覆盖面，优化法规结构。

特区立法权的取得与运用，为深圳改革开放和现代化建设提供了有力的法治支撑。自 1992 年 7 月至 2000 年 12 月，市人大及其常委会共制定法规 118 项，通过修改法规决定 38 项，合计 156 项；市政府制定规章 96 项，确认规范性文件为政府规章 40 项，共发布规章 136 项。这些法规、规章以市场经济建设为主体，辅以城市管理、环境保护、公共安全等领域的立法，初步形成了具有深圳特色的经济特区法规体系，不仅有效保障了特区各项事业的发展，也为全国立法体制改革与地方立法实践提供了宝贵经验。

第三节　深化改革的基本经验

深圳通过深化改革，率先建立了社会主义市场经济体系。从 GDP 增长来看，1992—2002 年，深化改革时期，深圳 GDP 增长率均高于全国 GDP 增长率，是全国 GDP 增长率的 1 ~ 3 倍。并且，该时期深圳 GDP 增长率和全国 GDP 增长率均经历了先大幅增加再缓慢减少再增加的变化趋势。

从人均 GDP 比较来看，1992 年，深圳人均 GDP 为 12827 元，全国人均 GDP 为 2334 元，深圳人均 GDP 约是全国的 5.5 倍。随着深化改革的持续，深圳人均 GDP 持续大幅增加。2002 年，深圳人均 GDP 高达 41018 元，全国

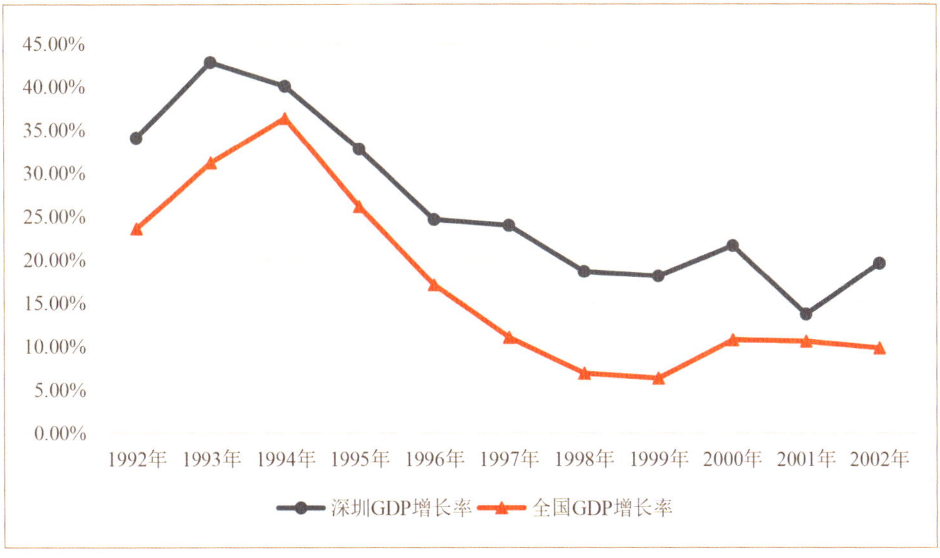

1992—2002 年深圳 GDP 增长率与全国 GDP 增长率对比

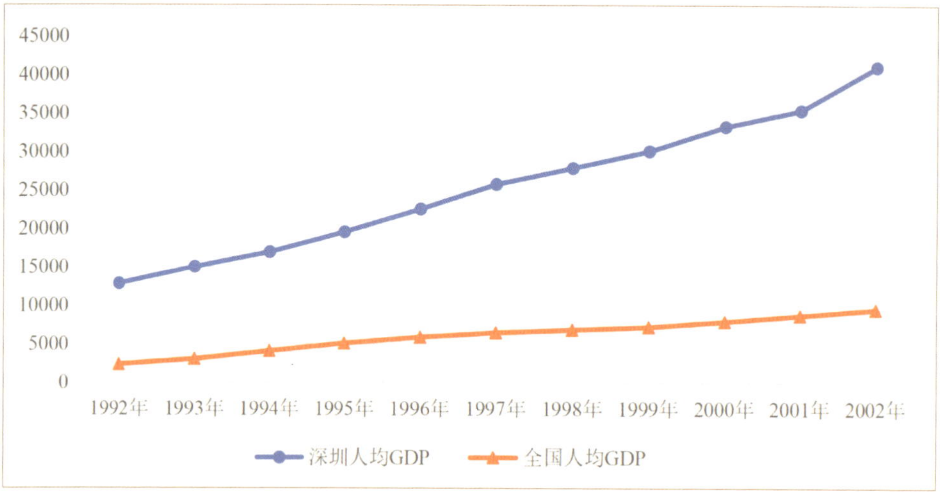

1992—2002 年深圳人均 GDP 与全国人均 GDP 对比（单位：元）

人均 GDP 为 9506 元。深圳市通过深化改革率先建立社会主义市场经济体系，经济发展成效显著。

综上分析，1992—2002 年这 10 年间，在改革开放的伟大引领下，深圳经济特区以坚定的步伐全面深化改革，勇于探索并积极实践社会主义市场经济体制，取得了令人瞩目的显著成就，也积累了极为宝贵的实践经验。这些经验，不仅为深圳后续的持续发展提供了极为重要的参考与借鉴，更为全国范围内的改革开放事业贡献了有益且深刻的启示。

解放思想，勇于创新，推动全面发展

敢闯敢试的改革精神

在邓小平南方谈话的激励下，深圳迅速响应，勇立潮头，在所有制改革、市场机制建设、行政体制创新等多个领域率先展开大胆探索。譬如，深圳率先推行了土地使用权的有偿转让制度，这一开创性举措不仅极大地促进了土地市场的孕育与发展，还为政府带来了丰厚的土地财政收入，为城市基础设施建设的蓬勃发展注入了强劲的资金动力。同时，深圳又率先对国有企业实施股份制改革，通过引入民营资本和外资力量，有效激发了企业的内在活力，显著提升了国有企业的市场竞争力。此外，深圳还勇当先锋，率先构建起社会主义市场经济体制，通过不断完善市场规则体系，加强市场监管力度，为全国其他地区提供了宝贵的改革经验和示范样本。

基层创新的实践智慧

深圳一贯秉持对群众首创精神的崇高敬意，全力鼓励并支持人民群众在改革的浪潮中发挥核心主体作用。政府通过深入实施简政放权，大幅削减行政干预，为市场与社会注入了更加蓬勃的活力。譬如，深圳创新性地设立“一站式”服务窗口，将原本冗长复杂的行政审批流程大幅精简，极大地提升了行政效率，为企业和群众办事带来了前所未有的便捷。与此同时，深圳还积极倡导并激励民间投资，通过精心制定一系列优惠扶持政策，成功吸引了海量民间资本踊跃投身于经济建设之中，有力推动了民营经济以惊人的速度蓬勃发展。

“岭南文化”的现代传承

深圳市地处岭南，开放包容、乐于合作是岭南文化的特质。岭南人民以开放包容的心态对待新事物，不断解放思想、博采众长、为我所用。古代的岭南人民既继承了本土农耕文化，又在与南洋诸国的海上贸易中学习先进的海洋文化。岭南大儒陈献章创立的“江门学派”是岭南文化与儒家思想的融合，推动了“经世致用”思想在岭南地区广泛传播，更使脚踏实地、务实的理念成为人们普遍的文化认同。特殊的地理位置和气候条件，激发岭南人民的冒险精神，敢闯敢拼、敢于冒险正是岭南文化的重要特质。所以，深圳解放思想、勇于创新的精神，一定程度上是受岭南文化的长远影响，也是对岭南文化的继承。[①]

① 王晨，赵慧敏，任雪娇．岭南文化对广东省企业创新能力影响研究 [J]. 中国市场，2025(1)：25–28.

改革成果的全民共享

深圳始终将实现、维护和发展最广大人民的根本利益作为改革的核心起点与最终归宿。通过不断优化社会保障体系、提升公共服务品质，确保改革红利能够惠及每一位市民。譬如，深圳构建了涵盖城乡的全面医疗保障体系，不仅显著增强了居民的医疗保障力度，还有效减轻了他们的经济压力。与此同时，深圳还大力推进教育改革，加大教育投入力度，提升教育质量与公平，让更多孩童得以享受到优质教育资源的滋养。

深化改革，完善机制，夯实体制优势

改革开放大幅降低了经济的制度成本，实现了人力资本的迅速积储，两者共同成就了经济的竞争力。

完善社会主义基本经济制度

深圳始终坚持并发展以公有制为主体、多种所有制经济共同发展的社会主义基本经济制度。通过不断深化国有企业改革举措，优化国有经济的整体布局，有力地促进了国有企业的稳健发展。具体而言，深圳秉持“抓大放小”的战略方针，对大型国有企业实施战略性重组，显著提升了它们的市场竞争力；与此同时，还积极鼓励并全力支持非公有制经济的蓬勃发展，为其营造了公平公正的市场竞争环境，从而形成了公有制经济与非公有制经济相互促进、共同繁荣的良好局面。

发挥市场在资源配置中的决定性作用

深圳秉持市场导向，全面深化各领域改革，率先构建了体制机制的领先优势。通过不断健全市场体系，优化资源要素配置，有效提升了经济发展的效率与质量。具体而言，深圳着力打造了多层次的资本市场体系，为中小企业拓宽了融资渠道，有力促进了金融市场的稳健发展；深入推进价格机制改革，放开了绝大多数商品和服务的价格，确立了市场主导的价格形成机制，进一步提高了市场经济的运行效率。

党的政策与地方实践经验有机结合

深圳擅长将中央的方针政策与深圳的实际情况紧密结合，勇于先行先试。每当中央作出改革的重大决策，深圳总能迅速响应，出台一系列具体政策，确保改革顺利落地实施。譬如，1994 年国家推行分税制改革，深圳迅速制定了一套完善的财政转移支付方案，极大地丰富和健全了市以下财政管理体系。这些举措不仅为深圳的财政稳定提供了有力保障，还为全国其他地区的改革提供了宝贵的经验。

求真务实，立足实际，走出深圳之路

坚持从深圳实际出发

深圳始终秉持将中央精神与深圳实际深度融合的原则，从深圳市的人文氛围、资源条件、产业根基的实际情况出发，精心谋划并制定出贴合深圳发展实际的战略蓝图。譬如，深圳充分发掘并依托自身的人文魅力和科技优势，推动高新技术产业蓬勃发展，有力促进了产业结构的优化与升级；通过不断深化对外开放，吸引了众多外资，为深圳的迅速崛起提供了坚实有力的支撑。

激发创造活力

深圳一贯秉持激发全社会创造活力的宗旨，鼓励并扶持创新创业活动。通过不断优化营商环境，深圳出台一系列政策措施，成功吸引了众多企业和人才的汇聚。具体而言，深圳特别设立了创业投资引导基金，为初创企业提供实实在在的资金扶持；精心策划并举办了各类创新创业大赛，有效激发了全社会的创新热情和活力，为深圳的持续繁荣发展注入了强劲的动力。

推进社会治理的制度创新

深圳在社会建设领域大胆创新，实施了一系列制度革新举措，有力保障了社会建设的稳健前行。通过不断深化社会领域的改革探索，深圳进一步健全了社会治理体系。具体而言，深圳构建了高效的社区治理机制，强化了社区的管理与服务功能，显著提升了社区治理的现代化水平；大力推进教育、医疗、住房等关键领域的改革进程，全面提高了公共服务的品质，让广大市民切实享受到了更加优质、更加便捷的社会服务。

健全长效发展机制

深圳致力于构建并完善长效机制，以确保改革成果得以稳固并持续深化。通过不断健全法律法规体系，强化制度建设力度，深圳显著提升了治理效能。具体而言，深圳颁布一系列改革创新相关法规，为改革创新举措筑起了坚实的法律屏障；创新性地建立了绩效考核机制，对政府部门的工作绩效进行精细化、量化的评估，从而极大地提高了政府的工作效率和服务水平。这一系列长效机制的稳固建立，为深圳的长远发展提供了坚实而有力的保障。

1992—2002 年这 10 年间，深圳在深化改革的汹涌浪潮中，积淀下了无比珍贵的实践经验。这些经验犹如一颗颗璀璨的明珠，不仅为深圳的持续繁荣与发展提供了熠熠生辉的宝贵借鉴，更为全国范围内的改革开放伟大事业贡献了充满启迪意义的智慧瑰宝。

第三章　创新驱动：破茧成蝶的变革之路

（2003—2011）

21 世纪初，全球产业格局深刻重构，科技创新不断涌现，经济结构加快调整。2006 年 1 月，全国科学技术大会召开，这是新世纪召开的第一次全国科学技术大会。会议提出坚持走中国特色自主创新道路，建设创新型国家的重大战略目标，部署实施《国家中长期科学和技术发展规划纲要（2006—2020 年）》，明确要把提高自主创新能力摆在全部科技工作的突出位置。

深圳积极响应国家战略部署，抓住自主创新这个关键命题，作为引领经济发展方式系统性变革的核心路径，开启了从“制造工厂”向“创新高地”的战略跃迁。这座年轻的城市以制度创新破题，构建完善的自主创新体系；建设人才强市，广纳全球英才；推动新型研发机构建设，培育出华为、中兴等高科技领军企业。

在创新引擎驱动下，深圳四大支柱产业强势崛起：高新技术产业领跑全国、金融业打造“中国华尔街”、物流业构建全球枢纽、文化产业孕育创意之都。与此同时，深圳坚持开放协同与可持续发展并重，深港创新圈成为跨境协同的典范，深圳制造在国际市场大放异彩。

从 2003 年到 2011 年，深圳以创新为引擎，完成经济发展方式系统性变革，为全国创新驱动发展战略实施提供了生动范例与宝贵经验。深圳的创新实践，让世界看到了中国经济的另一种可能。

第一节 自主创新体系的战略构建

为持续保持创新活力，深圳积极构建自主创新体系，从战略顶层设计到资源落地生根，每一步都行稳致远。

在顶层设计上，深圳将创新战略作为城市发展的核心引擎，从宏观层面统筹规划。围绕这一战略，各类创新资源载体不断涌现，为创新活动提供了坚实平台，并通过完善政策、优化环境，吸引了大量人才汇聚。

在产业结构调整方面，深圳进一步深化国有企业改革，完善国有资产监督管理体制，以严格的监管与灵活的机制，督促企业提高经济效益，推进国有企业的战略性调整。同时大力发展民营企业，进一步完善融资服务体系，鼓励、支持和引导民营企业加快发展。

经过不懈努力，深圳已初步形成以市场为导向、企业为主体、产业化为目的、产学研相结合的自主创新体系，科技支撑经济社会发展的能力进一步增强。尤为引人注目的是“四个 90%”布局的形成：90% 以上的研发机构设立在企业，90% 以上的研发人员集中在企业，90% 以上的研发资金来源于企业，90% 以上的职务发明专利出自企业。

创新战略顶层设计

自主创新战略的深圳内涵

在自主创新成为城市发展的主导战略之前，早在 2004 年，深圳就以“1 号文件”形式发布了《中共深圳市委 深圳市人民政府关于完善区域创新体系 推动高新技术产业持续快速发展的决定》。这份文件直指突破土地、资源、环境、人口“四个难以为继”的硬约束，首次系统提出了建设区域创新体系的基本要求和目标。

2005 年 5 月，深圳市第四次党代会提出实施自主创新战略，建设自主创新型城市的新目标，要求深圳积极探索自主创新模式，加快完善区域创新体系，努力营造有利于自主创新的良好环境，立志将深圳建设成为国内重要的自主知识产权高新技术产业基地，为提升国家竞争力贡献深圳力量。2006 年，深圳市委、市政府再次以新年“1 号文件”形式发布《关于实施自主创新战略 建设国家创新型城市的决定》，将自主创新战略确定为城市发展的主导战略。自此，自主创新不再是模糊的概念，而是化作深圳发展的核心指引。

随着时间的推移，深圳对自主创新的认知不断深化。中国的自主创新应该以全面创新思想为指引，在组合创新的平台上，通过二次创新和集成创新最终实现自主知识产权的开发和应用。[①] 深圳紧跟这一思路持续探索。2010 年 4 月，深圳市委、市政府再次发布《关于实施自主创新战略 建设国家创新型城市的决定》，要求全面贯彻落实科学发展观，促进经济增长方式转变和产业结构优化，提高全社会自主创新能力。这份文件承载着深圳更深的期许：从“深圳制造”向“深圳创造”转型，持续增强城市的创新能力和核心竞争力。同年 10 月，《中共深圳市委 深圳市人民政府关于加快转变经济发展方式的决定》出台，提出要从“深圳速度”向“深圳质量”跨越，推动“深圳加工”向“深圳制造”转变。

创新资源载体：前沿科技的孵化器

如何将自主创新战略构想转化为实实在在的创新成果？深圳这座城市给出的答案是：加快建设一批创新资源载体，全方位支持处于科技前沿的新型研究

---

① 陈劲，俞湘珍，王姝．有中国特色的自主创新之路与政策[J]. 管理工程学报，2010，24(S1)：12–20.

机构和大学发展，突破核心技术、关键技术和共性技术。

2006 年 1 月，深圳印发关于《深圳大学城国家重点实验室建设资助管理办法》的通知。一时间，深圳大学城热闹非凡，清华大学深圳国际研究生院、北京大学深圳研究生院、哈尔滨工业大学（深圳）纷纷行动起来，各自筹建了 3 个国家级重点实验室或分室。2007 年 9 月，深圳市科技和信息局印发《深圳市市级重点实验室管理办法》，为实验室的规范建设和高效管理制定准则。

“十一五”期间，深圳的创新载体建设实现大跨越。深圳高新区吸引着创新要素不断汇聚，单位面积产出跃居全国前列，成为创新型高产出的典范。国家超级计算深圳中心的建立，标志着国家重大科技基础设施在深圳布局零的突破。中国科学院深圳先进技术研究院（简称“深圳先进院”）拔地而起，电子信息产品标准化等 5 家国家工程实验室相继入驻，让深圳承接国家重大技术攻关任务的能力显著增强。

南方科技大学的校园里，塔吊林立，建设如火如荼地进行着；国家大学科技园不断扩容，与境内外著名大学合作建立的研究生院和虚拟大学园活力满满。深港创新圈建设进一步深化，紧密链接两地的创新资源。华为、中兴、深圳先进院等获批国家级海外高层次人才创新创业基地。超材料等领域引入 5 个高水平创新团队，为深圳带来了前沿的技术理念。华大基因研究院、光启高等理工研究院建设全面展开，开创了民办官助研究机构的新模式。

2011 年，国家超级计算深圳中心正式投入运行，其运算速度跃居全球第 4，成为科研领域的“超级大脑”；深圳国家基因库的挂牌成立，打开了基因信息资源宝库的大门，为生命科学研究奠定了坚实基础。这些创新资源载体的崛起，不仅是深圳创新实力的见证，更承载了这座城市向创新高地迈进的梦想。

专栏

中国科学院深圳先进院：科研创新的多面旗帜

2006 年，中国科学院、深圳市政府与香港中文大学三方携手，在深圳建立了中国科学院深圳先进技术研究院，填补了深圳在源头创新和基础研究领域的空白。

随着时间的推移，深圳先进院不断发展壮大，成长为深圳科技创新生态的核心引擎和产业升级的重要推手。作为深圳首个国立科研机构，深圳先进院创新性地构建了以科研为主的集科研、教育、产业、资本为一体的微型协同创新生态系统，为城市打造国际科创中心和现代化产业体系提供了关键支撑。

在科研创新方面，深圳先进院一直走在前列。国家重点研发计划、国家自然科学基金等众多重大项目在此落地生根。深圳先进院研发的关键技术已应用到比亚迪等深圳本地企业，为企业发展提供了有力支持，预计能带动相关产业链的价值增长超百亿元。在人工智能领域，2024 年深圳先进院获得吴文俊人工智能科学技术奖，充分证明了它的科研水平。深圳先进院的计算机视觉技术已赋能大疆无人机、优必选机器人等深圳科技企业的产品迭代，让深圳智造更具智慧与竞争力。

在产业赋能方面，深圳先进院精心构建起“0—1—10—N”的成果转化体系，使无数创新成果从图纸走向现实，并孵化出一批又一批富有活力的企业。其开放的实验室设备资源服务华为、中兴等 300 余家企业，累计降低企业研发成本达 10 多亿元，实实在在地为产业发展减负增效。

在国际合作维度，深圳先进院搭建的多个国际联合实验室为深圳链接全球创新资源，引进海外高层次人才。脑科学、合成生物学等前沿领域的先进理念与技术不断涌入，助力深圳在这些领域跻身国际第一梯队。

如今，深圳先进院早已超越传统科研机构的范畴，不仅是深圳科技创新的标杆，更是城市从“科技跟跑”迈向“创新领跑”的核心战略力量，对深圳 GDP 的间接贡献超千亿元，生动诠释了“一所研究院赋能一座城”的创新传奇。

人才强市实践：引凤筑巢，智汇鹏城

深圳以自主创新战略为指引，依托创新资源载体构建发展框架，而人才正是赋予这座城市创新灵魂的核心要素。回望深圳经济特区的发展历程，创建初期文化和教育资源匮乏的短板，反而促使其坚定实施人才强市战略。凭借果敢的改革先行、灵活高效的机制优势以及毗邻港澳的区位优势，深圳吸引了大批创业者与专业人才，共同书写了世界城市化、工业化和现代化进程中的传奇，成为全国乃至全球城市发展的成功典范。

2004 年 7 月，《中共深圳市委 深圳市人民政府关于进一步加强人才工作的实施意见》出台，从人才培养、引进、评价到市场规范等多个维度，构建起系统化的人才发展框架。文件明确提出，经过 20 年左右的努力，把深圳建成人才资源能力的培育中心、人才与智力资源的汇聚中心、人才价值充分实现的创业中心、人才安居乐业的温馨港湾，使深圳成为开放包容、激励创新、崇尚创业、充满活力的现代人才良港。

2008 年 9 月，深圳在全国率先发布高层次专业人才认定标准，颁布《关于加强高层次专业人才队伍建设的意见》及其 6 个配套文件。开辟高层次专业人才引进的绿色通道，高层次专业人才来深圳工作可特事快办，实施无障碍引进；科研领军人才带研发团队来深圳发展，政府资助启动经费；实施“候鸟计划”，在高校、科研机构、公共服务机构等设立短期工作岗位，吸引高层次专业人才以柔性流动方式来深圳工作等系列举措得到社会的广泛认可和各界人才的积极响应，在高层次人才引进、扶持和培养方面成效显著，为推动城市自主创新工作提供了有力支撑。

2010 年 12 月 28 日，《深圳市人才认定办法》正式实施，将人才分为高层次专业人才、高级人才和中初级人才 3 个层次，其中高层次专业人才又分为杰出人才、国家级领军人才、地方级领军人才和后备级人才（后三者统称为“领军人才”）。获得认定的高层次人才，可以享受包括住房、子女入学、配偶就业、学术交流补贴在内的一系列优惠政策。人才认定有明确的标准和程序，坚持品德、知识、能力和业绩并重的原则，坚持业内认可、社会认可的原则，保

深圳人才公园

障深圳落实科学人才观，建立符合深圳经济社会发展要求的人才评价体系。

2010 年 10 月，聚焦高技术人才的引进项目启动。2011 年 8 月，《深圳市中长期人才发展规划纲要（2011—2020 年）》发布，提出到 2020 年逐步形成人才国际竞争比较优势，把深圳打造成为亚太地区最具创新活力、最优创新环境、最具国际氛围的人才“宜聚”城市之一。

国企改革的深圳范式

2001 年，深圳市以国有经济布局战略性调整和国有企业战略性改组为中心，全面推进新一轮的市属国有企业改革。年初，市政府出台《关于进一步加快我市国有企业改革和发展的实施意见》，包括 11 个配套文件，有针对性地制定了若干可操作的措施，积极解决国有企业改革中遇到的重点难点问题，加快推进市属国有企业的调整与改组工作。2002 年，深圳开始启动国有企业国际招标改革，出售部分国有股权，在世界范围内寻找战略投资伙伴和经营者。这一改革对于推进国有企业产权多元化、完善公司治理结构、提高企业国际竞争力具有重要意义。2004 年，深圳市成立国有资产监督管理委员会，将原市国有资产管理委员会、国有资产管理办公室、市委组织部、财政局等部门中涉及国有资产监管的职能进行了归并，全面履行国有资产出资人职能，实现了“管人、管事、管资产”的职责统一。

引入国际战略投资者

在市属国有企业改革的进程中，深圳并未满足于体制机制的内部革新。2003 年，一场瞄准国际市场的产权改革大戏震撼开场——聚焦社会公用事业领域，通过国际招标引入战略投资者，推动产权主体多元化，开启了国企发展的全新篇章。

这一年，深圳市能源集团（电力）、水务集团（供水）、燃气集团（供气）、公交集团（交通）、食品总公司（民生）5 家公用事业单位以“靓女先嫁”的策略走向国际招标舞台，成为国内公用事业产权改革的破冰之举。最终，5 家企业的招标不仅成功引入一批国际优质投资者，更实现 70 亿元股权转让和增资扩股资金注入，资产转让溢价超 63%，成功实现了国有资产的保值增值。

这场改革的创新之处，在于深圳独创的“政府决策、中介机构参与和企业为主运作”的崭新国际招标模式。政府如同总设计师，从制定招标规则、确立私募方向，到敲定企业名单与股权出让比例，搭建起清晰的改革框架；企业则作为改革主体，在政府领导下自主挑选财务顾问，聘请具备国际资质的会计、法律和评估机构，化身谈判场上的“冲锋队”；中介机构严守国际执业标准，确保流程规范透明。三方各司其职、协同发力，将引进资本与引进新的机制、管理、技术及国际市场经验深度融合，彻底打破国有独资僵局，为全国国企改革提供了可资借鉴的深圳样板。

员工持股革命

在国际招标领域持续推进改革的同时，深圳的国企改革也在不断深入，朝着更全面、更彻底的方向探索。在国有资本从一般竞争性领域有序退出的战略指引下，2003 年，一场关乎企业命运、员工未来的经营者和员工持股改制行动，在深圳国有企业悄然铺开。

这一年，14 家市属一级国有企业率先响应，带动 195 户二级企业投身其中，涉及员工 3.2 万名（其中深圳户籍员工 1.2 万人）。最终，5000 多名员工踊跃参与持股计划，同时，2600 多名历史离岗人员也得到妥善安置。改制后的企业，由经营者和员工绝对控股，其中 5 家企业更是实现经营者和员工整体承接国有股权。

在这场改制的推进中，深圳始终秉持公开性原则，从改制立项、清产核资、财务审计、资产评估，到股权转让审批、定价管理、产权交易、转让价款管理、维护职工合法权益等，每一个环节都置于阳光下，政策、程序与结果全程公开。政府精心制定了一系列文件及管理办法进行指导规范，保障改制工作健康、有序、平稳地进行。

改制内容主要包括员工安置补偿、资产处置及债权债务处理、经营者和员工持股设计三大部分。在员工安置补偿方面，深圳以“不与民争利”的胸怀，执行有关政策时采取从宽原则，最大限度保障职工权益；在资产处置及债权债务处理方面，在政策允许范围内通过核销不良资产及债权、扶持土地房产处置等政策“组合拳”，帮助企业卸下包袱、轻装上阵；而在经营者和员工持股设计中，充分尊重企业内部协商，鼓励员工参与持股、支持经营者持大股，激发管理层与员工的积极性。

尽管这场改制面临着矛盾交织、关系复杂的重重挑战，但深圳迎难而上。随着改制落地，经营者和员工从“打工人”转变为企业股东，不仅构建起紧密的利益共同体，更形成了命运共同体。这种身份的蜕变，从根本上激发了推动体制、机制和管理创新的动力，为企业的发展壮大奠定了良好基础，也为深圳的国企改革探索出一条独具特色的发展路径。

“3+5”国资管理模式

当经营者和员工持股改制激活企业发展活力时，深圳同步掀起国有资产管理领域的制度革新。这座改革先锋之城，再次以敢为人先的魄力，探索出全新的管理模式，为国企发展装上智慧引擎。

作为国内国有资产管理改革的先行者，深圳早在1992年便构建起“三个层次”的管理体制。第一层次（决策层）：深圳市国资委（1992年成立），为高层议事机构，由市长任主任，成员包括市委、市政府及职能部门负责人，每年召开4次会议，统筹国有资产战略方向及重大事项决策。第二层次（执行层）：市国资办（1993年成立），作为国资委常设办事机构，负责政策落实、日常监管及考核。第三层次（运营层）：国有资产经营公司及下属企业，承担具体资本运作和市场化经营职能。

2003年，深圳在国有资产管理领域实施重大举措：试点向深圳机场集团、盐田港集团、地铁公司、深业集团、国际信托投资公司5家大型国企授予国有资产经营权，突破传统三级管理模式，形成“3+5”混合架构，数百亿元国有资产迎来全新管理模式。在这场变革中，授权经营公司可以在授权范围内独立行使重大决策权、人事管理权、资产收益权和资产处置权。特别是在资产处置权上，可根据市场情况，对所属企业进行资产重组和产权转让。重组或转让资产金额不受现行的超过2000万元必须审批的规定限制，报市国资办备案即可。

为保障授权经营稳健持久，深圳还构建起严密的监督与制衡体系。独立董事制度的引入，让企业董事会形成企业管理人员、行业主管部门代表和社会聘请的独立董事“三足鼎立”的局面；外派监事制度则由国资部门直接选派监事会主席及其成员，对公司的财务活动及公司负责人的经营管理行为进行监督，对公司负责人的工作业绩进行评价，提出奖惩、任免建议。每年年终，市国资办通过公开招标中介机构对授权经营公司的年度经营情况和经营目标进行审计，组织专家分析审计报告，并根据考核指标完成情况对企业负责人进行奖惩。这场改革不仅完善了原有的三级管理体系，更开创出“市国资委及其下属国资办、国有资产授权经营公司”的全新管理形式，成为国有资产管理领域极具开创性的深圳方案。

上市公司重组升级产业价值

深圳经济体制改革办公室以建设国际化大都市为整体战略目标，将上市公司重组与城市产业调整升级相结合，确保真正实现可持续发展。为确保重组决策科学公正，一套严谨的筛选机制应运而生：从实地考察企业经营状况，到结合行业专家与投行顾问的专业研判，再通过量化打分进行综合评议，每个环节都力求精准衡量重组价值。特别在战略投资者的筛选上，深圳划出实业为本的硬杠杠，明确拒绝单纯财务投资机构，秉持“有钱无业莫进来”的原则，为产业发展筑牢根基。

2004 年初，深圳市万山实业股份有限公司（现“深圳市德赛电池科技股份有限公司”）与深圳一致药业股份有限公司（现“国药集团一致药业股份有限公司”）率先开启控股权转让进程，成为深圳上市公司重组的标志性事件。新股东承诺在深圳设立研发、销售、生产基地，甚至考虑将企业总部迁移至此。这些实质性举措显著提升了上市公司的盈利能力与市场竞争力，让企业在激烈的市场竞争中站稳脚跟，实现可持续发展。通过上市公司重组，深圳引进了大量国内大型企业与知名品牌，不仅注入了资本，更带来了长远的产业规划。

民营经济形成创新主力

在深圳通过推动国企改革为产业发展带来蓬勃生机的同时，民营经济也不断发展壮大，成为拉动城市经济增长的重要引擎。自经济特区建立以来，深圳民营经济便与城市发展同频共振，尤其是中国加入世贸组织后，更迎来了快速发展的黄金期。在此过程中，华为、创维、大族激光、腾讯等一批行业领军企业迅速崛起，不仅成为深圳经济增长的重要支撑，更构筑起城市自主创新的核心力量。

2003 年 3 月，一场全市民营经济工作会议点燃了发展热情，17 家民营企业受到表彰，22 家民营企业获通报表扬。两个月后，《中共深圳市委 深圳市人民政府关于加快民营经济发展的意见》出台，明确了政府支持民营经济发展的决心。此后 5 年，深圳市财政每年安排 1 亿元专项资金，为民营及中小企业的发展保驾护航。同时，根据企业技术、营业收入和自主知识产权拥有量等指标评选出的"深圳民营企业 50 强"，能平等享受政府支持大企业和企业集团的优惠政策。

随着改革不断深入，政策支持持续完善。2004 年 11 月，《深圳市民营及中小企业发展专项资金管理暂行办法》落地，规定民营及中小企业发展专项资金在年度预算安排的产业发展专项资金中统筹，专门用于民营担保机构担保风险的补偿和民营及中小企业服务。2005 年 3 月，深圳召开学习贯彻《国务院关于鼓励支持和引导个体私营等非公有制经济发展的若干意见》座谈会。会议强调，要深入学习领会国务院相关文件精神，继续贯彻市委、市政府关于加快民营经济发展的意见，落实全市民营经济工作会议部署，确保各项任务有序推进。

2006 年 8 月，《关于进一步加快民营经济发展的若干措施》发布，聚焦民营企业实行梯度扶持和重点培育，筛选出一批掌握核心技术、具有行业领先地位的行业领军企业，以及自主创新能力强、技术先进、主业突出的行业骨干企业，进行重点扶持。文件在鼓励民营企业开展自主创新和实施名牌战略方面推出 9 条措施，鼓励企业实施科技成果产业化、建立自主研发机构、开展技术改造、提高产品设计能力等。此外，还提出引导企业参与国防科技建设，通过政府采购扶持企业自主创新和循环经济产品。

2006 年 12 月，《深圳市民营领军骨干企业认定暂行办法》配套出台，根据该认定办法，2007 年 7 月，华为、中兴等 5 家企业获评"深圳市民营领军标杆企业"，深圳市金立通信设备有限公司、深圳市宝安高科电子有限公司等 100 家企业入选"深圳市民营领军骨干企业"。这些企业不仅全部设立了研发机构，更在国家级技术认定与奖项上屡获佳绩。

截至 2006 年底，比亚迪、创维等 30 家民营企业获得“中国名牌产品”称号。至 2007 年，在深圳拥有的 58 个中国名牌产品中，民营企业占据 40 席。以华为、腾讯等为代表的一大批民营科技企业，凭借核心技术和自主知识产权，见证着深圳从“制造之城”向“创造之都”的华丽蜕变，并成为深圳走向世界的闪亮名片。[①]

在政策护航与企业奋进的双向奔赴下，深圳民营经济持续迸发强劲活力。据统计，2011 年，深圳民营经济增加值攀升至 3330.33 亿元，以 10.1% 的增速占全市 GDP 的 28.95%。市场主体规模同样呈现蓬勃之势，截至 2011 年底，深圳市工商登记注册的中小企业达 41.1 万家，占企业总数的 99.2%，较上年同期净增加 5.6 万家。在税收贡献方面，全市中小企业上缴税收 1400 亿元，同比增长 20%。在外贸领域，民营企业更是展现出惊人的韧性与活力。2011 年，其外贸进出口总额达 1187 亿美元，占全市外贸进出口总额的 26.9%，同比增长 33.4%，远超全市 19.4% 的外贸进出口增速，在国际市场竞争中走出一条上扬曲线。

这些跳动的数据，不仅是深圳民营经济蓬勃发展的生动诠释，更印证了其作为深圳经济主力军的重要地位。

① 中共深圳市委党史研究室，深圳市史志办公室．深圳改革开放四十年 [M]．北京：中共党史出版社，2021.

专栏

华为：人力资本增值驱动企业持续成长

在深圳民营经济蓬勃发展的浪潮中，华为无疑是最耀眼的弄潮儿。从深圳一隅成长为全球科技巨擘，华为以“人力资本增值优先于财务资本增值”的独特理念，不仅书写着自身的传奇，更成为深圳迈向“全球创新之都”的核心驱动力。

在华为的价值体系里，人才绝非简单的成本项，而是应对未来关键业务挑战和不确定性、构建公司持续竞争力的核心力量。每当行业“机会窗”开启，华为便如集结号般汇聚精锐力量。以5G技术研发为例，数千名顶尖研发人才组成攻坚军团，夜以继日地突破技术壁垒，最终让华为在全球5G赛道上占据领跑位置，这正是“饱和攻击”人才战略的生动实践。

为激活人才资本的无限潜能，华为自1998年起引入STAR结构化行为面试法，精准筛选适配人才；构建“五级双通道”任职资格体系，为员工量身定制职业发展路径；独创“训战结合”培养模式，让理论知识在实战场景中淬炼升华。这套环环相扣的人才管理体系，为企业发展持续输送强劲动力。

人才优势转化为创新动能，华为与深圳本土企业的深度协作则构建起产业生态的“护城河”。与比亚迪、大疆等企业携手，打造出全球最完备的ICT产业链；在智能网联汽车、半导体等前沿领域的布局，更是点燃了深圳战略性新兴产业的发展引擎。同时，华为与清华大学深圳国际研究生院等高校共建联合实验室，让产学研深度融合的种子在鹏城沃土生根发芽，培育出一批批顶尖硕博人才。

历经30余年扎根发展，华为早已与深圳血脉相连。当技术封锁与市场竞争的浪潮袭来，华为凭借深厚的人才储备与创新底蕴破浪前行。它不仅以世界级企业的身姿矗立潮头，更通过技术外溢、产业协同、人才辐射，全方位赋能深圳，成为这座城市创新基因中不可或缺的重要组成部分。

第二节　国际竞争力产业体系锻造

在自主创新体系的强劲驱动下，深圳以产业转型升级为刻刀，雕琢出极具国际竞争力的经济版图。高新技术产业、金融业、物流业、文化产业成为四大支柱产业，战略性新兴产业蓬勃兴起，共同书写着这座城市工业化、城市化与现代化的传奇篇章。

数据见证城市发展。2011 年，高新技术产业增加值 3738.00 亿元，以 22.2% 的增速领跑；金融业增加值达 1562.43 亿元，占 GDP 比重跃升约 13%，国内金融机构本外币存、贷款余额分别攀升至 25095.78 亿元和 19244.68 亿元，彰显资本集聚效应；物流业增加值 1122.36 亿元，增长 14.9%，编织起联通世界的运输网络；文化产业增加值 771.00 亿元，增速达 21.0%，文化与科

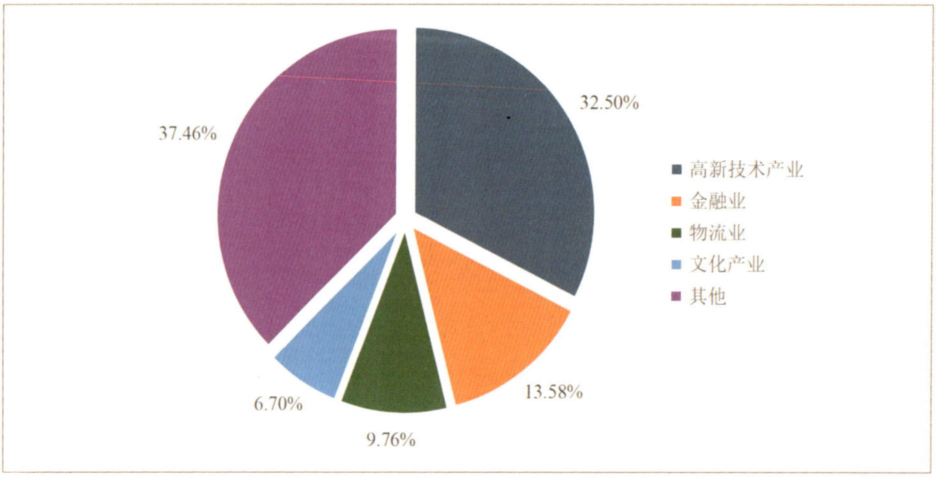

2011 年四大支柱产业占深圳 GDP 比重

技、金融、旅游融合发展的模式初步形成，占 GDP 比重达 6.7%。四大支柱产业增加值占 GDP 比重突破 60%，撑起深圳经济的四梁八柱。

战略性新兴产业同样不甘示弱，生物产业增加值 174.96 亿元，同比增长 24.0%；互联网产业全口径增加值 1380.72 亿元，增速 18.9%；新能源产业增加值 254.10 亿元，增长 20.7%。这些数字背后，是深圳对未来产业赛道的精准卡位，更是创新驱动发展的生动写照。

2008 年，比尔 · 盖茨访问深圳时，用“深圳奇迹”来形容他的所见所闻：“这次来到深圳非常激动，我看到深圳是一座现代化程度很高的城市，发展速度令人振奋，城市环境非常优美，是一座充满生机和活力的城市。”从产业升级的铿锵步伐到城市风貌的日新月异，深圳用实力证明，产业跃升不仅是经济增长的密码，更是锻造国际竞争力的密钥。

高新技术产业迅速崛起

产值破万亿的里程碑式突破

在自主创新体系与产业升级的双重推动下，深圳高新技术产业以惊人的速度茁壮成长。

2003 年，深圳高新技术产业已初露锋芒，全市高新技术产品产值达 2482.79 亿元。尤为亮眼的是，其中拥有自主知识产权的高新技术产品产值高达 1386.64 亿元，同比增速达 45.2%，占全部高新技术产品产值的 55.9%。

此后 8 年，产业发展的轨迹虽偶有波折，在 2008—2009 年全球经济动荡期出现短暂回调，但整体仍保持强劲的上扬态势。到 2011 年，高新技术产业迎来爆发时刻，全年高新技术产品产值飙升至 11875.61 亿元，按现价同比增长 16.7%，占规模以上工业总产值的 58.2%，成为当之无愧的工业顶梁柱。

这一跨越式发展背后，藏着深圳高新技术产业的三大成长密码。其一，自主知识产权的含金量持续提升：2003—2011 年，深圳从“制造”向“智造”蜕变，拥有自主知识产权的高新技术产品产值占高新技术产品总产值的比例逐

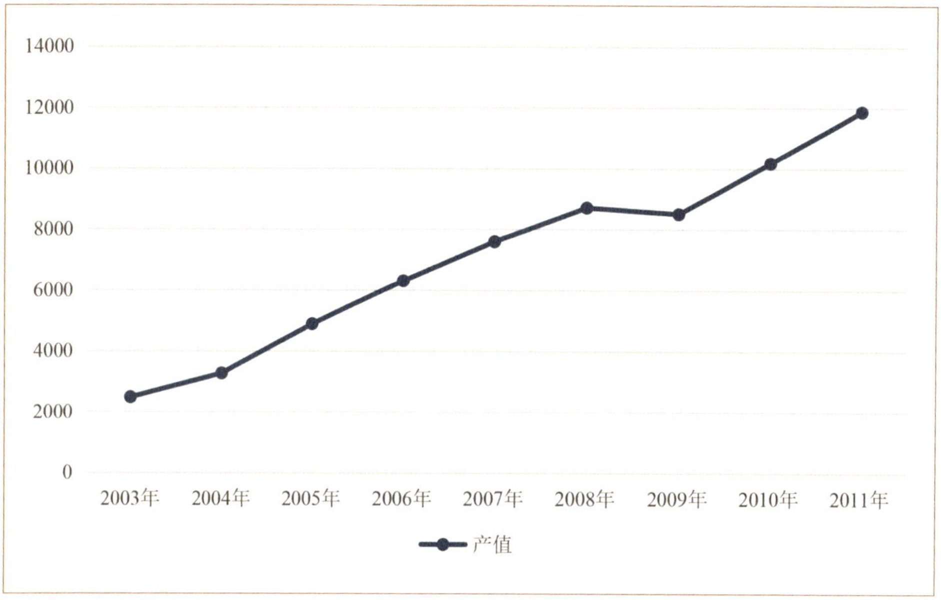

2003—2011 年深圳高新技术产品产值变化（单位：亿元）

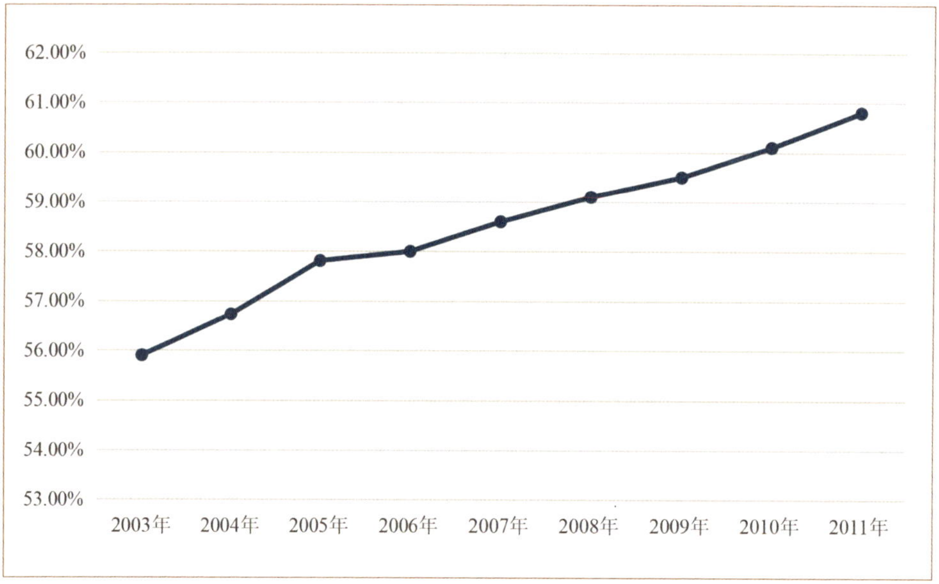

2003—2011 年深圳拥有自主知识产权的高新技术产品产值占高新技术产品总产值比重

年增加。其二，高新技术队伍不断壮大：2008 年，国家颁布新的高新技术企业认定办法，当年就有 395 家深圳企业脱颖而出；短短 3 年间，企业数量呈几何级增长，到 2011 年达到 2113 家，形成庞大的创新集群。其三，企业规模达到新水平：2005 年底，深圳首次诞生产值超千亿元的高新技术巨头，同时，超 200 亿元、100 亿元、50 亿元、20 亿元、10 亿元的企业层出不穷，产业梯队愈发完善。

产业化基地、孵化器和园区构建创新生态

随着高新技术产业的蓬勃发展，深圳不仅在产值与创新能力上屡攀高峰，更以产业化基地、孵化器和园区建设为基石，精心构筑起产业发展的生态雨林。这些承载着创新梦想的空间载体，培育出一批又一批科技幼苗，推动深圳高新技术产业从单点突破迈向集群式发展。

2005 年，随着科技部将深圳列为国家半导体照明工程产业化基地，这座城市的国家级高新技术产业化基地版图再度扩容。彼时，深圳拥有国家 863 计划成果产业化基地、国家集成电路设计深圳产业化基地、高新技术产品出口基地、中国青年科技创新行动示范基地、国家火炬计划软件产业基地、国家生物产业基地等多个国家级称号。此外，深圳还是全球最大 U 盘生产基地、国内最大机顶盒生产基地、国内最大智能停车场管理设备生产基地、国内重要的大型精密医疗器械和医用电子仪器生产基地等。这些产业化基地如同产业发展的定盘星，吸引着上下游企业集聚，成为培育科技型企业、加速产业升级的核心阵地。

在创新企业孵化领域，深圳同样交出亮眼答卷。截至 2005 年，深圳共有 32 家科技企业孵化器，其中 5 家被认定为国家级孵化器，6 家被认定为市级科技企业孵化器。62 万平方米的孵化空间，33 亿元的总投资，既有政府财政的 15 亿元托底，也不乏民间资本的踊跃参与。以天安民营科技园为例，企业自筹 5000 万元打造的孵化器，成功培育出云海计算机、清华彩虹等一批明星企业，成为“孵化—成长—壮大”创新链条的生动缩影。这些孵化器不仅是科技成果

转化的催化剂，更像是创业企业的成长摇篮，助力无数中小高新技术企业穿越创业初期的死亡谷。

作为产业发展的主战场，深圳高新区自成立以来实现了产业和创新的高速发展。2005 年，高新区工业总产值达 1368 亿元，是 1996 年成立之初的 13.7 倍；高新技术产品产值 1324 亿元，出口 87.46 亿美元，累计实现税收 262 亿元。在创新方面，截至 2006 年，高新区共申请专利 6126 件，其中发明专利申请 4353 件，占专利申请总量的 71%。2008 年，这片仅占全市 0.6% 面积的土

高新技术产业园区（1995 年）

高新技术产业园区（2008 年）

地，创造了全市约 14% 的工业总产值。[①] 官产学研深度融合的区域创新体系在此落地生根：海内外院校组成的“虚拟大学园”设立各类实验室、研发中心、工程中心等科研机构，两院院士活动基地、博士后工作站、工程技术中心和国家重点实验室共同构筑了服务企业的公共技术平台。高新区形成的自主创新生态环境，使其成为深圳自主创新的排头兵。2011 年，深圳高新区全年实现工业总产值 4054.57 亿元，成为中国单位面积产出最高的科技园区。

自主知识产权企业群体性崛起

沿着深圳的经济发展轨迹，不难发现这座城市完成了从“深圳加工”“深圳制造”到“深圳创造”的华丽转身。通过持续提升自主创新能力，一大批本土成长起来、拥有自主知识产权的企业纷纷涌现，逐步形成了以通信、计算机、集成电路、软件、医疗设备和新材料等产业群为主导的高新技术产业矩阵。自 2004 年起，深圳实现了两个具有里程碑意义的“50% 超越”——高新技术产品产值占工业总产值超过 50%，其中自主知识产权产品产值又超过全部高新技术产品产值的 50%，这一成绩在全国范围内遥遥领先。在通信、医疗设备和电池等高科技领域，深圳企业不仅牢牢占据技术制高点，更收获了大规模的市场份额。

这些数据的背后，是自主创新活动带来的深刻变革。技术密集、知识密集和高增值行业蓬勃发展，推动深圳经济增长方式发生根本性转变。2011 年，深圳每平方千米 GDP 产出约 5.52 亿元，持续领跑国内大中城市，成为高质量发展的典范。

不同的高新技术产业群，在创新道路上各展所长，走出了独具特色的发展路径。通信领域的华为、中兴，坚持从下游应用向上游核心技术突破的逆向创新之旅，专注研发，终成行业领军者；腾讯在软件领域另辟蹊径，聚焦概念研发，将时尚元素、前沿技术融入软件经营，以游戏为切入点，凭借 QQ 等产品

① 乐正．深圳的国际科技产业创新之路 [M]．深圳：海天出版社，2019．

腾讯滨海大厦

打造出风靡全国的互联网生态；比亚迪在新材料领域，巧妙地将劳动密集和技术密集相结合，专注二次充电电池的研究、开发、制造和销售，一举打败跨国巨头，登顶世界电池行业。

从原始创新的大胆突破，到消化创新的博采众长；从集成创新的系统升级，到服务创新的模式革新，多样的创新模式共同造就了华为、中兴这样的民族骨干企业，也让迈瑞、比亚迪、大族激光等企业茁壮成长，形成雁阵和梯队的发展态势。[①]

“知产”力量解锁产业升级

在搭建起产业化基地、孵化器与高新区等创新框架后，深圳以科学发展为指引，将知识产权工作深度融入经济转型脉络，用创新驱动发展的“知产”力

① 深圳市政协文化史和学习委员会．深圳四大支柱产业的崛起：高新技术 [M]．北京：中国文史出版社，2010．

量，解锁产业升级的新密码。

深圳的知识产权创造能力，堪称全国创新版图上的璀璨坐标。截至2011年底，全市国内有效发明专利累计达40495件，每万人专利密度约39件，高出国家“十二五”规划2015年每万人3.3件的目标10倍多，高居全国榜首；中国驰名商标累计达81件，居全国副省级城市首位；有效注册商标171091件，平均5.03个市场主体就拥有一件金字招牌。2011年，深圳每百万人国内发明专利申请量达2766件，超额完成省政府考核目标；PCT国际专利申请量7933件，连续8年居全国首位，占全国申请总量的45.4%，其中中兴以2826件的成绩跃居全球首位。

在知识产权联盟建设领域，深圳同样收获了优秀的业绩。从中国彩电专利联盟、深圳LED专利联盟起步，2011年深圳又先后成立了新能源标准与知识产权联盟、超材料产业联盟和生物医药专利联盟。各联盟结合行业特点，积极搭建公共服务平台、构建专利池，合力应对国际专利纠纷，推动知识产权与行业标准深度融合。深圳光启高等理工研究院、华大基因研究院作为联盟成员的发起单位，在超材料技术、生物医药领域开展联合创新和产业布局，仅光启高等理工研究院2011年申请发明专利就超过千件，成为战略性新兴产业的龙头和引擎。

知识产权的价值，最终要在产业实践中绽放光芒。深圳不仅有华为、中兴等行业巨头持续领跑，更培育出大批中小知识产权企业，共同构成创新发展的雁阵。2011年，全国发明专利授权量排名前十强企业中，深圳占4席，且包揽前三。同年，华为获3项中国专利金奖；腾讯与华为分别摘得“商标创新奖”“商标运用奖”，多个企业与基地获评省级版权示范。深圳还以高交会、文博会为桥梁，加速知识产权交易转化；通过起草《深圳市促进知识产权运用若干规定》，激活国有知识产权价值，全力打造全国知识产权运用的高地，让创新成果真正推动产业升级。

战略性新兴产业的前瞻布局

深圳深谙“善谋者胜，远谋者兴”的发展之道，并未满足于当下的辉煌，而是以超前的战略眼光，聚焦于战略性新兴产业，开启了新一轮产业变革的探索征程。

早在2009年，深圳便率先落子布局，相继出台《深圳生物产业振兴发展规划（2009—2015年）》《深圳互联网产业振兴发展规划（2009—2015年）》《深圳新能源产业振兴发展规划（2009—2015年）》及配套政策，旨在加快推进生物、互联网、新能源产业发展。2010年12月，《深圳市推进生物互联网新能源产业发展工作方案（2010—2012年）》发布，在全国率先构建起完备的三大新兴产业振兴规划及政策体系。这一系列动作，迅速催生出战略性新兴产业的蓬勃生机。

2011年，深圳进一步强化双轮驱动战略，在战略性新兴产业领域持续发力。从8月印发《深圳新材料产业振兴发展规划（2011—2015年）》，到10月出台《深圳文化创意产业振兴发展规划（2011—2015年）》，再到12月推出《深圳新一代信息技术产业振兴发展规划（2011—2015年）》，新材料、文化创意和新一代信息技术产业规划，与此前的生物、互联网、新能源规划相互呼应，合力搭建起六大战略性新兴产业规划政策的基础架构。

与此同时，深圳以产业集聚为抓手，启动建设12个战略性新兴产业基地和11个集聚区，吸引技术、资本、人才等要素加速汇聚。产学研资联盟也在各行业相继成立，基因工程、超材料、移动互联网等领域的协同创新如火如荼地进行。在推动产业落地方面，深圳坚持应用牵引，新一代移动通信TD-LTE规模试验顺利启动，基因诊断技术逐步推广，新能源汽车实现规模化应用，这些生动实践让新兴技术从实验室走向市场，推动城市发展。深圳以超前的战略布局和扎实的推进举措，在战略性新兴产业的赛道上，已然抢占先机，向着产业发展的新高地奋勇迈进。

金融创新激发产业动力

随着高新技术产业蓬勃发展、创新载体不断完善，深圳在金融领域大胆革新，用源源不断的金融活水浇灌产业发展，让金融创新与产业升级同频共振。

改革开放之初，深圳金融市场条块分割严重，跨行业交流合作寥寥无几，业务品种更是匮乏。在中国人民银行深圳分行的倡导下，深圳银行业率先打破僵局，掀起一场意义深远的变革。“工行下乡、农行进城、中行上岸、建行破墙”，看似诙谐的表述，实则是银行业突破固有格局、开展业务交叉竞争的生动写照。

进入21世纪，深圳金融在继续保持较快发展的同时，不断拓宽业务领域，新业务、新品种、新工具不断推出，金融机构盈利能力显著增强。自2003年以来，金融业更是异军突起，成为深圳增长最快的行业之一。金融业增加值由2003年的258.5亿元增加到2011年的1562.43亿元，8年间累计增长504.4%，年均复合增长约25%。

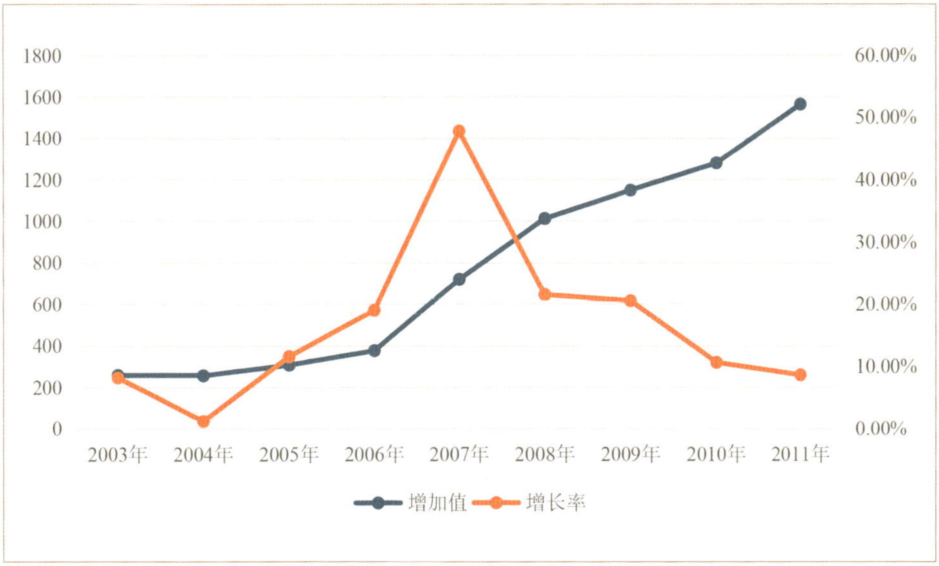

2003—2011年深圳金融业增加值和增长率（单位：亿元）

金融机构快速发展

从发达国家成果转化迅速、转化率高的经验看，风险投资起了关键作用。风险投资是在高风险的情况下，向处于起步又具有市场前景和风险的高科技项目进行的投资，是一种高风险和高收益的中长期投资。它不需要任何资本抵押和担保，通过企业的上市或收购兼并获得回报，克服了小企业发展的资金困难，被认为是高新技术产业的催化剂。2011 年，深圳敏锐捕捉到这一趋势，大力培育创业投资生态，超材料、新能源等领域的国家创业投资基金纷纷落地，全年新注册各类股权投资、风险投资基金达 951 家，数量超过“十一五”时期总和；创投机构数量和管理资本规模更是占据全国 1/3 以上，成为国内创业投资的新舞台。

同年，深圳以国家服务业综合改革试点为契机，全面激活金融市场活力。银行业利润增长 26.1%，跨境人民币业务增长 2.8 倍；证券业资产、利润指标全国第一。深交所新上市公司 243 家，首次公开募股企业数连续两年居世界首位。随着中国资本市场学院的启动建设，深圳在金融教育与人才培养领域迈出坚实一步。截至 2011 年底，已完成落户或承诺落户在深圳的 8 家总部级金融机构，注册资本（实收资本）超过 160 亿元；全市 254 家金融机构中，86 家为总部法人机构，金融总部集聚和辐射效应凸显。

多层次资本市场稳步推进

早在多年前，深圳便开始为打造特色资本市场布局谋划。2004 年 1 月，《国务院关于推进资本市场改革开放和稳定发展的若干意见》为多层次股票市场建设指明方向；5 月 17 日，经国务院批准，中国证券监督管理委员会正式批复深交所设立中小企业板。这一举措，不仅是深圳资本市场的重要里程碑，更为众多暂未达主板门槛的优质中小企业点亮了上市融资的希望之光。彼时，作为改革开放先行窗口，深圳集聚着大量充满活力的中小企业，中小板的诞生，极大丰富了证券市场的融资功能，也为后续资本市场创新埋下伏笔。

2007 年 8 月，国务院批准中国证监会多层次资本市场建设方案，由主板、中小板、创业板、场外转让市场构成的体系框架正式确立，深圳资本市场建设迎来新的机遇。此后3年间，从2009年3月中国证监会颁布《首次公开发行股票并在创业板上市管理暂行办法》，到6月创业板上市规则、投资者管理等文件规定陆续出台，再到7月启动上市申请受理，筹备工作紧锣密鼓地推进。终于，在2009年10月30日上午9点30分，深交所创业板28只新股鸣锣开市，受到市场追捧。这是中国证券史上上市公司数最多的一次新股集中上市交易。创业板的设立为中小企业尤其是高成长性企业打开了全新的资本大门，同时也为风险投资与创投企业构建了顺畅的退出机制，成为多层次资本市场建设的关键拼图。

创业板自诞生起便肩负创新使命：首创投资者适当性管理制度，为国内资本市场投资者管理提供范例；量身定制差异化发行上市条件，契合科技创新企业特点；2013年首推行业信息披露指引体系，为其他板块提供借鉴；2020年率先试点“增量＋存量”同步推进的注册制改革，为全面注册制积累宝贵经验。

深圳证券交易所大楼和公牛雕塑

截至 2011 年底，深交所的蓬勃发展令人瞩目：上市公司总数达 1411 家，比上年新增 242 家。1453 只上市股票中，A 股数量随着新增企业扩容，B 股则保持稳定。总发行股本与流通股本分别增长 24.4%、32.1%，上市公司市价总值与流通市值稳步攀升，全年证券市场总成交金额高达 193188.33 亿元。这些数据背后，是深圳多层次资本市场日益完善的有力见证，更是城市金融活力与经济韧性的生动彰显。

保险业书写创新传奇

在多层次资本市场建设稳步推进的同时，深圳金融业的另一板块——保险业也在不断书写创新传奇。在保险产品、机制与政策层面持续突破，从探索新型险种到构建国家级创新试验区，深圳保险业的每一步跨越，都极大地推动了金融创新发展。

回溯过往，深圳保险业的创新基因早有显现。1993 年，中国人民保险公司深圳市分公司为华星科技有限公司“华星微机病毒免疫卡”承保，这一创举打破传统，成为国内保险行业对计算机信息产品安全承保的首次尝试，引发科学界和保险界的广泛关注。1999 年 6 月，深圳再次抢占先机，在出口信用保险领域破冰，通过保费补贴协议，成为全国第一个实行办理出口信用保险补贴的城市，为中国信用保险发展开辟新路径。

此后，创新成果不断涌现：2006 年，中国平安保险集团公司的车险全国通赔直赔服务和万里通紧急医疗服务、中国人寿保险深圳市分公司的国寿商务平台，以及民太安保险公估公司的汽车保险理赔服务管理系统的开发与运用等荣获深圳市政府创新成果奖；2007 年，深圳共推出 305 项保险产品与服务创新项目，平安人寿外汇保险、中国人寿“美满人生”等产品荣获市政府颁发的第三届金融创新奖。

在产品创新之外，深圳保险业的规章机制同样走在改革前列。1993 年，深圳保险业率先打破国内和国外两套条款费率的做法，制定了适应市场需要的不分币种的统一条款和费率。在承保和理赔中借鉴香港经验，大胆引入保险中介机构，维护市场竞争中的公平性。这些有针对性的机制变革，不断优化着保险行业的生态环境。

政府的有力推动，更是为保险业创新装上了加速器。2004 年，深圳市政府出台《关于推动深圳保险业创新发展若干意见》，搭建起创新发展的协调机制，为保险业的发展提供了良好的外部环境。2006 年 6 月，随着中国保险监督管理委员会与深圳达成共识，全国保险创新发展试验区正式落户深圳。这是深圳保险业发展史上具有里程碑意义的事件。从此，深圳保险业的发展被提升到了战略层面，进入加速发展阶段，产业规模稳步提升，结构进一步优化，产品更具专业化和定制化，保险中介市场进一步发展壮大。

30 多年间，深圳保险业在市场机制、机构发展、分配制度、业务管理、风险管控以及产品与服务等方面进行多层次的改革和创新。全市保费收入从 2003 年的 78.75 亿元跃升至 2011 年的 359.90 亿元，累计增长 357.02%，年复合增长率约 20%。2011 年，财产险与人身险收入分别实现 15.9% 和 24.4% 的增长，而 85.77 亿元的赔款与给付支出，既彰显了保险的保障功能，也印证了行业规模的稳步扩张。

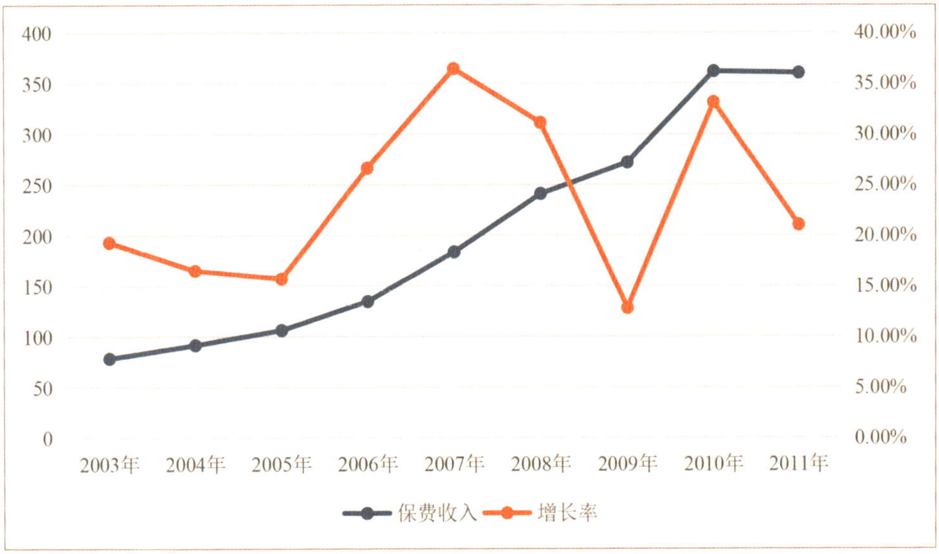

2003—2011 年深圳市保费收入和增长率（单位：亿元）

金融危机的“深圳突围”

当金融创新势头正劲，深圳保险业与资本市场蓬勃发展之际，一场突如其来的危机席卷全球。2008 年，美国次贷危机引发的金融海啸迅速蔓延。深圳，这座外向型经济特征显著的城市，瞬间被推至危机的风口浪尖。

面对前所未有的严峻挑战，深圳迅速进入紧急响应模式，用一系列精准有力的宏观调控举措，书写了一段化危为机的经济突围传奇。市政府主要领导主持了 59 次经济工作调研、调度会议，力度之大、频度之密、规格之高，在深圳经济发展史上堪称罕见。同时，“工业贸易百人调研服务”行动全面铺开，政府工作人员深入企业一线，摸清经营痛点，为后续政策精准把脉奠定基础。

在政策工具箱的运用上，深圳展现出非凡魄力。财政年度投入 20.7 亿元，设立创投引导资金和企业互保金贷款代偿资金，建立再担保体系，从根源上降低中小企业上市融资成本。在全国首发中小企业短期融资券，推动集合发债，拓宽企业直接融资渠道。针对产业空间瓶颈，深圳加快城市空间二次开发，完善产业用地出让政策，将工业和产业用地出让周期压缩 40 天，解决了 19 家上市公司的用地需求，并启动创新产业用房建设，为企业成长腾出新赛道。

为减轻企业负担，深圳打出政策组合拳：政府垫付 20 亿元电价调节金确保电力供应，降低用电成本；将企业堤围防护费征收标准最高下调 80%；阶段性降低社会保险费缴交标准，有效减轻企业负担近 20 亿元。对拥有自主知识产权的品牌企业和行业骨干，深圳开通服务直通车，由政府领导挂帅成立服务专班，一对一破解企业创新发展中遇到的各种问题。在房地产领域，深圳严格落实国家政策，引导房地产市场平稳健康发展，避免行业风险外溢。

从稳定供应链到激活资金链，从拓展发展空间到降低运营成本，深圳以超常规手段成功扭转经济下滑态势，推动经济触底回升。这场与金融危机的正面较量，不仅彰显了深圳政府强大的宏观调控能力，更成为全国抗击危机的典型样本，为城市经济高质量发展积累了宝贵经验。

智慧物流形成支柱产业

改革开放以来，深圳率先建立起社会主义市场经济体系的基本框架，为物流业发展提供了经济运营空间和产业成长的有利条件。这座敢想敢干的城市，早在市场经济萌芽阶段，便敏锐地捕捉到物流产业的巨大潜力，成为全国首个将现代物流业确立为经济发展支柱产业的开拓者。

早在2003年，深圳就已经显露出物流强市的锋芒。那一年，深圳港以1065.16万标箱的集装箱吞吐量，一举跃居全球第四大集装箱枢纽港，远洋运输货运量达580万吨；机场旅客吞吐量1084.28万人次，货邮吞吐量40.66万吨；全市货运量总数6761.08万吨，港口货物吞吐量11219.54万吨。

到2011年，深圳物流业交出了一份令人瞩目的成绩单。货物运输总量飙升至28900.52万吨，是2003年的4倍多；机场旅客吞吐量达2824.58万人次，货邮吞吐量82.85万吨；港口货物吞吐量攀升至22325.07万吨，集装箱吞吐量突破2257.09万标箱。同年，物流业增加值高达1122.36亿元，占据全市GDP的9.76%，成为支撑城市经济发展的重要力量。

从基础设施建设到经营理念革新，从商业模式创新到服务水平提升，深圳始终以先行者的姿态，在全国现代物流业发展赛道上遥遥领先，向着全球物流枢纽城市的目标稳步迈进。

政企联动打造全球物流枢纽

发展现代物流，企业是主体，政策是保障。自深圳将现代物流业确立为支柱产业，一套不断迭代升级的政策体系便开始编织，不仅为本土物流业保驾护航，更成为全国物流业发展的示范。

2000年，深圳把现代物流业纳入支柱产业版图。两年后，全国首个现代物流发展领导小组在深圳成立，《关于加快发展深圳现代物流业的若干意见》随之出台，提出了九大政策措施，为产业发展指明方向。此后，《重点物流项目认定办法》《重点物流企业认定管理暂行办法》《现代物流业发展专项资金管理暂行办法》等一系列文件密集出台，不断完善政策体系，推动了物流产业从传统管理模式向供应链管理中心转型升级。这些政策既吸引了国内外供应链管理企业来深圳设立国际物流总部、区域配送中心，又为本土综合物流企业与第三方物流企业提供了成长空间。

盐田港中港区（1995 年）

盐田港中港区（2019 年）

2006年，《深圳市现代物流业发展“十一五”规划》擘画出“1271工程”蓝图——1个枢纽、2个基地、7个物流园区和1个物流信息平台，构建起现代物流业的立体框架。到2009年，面对经济形势变化，深圳果断将物流行业扶持资金从预算2亿元提升至3亿元，14项专项资金扶持措施精准覆盖现代物流、航空运输、港口航运三大板块，帮助企业“渡难关、保份额、促发展”。①这些政策红利迅速转化为产业动能，到2009年底，深圳物流企业数量逼近9200家，年营业额超亿元企业达40家，17家企业国际物流业务出口额破亿美元。

政策的持续发力让产业发展节节攀升。2011年，深圳市物流行业扶持资金预算增至3.275亿元，当年全市物流企业数量跃升至14800家，年营业额超亿元企业近百家，重点物流企业从2006年的20家激增至95家。

从政策框架搭建到资金精准滴灌，从产业转型引导到企业培育壮大，政企携手的每一步都扎实有力，推动深圳向着全球性物流枢纽城市稳步迈进。

高端物流迸发创新活力

在政企合力构建全球物流枢纽的坚实基础上，深圳并未止步，而是将目光投向更具竞争力的高端物流领域。2009年，国家发展改革委和商务部正式批准深圳创建全国首个国家电子商务示范城市。依托良好的互联网产业基础，这一契机推动深圳电商交易额呈爆发式增长，电商物流也随之迎来黄金发展期。

为匹配高端物流需求，深圳提出“大物流、大通关、大口岸、大平台”的思路，启动电子口岸建设。这场围绕通关效率的攻坚行动，成为撬动物流升级的关键支点。深圳海关率先在全国推行跨关区“属地申报、口岸验放”的合作模式，打破地域壁垒。截至2009年底，深圳已与全国26个直属海关、363个业务点成功结对，通过这种模式进出口货物3万多宗，物流通关高效顺畅。同

① 深圳市政协文化史和学习委员会．深圳四大支柱产业的崛起：物流[M]．北京：中国文史出版社，2010．

时，深圳海关积极配合盐田港网络化港区建设试点，实现仓储货物“一次申报、一次审单、一次查验”的高效流程，配合 7 天 24 小时不间断运作机制，让物流效率实现质的飞跃。

在技术赋能方面，深圳物流企业紧跟时代步伐。截至 2010 年，深圳大中型物流企业已基本实现物流全过程的信息化管理，超 80% 的中小物流企业拥有物流信息系统及相关物流管理软件。这些努力为深港携手打造全球物流中心、供应链管理中心筑牢数字底座，推动深圳物流产业向着高端化、智能化大步迈进。

物流网链融入产业协同发展生态

深圳的高端物流领域不断迸发创新活力，产业集聚效应也在悄悄改变着这座城市的物流格局。深圳市精心规划的前海湾、机场、龙华、盐田港、笋岗－清水河、平湖六大物流园区，成为物流产业发展的重要载体和良好平台。这些总面积达 22.15 平方千米、建筑面积 1154 万平方米的园区，不仅是物流设施的物理集合，更成为产业要素汇聚、资源高效配置的关键枢纽，持续释放着强劲的辐射带动效应。

在政府和企业的共同努力下，深圳物流行业涌现出一批极具竞争力的企业集群。怡亚通、越海、顺丰等行业领军者，凭借卓越的供应链管理能力、全国化网络布局与资本运作实力，通过服务链条延伸和管理模式革新，完成向高附加值服务领域的华丽转型，深度融入制造业及其他产业的协同发展生态。

专栏

破局者的航道：越海全球物流的创新突围

在全球化经济浪潮奔涌的时代，物流行业竞争如百舸争流。越海以创新为桨，划开传统物流的固有边界，在供应链服务领域开辟出一条独特航道。

1997 年，越海国际船务有限公司在香港启航，5 年后正式扎根深圳，成立深圳越海全球物流有限公司。2012 年 3 月，深圳越海全球供应链有限公司在前海注册成立，是前海管理局成立后首家入驻企业。自诞生起，越海便摒弃单一货运模式，以超前视野整合全球资源，搭建起一体化供应链平台，将采购、运输、仓储、售后等环节串联成精密链条，实现全流程无缝运转。

2005 年是越海发展的关键转折点。其首创的“一体化供应链模式”（“越海模式”）打破行业固有格局。该模式将物流与分销深度融合，凭借灵活性与高效性，被国务院、国家发展改革委认定为中国现代物流产业发展方向，不仅斩获深圳市“创新奖”，更成为长江商学院的经典教学案例。依托这一模式，越海迅速赢得市场青睐，与华为、三星、飞利浦等科技、消费领域巨头达成合作。

如今，越海已构建起覆盖全球的网络：15 个分公司、26 个办事处，国内 8 大供应链管理基地与 32 个二级基地。同时，它持续加大科技投入，引入射频识别技术，搭建智能信息平台，并将 ISO9001:2000 标准纳入管理体系。凭借这些，越海先后获得深圳市重点物流企业、全国供应链创新与应用示范企业等荣誉，从行业新秀成长为领航者。未来，这艘满载创新基因的巨轮，仍将破浪前行，续写供应链服务领域的新篇章。

物联网布局抢占产业先机

当高端物流的信息化变革风起云涌，深圳早已将目光投向更具前瞻性的赛道——物联网。这个横跨 IT 通信、工业制造和物流领域的新兴产业，如同一张巨大的机遇网络，每一处节点都蕴藏着无限可能。与高新技术企业携手布局物联网，成为深圳物流企业突破发展边界、抢占未来市场的全新战略。

2010 年 3 月，一场行业盛会在深圳掀起智慧风暴。深圳市航空运输业协会联合深圳清华大学研究院共同举办航空运输物联网电子货单与无线传感物联网推进论坛。论坛上，各方专家聚焦航空物联网建设，深入探讨如何以技术创新巩固深圳作为国内第四大航空港的战略地位。与会人士一致认为，构建航空运输物联网，不仅能推动航空物流全流程信息化、统一技术标准，更能催生出智能商业模式，助力深圳整合研发、制造、服务全产业链，在未来的航空运输物联网赛道上占据技术和产业的双重制高点。

与此同时，深圳蛇口工业区悄然启动一项重磅计划——筹建全市首个物联网应用示范产业园区。这座以政企合办模式打造的园区，承载着对未来生活与工作方式变革的想象：集装箱智能管理让物流效率飞跃，医生远程会诊打破地域医疗壁垒，手机刷卡付费开启便捷消费新时代。据规划，园区将重点扶持至少 40 家相关企业，带动物联网产业集群快速发展。

2010 年 5 月，深圳市第五次党代会提出立足新起点、肩负新使命，瞄准建设现代化国际化先进城市的目标，成为联手香港、融合珠三角、服务全国、辐射亚太、影响全球的商贸物流中心、国际航运物流中心，落实粤港澳打造世界级新经济区域的战略部署，力争在共建全球性的物流中心方面迈出实质性步伐。

专栏

深圳物博会：全球物流与供应链的智慧交响

在中国物流与供应链领域，中国（深圳）国际物流与供应链博览会自2006年创办后，5年时间里，参展企业就从上百家跃升至上千家，实现了规模和影响力的跨越式发展，迅速跻身“亚洲物流与运输第一展”。

作为汇聚全球优质物流资源的理想平台，物博会有力促进了企业间、行业间、区域间的资源优化配置，推动了优势产业链和供应链的构建。通过展会的宣传推广与理念引领，全社会对现代物流服务和供应链管理的认知不断提升，有效激发了市场活力，推动了物流市场的不断成熟，凸显出现代物流对经济发展的支柱性作用。

物博会致力于打造先进的物流供应链管理模式——从“上游”到“下游”、从“买方”到“卖方”皆在同一平台集中展示。通过构建国际交流合作通道，向外拓展市场、向内压缩成本，并借助品牌提升，延伸服务链条，推动企业实现可持续发展，真正实现互利共赢、长效受益。

同期举办的数百场论坛活动，更是物博会的智慧内核所在。行业精英们汇聚一堂，在主论坛上，顶尖专家用翔实的数据与前瞻的视角，剖析全球物流格局演变；分论坛上，从业者围绕港口链战略、跨境电商物流趋势等议题展开激烈讨论。

经过近20年深耕细作，深圳物博会早已超越展会本身的意义。它不仅是企业展示前沿技术与创新实力、寻求全球合作的优质舞台，更成为中国物流企业走向世界、融入全球供应链的关键桥梁。通过这个平台，中国物流行业的创新成果得以与世界接轨，国际先进的物流理念与技术也在此生根发芽，持续推动国际物流技术革新与理念交融。

“文化立市”推进创意产业发展

21 世纪以来，深圳在坚守高新技术产业作为第一支柱地位的同时，将目光投向文化产业这片充满潜力的蓝海。2003 年，深圳明确提出，要将文化产业打造成继高新技术、物流和金融之后的第四大支柱产业，以高新科技赋能文化创意，走出一条独具特色的发展之路。

“文化立市”战略的提出，不仅是对文化经济发展的敏锐回应，更是深圳主动求变、推动文化与经济深度融合的关键抉择。在这一战略指引下，文化产业不再是城市发展的配角，而是成为驱动经济社会全面协调可持续发展的重要引擎。

自文化产业被纳入国民经济统计体系，深圳便开启了文化产业的高速增长模式。“十五”期间，文化产业增加值以年均 14% 的增速一路攀升，总量接连突破 100 亿元、200 亿元和 300 亿元大关，在全市生产总值中的占比由 2003 年的 4.6% 提高到 6.7%。特别是“十五”中后期，产业发展按下加速键，文化活力全面迸发。

2011 年，深圳文化建设收获丰硕成果，实现了“三个加快”的突破。在文化影响力层面，深圳“十大观念”影响广泛，原创精品《迎风飘扬的旗》唱响大江南北，传递城市精神。公共文化服务体系加速完善，深圳市群众艺术馆及 6 区文化馆均跻身国家一级馆行列，公共图书馆人均藏书量居国内大城市前列，超万场公益性文化活动让文化惠民浸润人心。而文化创意产业更是成为增长极，以 20.5% 的增速快速扩张，占 GDP 比重达 8%，深圳华强方特文化科技集团股份有限公司等 10 家领军企业平均增速超过 30%。

深化文化体制改革

当深圳文化产业以惊人速度崛起，成为城市发展的新支柱，其背后激荡着一场深刻的体制变革。经济特区建立之初，热火朝天的建设浪潮，悄然孕育着对文化产品的强烈渴望。1982 年，西丽湖畔第一家帐篷歌舞厅的诞生，拉开了深圳文化产业发展的序幕。

深圳在文化体制改革的道路上，始终走在前列、开拓创新。1989 年，秉持着“小政府，大社会”的改革思路，深圳率先成立深圳市文化委员会，将文化艺术、广播影视、新闻出版纳入统一管理，并组建全国首支文化市场综合执法队伍——深圳市文化稽查大队。此后数年，管理架构持续优化：1992 年深圳市文化委员会更名为深圳市文化局，同时加挂深圳市新闻出版局、广播电视局牌子；1994 年深圳市文物管理委员会在市文化局挂牌；1996 年深圳市版权局牌子也正式加挂，“大文化”管理架构逐步成形。2003 年，深圳被中央确定为全国 9 个文化体制改革综合性试点地区之一。

2003 年 1 月，深圳市委三届六次全会正式确立“文化立市”战略，并提出将“文化立市”与“科教兴市”“依法治市”“可持续发展”等战略放在同一高度，成立深圳市文化立市及文化体制改革与文化产业发展领导小组，为战略实施筑牢组织保障。“文化立市”的战略目标，即到 2010 年，基本建立起适应社会主义市场经济要求，达到国际先进水平的城市发展格局、文化管理体制及运行机制，使深圳广大市民的综合素质普遍提高，实现文化繁荣、科技实力雄厚；具有先进配套的文化设施、充满活力的文化体制、一流的文化精品、强大的文化产业、繁荣有序的文化市场、独具特色的现代海滨城市形象、丰富多彩的群众文化生活；文化产业成为新的经济增长点，文化发展主要指标全国领先，文化综合实力和竞争力达到国际先进水平。

这一目标的明确，成为深圳文化发展的关键转折点。2004 年 3 月，深圳市委、市政府召开文化立市战略工作会议，全面部署实施各项工作，提出建设“两城（图书馆之城、钢琴之城）一都（设计之都）一基地（动漫基地）”的构想，丰富了城市文化发展内涵；明确改革文化管理体制，健全文化微观运行机制、文化投融资体制等 8 项改革任务。

2005 年 5 月，深圳市第四次党代会正式提出把文化产业打造成第四大支柱产业的目标。同年 11 月，市委、市政府召开全市文化产业工作会议，这是深圳建市以来首次就文化产业发展召开的高规格、大规模会议。会议有针对性地提出“十个一”工作部署，即确立“一个定位”、召开“一个会议”、出台“一个决定”、设立“一项资金”、制订“一个规划”、拟订“一个条例”、推出“一系列配套政策”、建设“一批基地”、打造“一个平台”、成立“一个机构”。

2006年，深圳市政府文化产业发展办公室正式成立，负责制订文化产业发展的规划和配套政策，以及提供协调、管理、行业指导和相关的公共服务。

2007—2008年，深圳市政府相继出台《深圳市文化产业发展“十一五”规划（2006—2010）》和《深圳市文化产业发展规划纲要（2007—2020）》，率先制定全国首部支持文化产业发展的地方性法规——《深圳市文化产业促进条例》。自2007年起，专项资金正式投入运作，重点支持一批原创能力强、成长性高的文化企业和项目。“十一五”期间，深圳市、区两级财政累计安排文化产业发展专项资金8.5亿元。

一系列政策措施的出台，推动了文化产业体制机制不断完善，政策体系日益健全，产业发展环境持续优化，公益文化的社会化运作机制加快建立。同时，文化市场综合执法体系不断健全，文化生产力进一步释放，为文化产业的快速发展注入了强大动力。

园区建设发掘文产新机

随着文化产业的发展步入快车道，面对土地资源紧缺的刚性约束，深圳另辟蹊径，以产业园区建设为突破口，走出了一条文化产业集聚发展的创新之路。

政府相继出台《关于建设文化产业基地的实施意见》等一系列政策文件，着力打造公共技术、服务和信息平台，以政策的磁石效应吸引优质文化产业园区和基地落户深圳。同时还巧妙地将城市更新与文化产业发展相结合，鼓励各区依托自身优势，对旧工业区、旧商业区、旧住宅区、城中村等进行改造，让老旧空间焕发新生，孕育出华侨城创意文化园、观澜版画村等一批特色鲜明的文化产业地标。

截至2009年11月，全市已建成文化产业园区45个。其中，华侨城集团公司、大芬油画村、雅昌文化集团、深圳古玩城文物监管物品有限公司等5家单位被评为国家级文化产业示范基地，华侨城集团公司还荣获国家级文化产业示范园区称号；环球数码媒体科技研究（深圳）有限公司、腾讯等 4 家单位被评为广东省文化产业示范基地；中国（深圳）设计之都田面创意产业园等 4 家单位被广东省文化厅命名为第二批广东文化（创意）产业园区；深圳市嘉兰图设计有限公司等 23 家企业入选深圳市文化产业园区和基地名录。

从国家级到省市级，不同层级的示范园区和基地相得益彰，形成了梯度发展、协同共进的良好格局。它们不仅是文化企业的集聚地，更是创新创意的孵化器，为拉动深圳文化产业发展、提升产业运行质量提供了重要支撑。

“文化 + 科技”新业态培育

凭借深厚的高新技术产业根基，深圳走出了一条极具特色的文化产业发展之路，催生出众多以数字内容为内核、自主知识产权为支撑的高成长型文化科技企业，让文化产业活力大增。

腾讯作为行业领军者，注重加强科研创新力量，在互联网信息和网络游戏领域不断推陈出新。凭借强大的技术实力与创新能力，2009 年腾讯收入突破 100 亿元，成为互联网时代的标杆企业。A8 新媒体集团有限公司一直以来专注于新媒体原创音乐领域，凭借独特的商业模式与创新理念，2008 年成功在香港主板上市，为音乐产业的数字化转型提供了范本。

华强方特自主研发的环幕立体电影系统及影片，凭借领先的技术水平与优质的内容创作，成功打入美国、加拿大等国家的市场，让中国文化科技产品在国际舞台上崭露头角。成立于 2005 年的深圳华视传媒集团有限公司，抓住移动互联网发展机遇，通过自主创新，成功打造出全球最大的户外数字移动电视广告联播网。截至 2010 年，其业务覆盖全国 26 个经济发达城市，开创了户外媒体传播的全新模式。

这些文化科技龙头企业以科技赋能文化，用文化丰富科技内涵，共同推动深圳在动漫、网络游戏、数字视听等新兴领域抢占先机，照亮了深圳文化产业的创新之路。

公共文化服务繁荣市民生活

在文化科技融合的创新发展之外，深圳对文化服务事业的深耕同样令人瞩目。这座城市从一片文化设施匮乏的土地起步，以持之以恒的建设与创新，逐步构筑起覆盖全社会的文化服务网络，让文化的温暖与力量浸润每个角落。

兴建文化设施的崛起之路。深圳经济特区初建时，人民电影院、深圳戏院和深圳展览馆等简陋设施，是这座城市仅有的文化印记。即便财政紧张，深圳依然在建设的第一个10年间兴建了深圳大剧院、深圳博物馆（老馆）、深圳图书馆（老馆）等八大文化设施。此后，关山月美术馆、特区报业大厦等相继落成。2000年初以来，深圳音乐厅、深圳图书馆（新馆）、深圳中心书城等又一批重大文体设施拔地而起。这些兼具艺术美感与实用功能的地标性建筑，不仅填补了城市文化空白，更勾勒出深圳文化发展的时代脉络。截至2011年底，深圳已构建起市、区、街道、社区四级公共文化设施体系。全市有各类公共图书馆639座，公共图书馆总藏量2491.90万册（件），比上年增长8.5%；拥有区级及以上博物馆、纪念馆25座；拥有广播电台1座，电视台2座，广播电视中心3座，有线广播电视站20座，广播、电视人口覆盖率达100%；全年

福田中心区音乐厅和图书馆

出版报纸75232万份，期刊2453万册，图书1085.60万册。深圳还率先推广“全民阅读”，建设“图书馆之城”，2013年深圳被联合国教科文组织评为“全球全民阅读典范城市”。

繁荣市民文化生活。经济特区建立之初，“大家乐”舞台以“自愿、自荐、自费、自演、自娱、同乐”的形式赢得群众的喜爱，开“广场文化”的先河。此后，根据市民文化需求，深圳不断改进公共文化服务。“画梦”搭建起普通市民参与文化创造的平台。“美丽星期天”音乐公益活动让高雅艺术走入寻常百姓家。周末音乐会、周末剧场、周末电影、周末沙龙等文化服务成为市民周末文化休闲娱乐的重要选择。针对庞大的外来务工群体，深圳积极开展流动演出、流动展览、流动电影、流动图书馆等“流动文化”服务，举办满足多层次需求的社区广场和节日文化活动。从2007年3月开始，图书馆、博物馆、美术馆、群艺馆等市属公益性文化场馆全部免费向公众开放，同时探索对高雅艺术进行票价补贴，使人民群众得到更多实实在在的文化福利。

发展新闻出版事业。建市初期，深圳新闻出版事业基础十分薄弱，全市只有一家新华书店和两家印刷厂。经济特区建立后，市委抓紧舆论阵地建设。1981年6月，《深圳特区报》开始试刊，1982年5月正式创刊；1989年，《深圳商报》诞生。2002年，深圳特区报业集团与深圳商报社两大报社整合成立深圳报业集团，旗下拥有10报、5刊、5类不同性质的网站和1家出版社，整体实力跻身全国前列。图书发行领域同样成绩斐然：1996年，深圳书城在国内首次以“书城”命名开业，并于当年成功举办了第七届全国书市。2004年6月，深圳发行集团在深圳书城正式挂牌成立，成为深圳市三大文化产业集团之一。2007年11月，深圳发行集团与海天出版社合并，成立深圳出版发行集团公司。深圳出版发行集团、深圳图书批发中心、邮政报刊零售亭等组成的出版物销售网络，让知识的传播触手可及。

从文化设施的夯基垒台，到公共服务的创新实践，再到新闻出版的蓬勃发展，深圳以全方位的文化服务体系建设，书写着城市文化繁荣的生动篇章，让文化真正成为滋养市民心灵的精神沃土。

专栏

深圳读书月：点亮城市的文化灯塔

2000 年，首届深圳读书月正式启动。作为国内极具影响力的大型综合性群众读书文化活动，深圳读书月每年 11 月都会在鹏城举行，持续滋养着这座城市的文化土壤，重塑着市民的精神世界。

读书月以丰富多元的活动矩阵，构建起立体的文化盛宴。2024 年，深圳读书月推出“名家领读、双城共读、全民乐读、青年善读、云端智读”五大内容板块，共计 339 项、2500 场活动。从思想激荡的阅读分享会，到书香四溢的图书展销会，再到激发创作热情的写作大赛，每个板块都吸引着不同群体的深度参与。在阅读分享会上，专家学者、知名作家轮番登台，将创作感悟与人生思考娓娓道来，引发听众的强烈共鸣。

为打破参与壁垒，深圳读书月构建起线上线下融合的立体化参与网络。线下，超 1000 场阅读活动点遍布全城，让市民在家门口就能邂逅书香；线上，官方精心打造数字阅读平台，推出系列云端阅读活动，通过直播分享会、线上读书会等形式，让无法亲临现场的市民也能实时参与互动，真正实现阅读“永不落幕”。

读书月始终以营造全民阅读氛围为使命，通过“年度十大好书”评选等品牌活动，为市民遴选优质精神食粮。围绕这些精选书目展开的深度分享与研讨，如同火种，点燃了市民的阅读热情，让知识的力量在交流中不断传递。

在推动全民阅读的道路上，读书月尤为注重对不同群体的精准覆盖。针对青少年，“青少年读书月”以主题征文、演讲比赛等形式，培养他们的阅读兴趣与表达能力；为务工人员量身打造的“劳务工图书馆”，则以丰富的馆藏资源，慰藉奋斗者的精神世界。历经 20 余载耕耘，深圳读书月早已超越活动本身，成为镌刻在城市记忆中的文化符号。

从“文博会”到“设计之都”

在文化服务事业蓬勃发展的同时，深圳以搭建多元交流平台为支点，撬动文化产业发展的无限可能。这座城市用一场场盛会、一个个称号、一次次改革，编织出连接本土与世界的文化纽带。

2002 年，深圳市委、市政府将文化体制改革与产业发展作为四大重点调研课题之一，提出文博会的构想。2003 年 10 月，《深圳国际文化产业博览会总体方案》正式出台。2004 年 1 月，文博会项目获文化部支持立项，由多部门联合主办。同年，文博会领导小组正式成立，筹备工作紧锣密鼓展开。11 月 18 日，首届中国（深圳）国际文化产业博览会惊艳亮相，主办单位阵容包括文化部、国家广电总局、国家新闻出版总署、广东省政府与深圳市政府，实现由深圳市到广东省，再到国家主办的“三级跳”。作为国际展览联盟认证展会，文博会自此成为全国唯一的国家级文化产业博览交易盛会。

自 2005 年起，每年一届的创意设计高端活动轮番上演、精彩纷呈，“创意引领未来，设计改变生活”的理念深入人心。深圳设计不仅成为城市的鲜明标识，更推动设计产业日益成为深圳转变经济增长方式、实现创新驱动的有力抓手。另外，作为国家动漫产业基地，深圳凭借深厚的漫画，二、三维动画和游戏软件的加工能力，率先开展海外动画加工业务，截至 2006 年，深圳的动漫产业规模已跃居亚洲第一、世界第四。2008 年，深圳迎来高光时刻——被联合国教科文组织纳入全球创意城市网络，荣膺“设计之都”称号，成为全球第六个、中国首个获此殊荣的城市。这一荣誉极大地调动了深圳创意设计行业从业者的热情，开启了深圳创意设计行业的蓬勃发展之门。

2009 年，深圳推进大部制机构改革，原市文化产业发展办公室合并至深圳市文体旅游局。11 月 16 日，深圳文化产权交易所（简称“文交所”）正式挂牌成立，近百项文化产权项目挂牌交易。文交所积极推动中国（深圳）文化产业投资基金设立，搭建起专业化、市场化、高效化的投融资平台，吸引大量社会资本进入文化产业领域。12 月 6 日，《中共深圳市委 深圳市人民政府关于促进创意设计业发展的若干意见》出台。作为全国首个针对城市创意设计业发展的专项政策，它明确了建设国际创意文化中心的总体目标，以及将创意设计业打造成为深圳市文化产业支柱行业的具体目标。次日，国内首个法定“创意设计日”在深圳设立。

深圳文化创新的动力，来源于不断成熟的文化市场所支撑的不断壮大的文化产业，文化产业位于文化创新体系的核心。文化产业与文化市场发育以及城市年轻移民群体的消费需求相契合，在奠定深圳文化创新的物质基础的同时，还建构了务实创新的市场观念。文化产业优势一旦形成，又反过来为深圳精神、城市品格和城市形象提供了内在驱动力。[①]

从国家级文博会的崛起，到“设计之都”的加冕，再到文化产权交易与创意设计政策的创新突破，这些都体现了深圳文化创新发展的关键路径。其蓬勃动力，既源于文化市场与产业的深度融合，也扎根于岭南文化的深厚土壤，两者交织成独特的文化生态，推动深圳在创新之路上不断突破。

① 傅才武，王星星．新兴移民城市发展的文化“跟进—引领”范式：深圳叙事[J]．山东大学学报（哲学社会科学版），2021(1)：18–34．

深圳文博会：文化产业的关键平台

2003 年，深圳以“文化立市”战略为号角，率先吹响提升城市文化软实力的冲锋号。次年 11 月，首届中国（深圳）国际文化产业博览会惊艳亮相。自此，文博会逐渐成长为中国文化产业的“晴雨表”与中华文化走向世界的金色桥梁。

20 余年栉风沐雨，文博会早已超越单纯的展会范畴，不仅是琳琅满目的文化产品大展台，更化作活力涌动的文化产业大集市。自首届举办以来，深圳文化产业增加值由 2004 年的 163 亿元一路攀升至 2023 年的 2750 亿元。这场盛会吸引着全国乃至全球的文化企业、优质项目与海量资本在此汇聚，催生出蓬勃的产业集聚效应，稳固了深圳在全国文化产业版图中的关键地位。

漫步文博会现场，千年传承的苏绣针脚细腻、宜兴紫砂壶古朴雅致，古籍善本承载岁月沧桑；与此同时，AI 创作的音乐灵动新颖，区块链赋能的数字艺术品闪烁着科技光芒。传统与现代、东方与西方的文化瑰宝在此相得益彰，既为文化产业注入强劲的经济动能，也为企业搭建起互通有无的广阔舞台。

成长于深圳这片沃土的文博会，恰似一颗孕育着国家文化梦想的种子。寒来暑往间，它在特区的滋养下生根发芽、茁壮成长。文博会的发展轨迹，始终与深圳的文化战略紧密相连——从“文化立市”到推进“文化强市”，深圳坚持深化文化体制改革，为文博会的壮大提供了坚实支撑。如今，文博会已成为中国文化产业领域规格最高、规模最大、最具实效与影响力的综合展会，持续满足着人民群众日益增长的精神文化需求。它不仅有力提升了深圳的城市影响力，更成为助推中国文化创意产业繁荣发展的重要力量。

第三节 开放协同共建全球创新极

随着文化产业的蓬勃发展，深圳以更宽阔的视野，锚定全球创新极的目标，将发展的触角伸向更广阔的天地。

这一时期，深圳全面深化深层次改革，扩大高水平对外开放。在深港合作领域，深港“1+8”、“深港创新圈”、深港“1+6”等一系列协议成功签署。随着深圳湾、福田口岸的开放，跨境大型基础设施建设如火如荼，口岸通关合作日益顺畅。两地在高新技术、金融、现代服务业、旅游等领域的交流合作持续升温，教育科技领域的协同创新也渐入佳境。

同时，深圳积极融入区域发展大局，深度参与珠三角、泛珠三角地区合作，加快落实《内地与香港关于建立更紧密经贸关系的安排》(CEPA) 及“9+2”合作框架。这一系列举措，不仅为深圳拓展了发展腹地，更让这座城市在区域协同中找准定位，实现资源共享、优势互补。

在对外开放的征程上，深圳步履坚定。一方面，全力稳住外贸基本盘，推动进出口规模稳步增长；另一方面，以更开放的姿态吸引全球资本，全域发力服务贸易，加快提升城市国际化水平。这座城市勇担改革先锋使命，积极探索制度型开放路径，为国家构建更高水平开放型经济新体制积累宝贵经验，向着全球创新极的目标稳步迈进。

深港合作发展：区域深度合作促进创新

深圳与香港，因山水相连而地缘相近，因血脉相亲而人缘相通。回溯深圳经济特区初创岁月，港商纷纷来此投资办厂，成为促进深圳经济腾飞的重要力量。香港回归祖国后，尤其是中国加入世贸组织、内地与香港建立更紧密经贸关系以来，深港合作逐渐向更广泛领域和更高水平发展，形成优势互补、合作双赢的坚实格局。

深港政策协同

为加强深港合作，1996年6月，深圳市委、市政府制定了《深港经济衔接方案》，系统提出全面加强与香港经济合作的构想，为两地携手发展勾勒出初步蓝图。2003年6月29日，《内地与香港关于建立更紧密经贸关系的安排》正式签署，这一里程碑式的协议，标志着内地与香港的经贸合作进入全新阶段。此后，深港两地政府签署一系列协议，持续深化互惠互利、优势互补的合作关系。

2004年6月1—3日，首届泛珠三角区域合作与发展论坛在粤港澳召开，泛珠三角区域政府领导人签署了《泛珠三角区域合作框架协议》（简称“9+2”合作协议），确定了自愿参与、市场主导、开放公平、优势互补和互利双赢五大原则，共同开展基础设施、产业与投资、商务与贸易等十大领域合作。2004年6月17日，深圳市政府代表团赴港，与香港特别行政区政府进行了广泛而深入的会谈，签署了《关于加强深港合作的备忘录》，并围绕法律服务、经贸合作和投资推广、旅游、科技等领域，达成8个合作协议（即“1+8”协议）。这些协议的落地，推动深港合作驶入快车道。随着深圳朝着建设国际化城市的目标稳步迈进，深港合作也进入了更高水平、更宽领域、更深层次的全新发展阶段。

为进一步加强经贸合作，促进泛珠三角区域资源整合，实现区域共同繁荣，2004年11月12日，1000多名来自香港及珠三角地区的工业领袖、厂商和政府官员参加粤港两地工商界一年一度的盛会——2004香港珠三角工商界联合晚会，共商粤港、深港经济合作发展大计。

2005年1月，深圳市政府发布《深圳市融入泛珠三角区域合作实施方案》，

以 164 项合作项目为切入点，进一步明确深港经济合作的重要作用和关键地位，提出将深圳打造为香港金融业的后台服务中心和拓展内地市场的主要基地。同年 9 月，市政府代表团访港，首次提出“向香港学习、为香港服务”的口号。

2007 年 5 月 21 日，《香港特别行政区政府、深圳市人民政府关于“深港创新圈”合作协议》正式签署。双方达成 100 余项共识，并约定高层每年定期举行会议，这标志着深港合作迈入新的历史阶段。根据该协议，两地将携手构建跨城市、一体化的区域创新体系和产业聚集带，在创新人才、设备、项目信息资源等方面加强交流与共享，鼓励科研机构积极开展科技管理及研究人员互派学习活动，推动科技园区和中介服务机构合作，同时深化在医疗卫生、环境保护、食品药品检验、出入境检验检疫等公共服务领域的科技合作与交流。此外，协议还提出深港计划共同出资支持两地企业和科研机构合作开展创新研发项目。

深圳湾出入境口岸航拍图

2007 年 8 月，由深港双方研究机构共同主办的“港深合作论坛”在香港举行，以“共建国际大都会”为主题。12 月 18 日，深圳市政府代表团再度访港，与香港特区政府举行深港合作会议，签署“1+6”协议。其中，“1”指《关于近期开展重要基础设施合作项目协议书》，双方同意成立深港机场合作联合专责小组和深港边界区发展联合专责小组；“6”涵盖《加强深港环保合作协议》《深港加强城市规划合作协议》《深港加强和促进服务贸易合作备忘录》《双方旅游合作协议》《深港创新圈互动基地合作备忘录》《医疗护理交流合作安排》。这些协议的签署，推动深港合作开启崭新篇章。根据协议，深港两地率先落实跨境基础设施建设合作及深圳户籍居民“一签多行”旅游协议。

2007 年 7 月 1 日，深圳湾口岸正式启用。8 月 15 日，福田口岸也顺利开通。至此，深港两地自东向西建成沙头角、文锦渡、罗湖、皇岗、福田、深圳湾等一线陆路口岸，构建起无缝对接的便利通关设施，形成“东进东出、西进西出”的大通关格局。每天，庞大的人流、物流经陆路口岸穿梭往来，不仅放大了香港作为国际大都市对内地的辐射力，也让深圳借势进一步走向国际。深港双方通过节日过境小组会晤制度、日常边境联络官联络制度、突发事件应急处理等工作机制，及时沟通、共享信息，实现了双方口岸的互动和联动。皇岗口岸实行旅客 24 小时通关，是深港口岸得以实现全天候无缝对接的关键。深圳海关、边检、检验检疫等口岸联检单位与港方对口单位就深圳湾口岸一地两检达成协议，出入境旅客通关时只需上下车一次，较传统查验模式节省 5 ~ 10 分钟；深港海关共同推进跨境快速通关模式，实现货物点对点监管。

2008 年，深港、深澳合作会议首次在深圳举行，开启了区域合作新的一页。“深港创新圈”建设加速推进，深港河套地区综合开发研究取得新突破，两地在联手应对金融危机上达成共识，合作关系进一步巩固。自 2009 年 4 月 1 日开始，深圳户籍居民可办理 1 年多次往返香港个人旅游签注。同年 11 月 30 日，深港两地合作会议在香港举行，决定成立深港前海合作联合专责小组，并签署《深化“深港创新圈”建设合作安排》《深圳学校试办港人子弟班合作协议》《2010 年文化及体育交流合作协议》《关于水生动物疫病检测的合作安排》《旅游合作协议》《深港创新圈创新技术科技合作协议》《香港大学深圳教学医院合作安排》7 项协议，持续拓展合作的广度与深度。

2010 年 8 月，在深圳经济特区建立 30 周年之际，国务院批复同意《前海深港现代服务业合作区总体发展规划（2010—2020 年）》，明确将前海建设成为粤港现代服务业创新合作示范区；要求加强统筹规划，集中优势资源，发展总部经济，促进现代服务业集聚，增强资源配置和集约利用能力，把前海打造成为全国现代服务业重要基地和具有强大辐射能力的生产性服务业中心，引领中国现代服务业升级发展。2011 年，深圳持续加强区域合作，拓展发展空间，出台《深圳经济特区前海深港现代服务业合作区条例》，初步建立法定机构运作模式；推动建立前海部际联席会议制度并召开第一次会议，形成统筹前海开发开放的国家级协调机制，前海先行先试特殊政策也上报国家审批。

“深港创新圈”

在深港政策协同的坚实基础上，两地投资与贸易合作蓬勃发展。跨境设施的互联互通与“一签多行”政策的实施，促进了两地人员、物资的交流，“深港创新圈”则进一步提升了深圳与香港两地的经贸合作水平。

2008 年 1 月 11 日，深圳市委四届八次全会提出要全面发展与香港更紧密合作关系，进一步拓展深圳开放的广度和深度；同时，香港被明确视为深圳对标世界一流城市的参照和榜样。5 月 5 日，深港创新及科技合作督导会第二次会议在香港举行，深港双方分别与美国杜邦公司落实了首个“深港创新圈”合作项目；11 月 13 日，深港合作会议在深圳召开，《落马洲河套地区综合研究合作协议书》《教育合作协议》《加强深港清洁生产工作合作协议》《更进一步加强文化合作协议》《双方旅游合作协议》5 个合作框架协议相继签署，进一步拓宽了合作领域的边界。

截至 2008 年 3 月，深港创新圈以深圳皇岗口岸为圆心、1 小时车程为半径，聚集了 46 家深港科研机构、60 家重点实验室、70 家工程技术中心和近 300 家通过国家认定的高新技术企业，旨在整合两地科研资源，形成产业链，提升深港地区和珠三角区域的自主创新能力。2009 年 3 月 31 日，在深圳召开的深港创新及科技合作督导会第三次会议原则通过《深港创新圈三年行动计划（2009—2011）》。截至 2011 年底，一系列成果落地开花：比亚迪在香港科学园设立电动车研发中心，并与香港汽车零部件研发中心签订合作备忘录共同开发电动车；香港城市大学、香港理工大学等高校的深圳产学研基地建成投入使用，部分实验室按计划入驻；香港大学深圳研究院挂牌成立；香港应用科技研究院等机构也通过在深分支机构，持续深化与深圳的合作。

香港与深圳的经贸纽带，早已嵌入彼此发展的脉络之中。作为深圳外商投资的最大来源地、重要贸易伙伴和对外投资地区，香港在深圳经济版图上占据着举足轻重的地位。截至 2007 年底，全市累计批准港商投资项目 36677 个，合同港商投资额达 4623165 万美元（含其他国家 / 地区在港注册公司来深投资项目），实际使用港资 3229874 万美元，分别约占全市总量的 80%、60%、

60%。同期，149 家深圳企业在香港设立境外投资企业，协议投资额 4.23 亿美元，占深圳企业对外投资协议总额的 19.62%。众多深圳企业以香港为桥梁，开展海外收购、融资、上市等业务，使香港逐步成为深圳企业资本运作的重要平台。2009 年，深圳产品出口香港 612.60 亿美元，占出口总额的 37.8%；2011 年，深圳规模以上工业增加值达 5228.78 亿元，其中外商及港澳台投资企业贡献的增加值达 2781.15 亿元。

协同体系深化

在深港投资贸易合作渐入佳境之际，两地在金融、旅游、科技等领域的协同合作也全面铺开。

金融合作。1997 年 3 月，深圳首个在港上市的 H 股——深圳高速公路在香港成功实现全球发行，成为内地第二只登陆港股市场的股票，为深港金融合作拉开精彩序幕。此后，合作进程不断加速：2002 年 2 月，深圳“金融联”与香港银行卡网络 EPS（易办事）成功对接；6 月，深港开通港币支票的双向结算业务，将国际票据结算变为同城票据结算；12 月，深圳外币即时支付系统顺利实现了与香港系统的联网，使两地外币支付结算达到国际顶尖水准。

经国务院批准，自 2004 年 2 月 25 日起，香港银行正式开办个人人民币存款、兑换、汇款和银行卡业务，随后人民币银行卡内地使用和个人人民币支票业务相继开通。2007 年，国务院批准内地金融机构在香港发行人民币债券。在中国人民银行总行的统一部署下，中国人民银行深圳市中心支行为香港人民币业务提供具体清算安排，标志着深港金融合作进入崭新阶段。截至 2007 年 4 月底，香港共有 38 家银行开办了人民币业务，香港人民币存款余额已达 255 亿元，见证着两地金融合作的丰硕成果。

旅游合作。1998 年，深港专门成立旅游专家联合小组，共同谋划合作蓝图。1999 年，两地旅游行业共同签订旅游合作计划书，为合作奠定坚实基础。2001 年，深圳成为珠三角 9 个实施 144 小时便利措施的城市之一，进一步促进人员往来。2004 年 6 月，深港旅游部门签署了旅游合作协议，标志着两地旅游合作进入紧密发展阶段，游客往来更加频繁，旅游资源共享程度不断提升。

科技合作。2007 年 5 月，深港两地政府签订《深港创新圈合作协议》，聚焦科技合作，旨在通过整合各类创新要素，推动多领域协同发展，打造创新资源集聚高地。为保障协议落地，双方达成多项共识，并建立高层会晤机制。10 月 15 日，深港合作共建的深港生产力基地在第九届高交会期间正式揭幕。作为深港创新圈首个项目，深港生产力基地标志着深港科技协同创新迈出坚实步伐，展现出广阔的发展前景。

开放型经济提质增效

在深港区域合作持续推进的背景下，深圳的开放型经济也在不断实现转型升级。2007 年，《中共深圳市委 深圳市人民政府关于大力实施“走出去”战略的决定》发布，标志着深圳首次把“走出去”纳入城市重点发展战略，鼓励企业以并购、参股、技术和品牌投资等多种方式开展跨国经营，并大力扶持航母型企业，培育本土跨国公司。至 2011 年，深圳外贸出口总额连续 19 年位居内地大中城市榜首。

高质量引进外资

自 2001 年中国加入世贸组织后，深圳引进外资进入稳定发展和质量提升阶段。2003 年 6 月 4 日，《深圳市应对入世行动纲要》正式发布，不仅建立起反倾销预警机制，为企业应对境外贸易诉讼保驾护航，还全面推进“大通关”建设，大幅提升口岸通关效率。这一年，宜家、欧倍德、塔吉特等世界知名跨国企业纷纷来到深圳；全年实际利用外资 50.42 亿美元，其中外商直接投资达 36.23 亿美元，同比增长 13.6%。

2000—2004 年，深圳大力实施科技兴贸战略，努力开拓新兴市场。通过完善口岸通关服务，加快发展保税区、出口加工区以及成立深圳市世贸组织事务中心等举措，积极应对贸易风险和摩擦。这一时期，世界 500 强企业来深投资已逾百家。随着中国加入世贸组织和内地与香港更紧密经贸政策红利释放，服务贸易领域对外开放步伐加快。2005 年，实际引进外商直接投资 29.69 亿美元，同比增长 26.3%；高新技术产品出口达 470.9 亿美元，占全市出口总额的 46.4%；同时制定《深圳市应对入世后过渡期行动纲要》，建立进出口与产业损害预警系统。这一年，深圳企业“走出去”步伐显著加快，对外承包工程业务合同额、营业额分别增长 109.5%、64.1%，呈现了加速发展、质量提升、结构优化的发展态势。

2001—2006 年，深圳市累计签订协议 1.57 万宗，协议利用外资 318.85 亿美元，实际利用外资 260.29 亿美元。2007 年，全市新批外资直接投资项目 4200 个，同比增长 35.27%；合同利用外资 85.72 亿美元，同比增长 62.83%；实际利用外资 36.62 亿美元，同比增长 12.04%。其中，投资总额千万美元以上项目 229 个，第三产业吸收的合同外资和实际外资占比分别是 70.8% 和 48.5%。截至 2007 年底，深圳累计批准外商直接投资项目 36983 个，合同利用外资 624.9 亿美元，实际利用外资 374.31 亿美元。全市累计共有 148 家世界 500 强企业，在深圳投资项目 274 个。

2011 年，深圳吸引外资的势头依旧强劲。全年新签外商直接投资合同项目 2513 个，合同利用外资金额 76.33 亿美元，分别比上年增长 30.3% 和 35.1%；实际利用外资金额 45.99 亿美元，与 2003 年的 21.29 亿美元相比，累计增长率约 116.0%，年复合增长率约 10.1%。

对外经济贸易

随着国家大力实施“走出去”战略，深圳率先在投资主体多元化、鼓励发展境外加工贸易、支持境外研发中心建设等方面开展了大胆的改革和探索。截至 2007 年底，全市共有经批准设立且运作正常的境外企业和机构 436 家，遍布世界五大洲 80 多个国家和地区；累计协议投资总额达 21.56 亿美元，其中中方协议投资额为 18.71 亿美元。深圳对外直接投资存量在全国大中城市中仅次于上海，名列第二。

华为、中兴、大族激光等一批深圳企业脱颖而出，凭借强大的国际竞争力，在全球市场站稳脚跟。这些企业不断创新对外投资模式，从单纯的业务拓展迈向资本运作的更高层次，逐步实现资金、技术、市场、人才等资源的全球优化配置，成为中国企业“走出去”的标杆。

在对外贸易领域，深圳亦取得突出成就。2003—2011 年，外贸进出口总额从 1173.99 亿美元增至 4141.00 亿美元；进口总额由 544.37 亿美元增至 1685.74 亿美元；出口总额更是从 629.62 亿美元增至 2455.25 亿美元，实现了巨大增长。2004—2011 年，深圳出口总额在全国与全省的占比始终稳定在 13% 和 45% 左右，持续发挥着外贸主力军的重要作用，为中国对外贸易发展贡献着深圳力量。

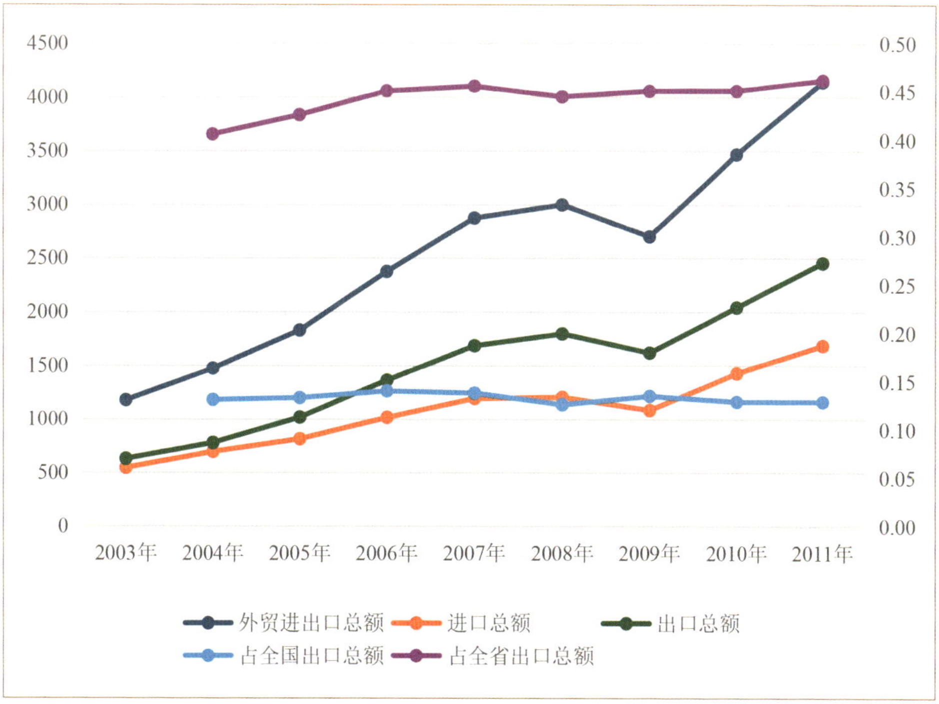

2003—2011 年深圳市外贸进出口总额相关变化（单位：亿美元）

服务全球化

在外向型经济蓬勃发展、对外贸易持续跃升的进程中，深圳敏锐捕捉到全球经济转型趋势，以服务外包为突破口，加速融入服务全球化浪潮，实现产业结构的深刻变革与经济发展的转型升级。

短短 20 余年，深圳从昔日的边陲小镇一跃成为现代化大都市，关键在于精准把握上一轮国际产业转移机遇，深度融入经济全球化，依托外资引进构建起以加工贸易为主体、电子信息产业为支柱的工业体系。

进入 21 世纪以来，全球经济由工业经济向服务经济转型趋势进一步加快，国际产业转移从制造业独大转向制造业和服务业并重。随着信息技术革新、服务业产业链延伸和专业化分工的需要，服务业跨国投资热潮兴起，服务外包成为全球服务业转移的显著特征。

深圳迅速响应这一趋势。2006 年 10 月 23 日，深圳迎来重要时刻，成功入选首批中国服务外包基地城市。12 月 28 日，深圳市政府印发《关于加快深圳市服务外包发展的若干规定》，为服务外包产业发展提供政策支撑。在政策的有力推动下，城市产业结构持续优化。2008 年，深圳三大产业结构比例调整为 0.1：48.9：51.0，第三产业比重超过第二产业，这是深圳经济结构调整的标志性事件。

与此同时，深圳大力支持高新技术企业开展境外承包工程和劳务合作。截至 2008 年，深圳对外承包工程和劳务合作领域累计合同额达 159.98 亿美元，营业额 133.45 亿美元，年均增速超 50%。这些数据不仅彰显了深圳企业在国际服务市场的竞争力，更见证了深圳深度参与服务全球化、推动经济高质量发展的坚定步伐。

第四节　可持续发展的中国方案

为推动城市可持续发展，深圳继续深化行政管理体制改革，探索长效人口治理机制，同步推进土地改革与空间优化，努力建设资源节约型、环境友好型城市，全方位促进社会和谐，走出了一条独具特色的现代化城市发展之路。

大部制行政机构改革

为贯彻落实国务院《珠江三角洲地区改革发展纲要（2008—2020年）》，深圳因地制宜制定《深圳市综合配套改革总体方案》，明确将深化行政体制改革作为核心任务，着力转变政府职能，完善大部门管理体制，并积极推进城市行政区划及管理体制改革。事实上，早在2004年，深圳便在全国率先启动以大部制为特征的政府机构改革，对文化、交通、城管等多个部门进行整合优化，探索行政改革的路径。

2009年7月31日，经中央编委和广东省委、省政府批准，《深圳市人民政府机构改革方案》正式印发，标志着新一轮行政管理体制改革全面启动。8月5日，深圳市四届人大常委会第三十二次会议任命16位新组建政府部门的主要负责人。9月8日，新组建部门挂牌仪式隆重举行，机构改革“三定”（定主要职责、内设机构、人员编制）方案同时公布。此次改革力度空前，政府部门数量从46个减少至31个，精简近1/3，80%的工作部门完成整合；同时，减少内设、下设及派出机构151个，削减领导职数394名、人员编制492名，撤并事业单位60个。11月8日，新华社高度评价此次改革，称其为应对金融危机的改革突围。此后，深圳继续为全国行政管理体制改革探路，不断完善和健全政府机构设置。2011 年 2 月，深圳市发布《关于市辖区党政机构改革的指导意见》，正式启动区级党政机构改革；4 月，各区完成大部制机构改革。改革调整后，福田区和罗湖区的政府机构各减少 4 个，南山区减少 5 个，盐田区减少 2 个，宝安区减少 3 个，龙岗区减少 5 个，精简幅度分别为 15%、15%、19%、10%、11% 和 17%。深圳的大部制机构改革为全国提供了可复制、可推广的宝贵经验。

移民城市人口长效治理

作为典型的移民城市，深圳的人口结构和规模一直面临着巨大挑战。2005 年 7 月，深圳市暂住人口高达 1035 万，而户籍人口仅 171 万，实际管理人口突破 1200 万，流动人口占比超 80%，规模、密度和流动性均居全国各大城市之首。庞大的流动人口带来了一系列社会问题：劳资纠纷频发，教育、医疗资源紧张，就业、社保压力巨大，治安形势也不容乐观。更为严峻的是，人口总量远超深圳“十五”计划设定的 480 万目标，给城市资源承载能力带来极大考验，土地、水电、能源等资源瓶颈问题日益凸显。与此同时，户籍与暂住人口 1∶5.5 的严重倒挂结构，使得 60% 以上的暂住人口集中在建筑装修、“三来一补”、商贸餐饮等劳动密集型产业，而从事高新技术研发、金融、专业服务等高端产业的暂住人口占比则不足 10%，这不仅阻碍了产业结构优化升级，也增加了城市综合管理的难度。

为破解人口管理难题，深圳于 2004 年成立深圳市人口工作领导小组办公室（设在深圳市发展改革局），统筹协调公安、劳动保障、计生、教育、人事等多部门力量，联合制定了《深圳市关于加强和完善人口管理工作的若干意见》，以及与之配套的《深圳市户籍迁入若干规定（试行）》《深圳市暂住人口证件和居住管理办法（试行）》《深圳市暂住人口就业管理办法（试行）》《深圳市流动人口计划生育工作管理办法（试行）》《深圳市暂住人口子女接受义务教育管理办法（试行）》。

这套政策体系建立起长效人口管理机制，主要解决深圳人口在总量、结构和管理三方面的矛盾与问题，具有四大突出亮点：一是严格控制人口规模，通过指令性计划管理户籍迁入、严控政策外生育、推行“以证管人”“以房管人”等措施，有效遏制暂住人口过快增长；二是合理调整人口结构，采取“梳”“控”结合策略，优化入户标准，简化入户流程，鼓励投资纳税和技能型人才落户，提升人口整体素质；三是推进人口管理体制创新，明确区政府和街道办为人口管理责任主体，将管理权限和重心下移，增强管理合力；四是融入人性化服务理念，设立社区综合管理服务中心，为暂住人口提供“一站式”便捷服务，在规范管理的同时彰显人文关怀。[①]

土地改革优化城市空间

“城中村”改造

自 1992 年经济特区内完成城市化转型之后，深圳加快推进经济特区外城市化进程，而“城中村”成为这一进程中亟待破解的关键难题。2004 年，深圳开始对城中村进行综合整治和全面改造。6 月 26 日，《深圳市宝安龙岗两区城市化土地管理办法》及 3 个配套附件出台，对集体土地转国有土地的赔偿标准、实施程序和土地储备等问题作出明确规定。当年底，宝安、龙岗两区顺利完成撤镇建街，27 万村民一次性农转非，村集体土地全部转为国有。深圳由此成为全国第一个没有农村行政建制的城市。

2004 年 10 月，《深圳市城中村（旧村）改造暂行规定》颁布，鼓励国内外有实力的机构通过竞标参与城中村改造项目，这是深圳自实行土地紧缩政策、整治烂尾楼后的又一重大举措。10 月 28 日，全市违法建筑查处暨城中村改造动员大会召开，公布《关于坚决查处违法建筑和违法用地的决定》；11 月 5

① 深圳出台“1+5”文件对外来人口实行控制政策 [N]. 广州日报，2005-07-30.

日，深圳市查处违法建筑和城中村改造工作领导小组成立，全面启动历史遗留违法建筑处理工作。通过为期一年的信息普查工作，建立起全市历史遗留违法建筑信息数据库。

2005 年 5 月 22 日，福田区渔农村 16 栋、总面积 5.1 万平方米的居民自建住房在定向爆破中轰然倒塌，大规模改造城中村的序幕由此拉开。这场被称为“中国第一爆”的拆除行动，标志着改造工程进入攻坚阶段，预示着那些夹杂在城市当中的村落，将被以整体拆除重建的方式逐渐加以改造。11 月 10 日，《深圳市城中村（旧村）改造总体规划纲要（2005—2010）》发布，确定“以空间形态改造为重心，以综合整治为突破口，全面推进，突出重点，逐步实现城中村生活环境的普遍改善，促进城市产业结构提升和空间布局优化，推动特区内外一体化建设，使特区外城市化水平和城市面貌与特区内接近”。

2009 年 10 月 22 日，《深圳市城市更新办法》出台，带来重大政策突破：一是赋予原权利人改造主体地位，鼓励自主改造；二是允许符合条件的项目以协议方式出让土地，突破“招拍挂”限制，并明确更新改造地价标准。这些改革举措为深圳迈向国际化城市的建设铺平了道路。

福田村（1994 年）

福田村（2019 年）

城市建设规划先行

深圳始终将城市规划作为发展的指南针，持续加强战略研究。2005 年 11 月，深圳市委、市政府召开首次全市规划工作会议，出台了《关于进一步加强城市规划工作的决定》，确立了规划的龙头地位。2006 年 7 月，《深圳 2030 年城市发展策略》经市人大常委会表决通过并法定化，确定了深圳未来发展的重大战略目标和空间结构，为指导深圳城市总体规划修编提供纲领性指引。10 月，《深圳市城市总体规划（2006—2020）》修编正式启动。修编后的城市总体规划，按照科学发展观和构建和谐社会要求，将深圳定位为创新型综合经济特区、华南地区重要的中心城市、与香港共同发展的国际性城市，努力把深圳市规划建设和经济社会发展水平推上一个新的台阶。

在城市建设方面，深圳以增强城市功能和提升辐射能力为目标，不断加强城市干线路网、轨道交通等基础设施建设。2004 年 1 月，深圳机场 B 号候机楼改扩建工程完工。12 月 28 日，深圳地铁一期工程 1 号线、4 号线通车，正式迈入城市轨道交通新时代。2007 年 7 月 21 日，宝安大道与深南大道实现全线贯通。福田中心区建设更是日新月异，中心广场及南中轴线景观工程竣工，栋栋高楼拔地而起，见证着这座城市规划建设的卓越成就。

资源节约型、环境友好型城市的建设

粗放增长方式依靠资源投入驱动，它的不良后果，首先表现为资源短缺、环境恶化问题逐渐突出。虽然可以依靠对外贸易输入石油、矿石等资源，但采购量过大会导致价格飙升、成本激增。城市经济的迅猛扩张与人口的急剧增长，更让深圳的生态环境不堪重负，资源短缺与环境污染问题日益严峻，成为制约城市发展的瓶颈。

面对新的挑战，2005 年 1 月，深圳在市委三届十一次会议上明确提出大力发展循环经济，建设资源节约型和环境友好型城市。此后，深圳全面落实科学发展观，以循环经济为突破口，推进节能降耗；以生态保护为着力点，改善城市环境；以精细管理为抓手，提升城市品质，为建设“效益深圳”“和谐深圳”创造了条件。

循环经济节能降耗

深圳将自主创新和循环经济作为全面落实科学发展观、创新发展模式的两个具体落脚点，努力建设自主创新之城、循环经济之城，为建设创新型国家、资源节约型和环境友好型社会探路。2006 年，深圳相继出台《深圳经济特区循环经济促进条例》《中共深圳市委、深圳市人民政府关于全面推进循环经济发展的决定》《深圳市循环经济发展“十一五”规划及 2020 年远景目标》等一系列法规、文件和规划，为全面推进循环经济发展提供了指引和体制、政策、法律保障。

2006 年 4 月 21 日，深圳市委、市政府召开进一步加快自主创新全面推进循环经济大会，全面动员部署相关工作，在全市掀起关注与推进循环经济发展的热潮。各区、各部门积极响应，将循环经济理念融入产业发展、城市建设与社会管理的方方面面：启动循环经济试点项目，以贴息等方式扶持节能产品；开展"鹏城减废"行动，推广清洁生产；推进建筑节能改造，建设"四节一环保"住宅小区，成为全国首个住宅产业化综合试点城市；探索建设能效电厂，加快推进重点用能单位节能降耗；严格落实节约用水条例，建成一批中水利用示范工程，实现特区内用水连续两年负增长。节能、节水、绿色消费逐渐成为政府、企业和市民的自觉行动。

2007 年，深圳循环经济推广月活动和建筑节能示范试点全面展开，深圳被确定为国家发展循环经济示范城市、国家机关办公建筑及大型公共建筑节能检测示范城市、第二批国家循环经济试点城市，在循环经济发展领域走在全国前列。2007 年 1 月，深圳推出第一批 37 家循环经济示范项目，引发全国关注。经过一年多的实践，南山热电厂等项目成效显著，相关经验在全市得到宣传推介。2008 年 3 月，深圳进一步提出全面实施《深圳生态文明建设行动纲领（2008—2010）》，推行循环经济试点工程，开展节能减排治污攻坚工程，推进生态体系恢复工程。2008 年 6 月，深圳发布《关于坚持改革开放推动科学发展努力建设中国特色社会主义示范市的若干意见》。

重塑城市风貌

2003 年 7 月，深圳市政府三届九十六次常务会议通过《深圳市"净畅宁工程"实施方案》。这项涵盖环境净化、交通畅达、社会安宁三大领域的系统性治理工程，力争 3 ~ 5 年时间，显著缩小深圳城市建设和管理水平与世界著名国际化城市的差距。

一是环境净化：铁腕治污守护绿水青山。深圳划定 974 平方千米生态控制红线，建立环保准入负面清单制度，年均否决高污染项目超千宗，从源头筑牢生态防线。深圳河、茅洲河流域综合治理工程全面铺开，实现工业污染源 100% 达标排放；"梳理行动"雷霆出击，拆除违建 3800 万平方米，城中村改造释放建设用地 12 平方千米，为城市发展腾出新空间。

2005 年，深圳市投入 20 亿元全面实施治污工程：重点加强生活污染源治理，全面推进新洲河、福田河、大沙河的治理工作；强化大气污染防治，尤其是汽车尾气污染治理，城市环境质量得到明显改善。深圳以铁腕治污举措守护生态环境，通过高额罚款、吊销排污许可证、舆论曝光等强制手段，严厉惩处环境违法行为，并坚持实行环保“一票否决”制。2004—2008年，8000余个不符合环保要求的项目被拒之门外，约占环评项目总量的10%。2008年，《深圳市“十一五”污染减排考核方案》出台，对责任单位实施年度考核，压实责任。

在推进环境治理的同时，深圳同步深化城市管理体制改革。2007年，为适应城市管理转型的要求，市政府组团赴新加坡取经，将先进经验转化成为生态文明建设的3年行动纲领、9个行动方案、80个具体项目。一系列举措成效显著：2000—2005年，深圳城市环境综合整治定量考核成绩位居全国、全省前列；2006年，空气质量优良率达98%，主要饮用水源达标率98.07%，森林覆盖率43.4%，建成区绿化覆盖率45%，人均公共绿地面积16.1平方米，303座公园点缀其间，深圳成功成为全国首座“国家生态园林示范城市”。

二是交通畅达：织密路网疏通城市脉络。深圳全力构建“一横八纵”主干路网体系，提升公共交通分担率；投入使用智能交通控制系统，提升重点区域通行效率。面对交通治理难题，深圳市赛格导航科技股份有限公司旗下的卫星导航安防产品赛格车圣与深圳市运发集团股份有限公司强强联合，整合资源打造高效GPS监控中心，实现与交管路况屏幕、110指挥中心的实时联动，为车辆安全与道路畅通提供有力保障。

2003年12月，深圳市推出一系列交通疏导措施：取消87条小区道路关卡，增派警力疏导19处拥堵点，设置48个流动巡逻岗，严控占道施工审批，取消繁忙路段咪表，对外地驻深车辆实施收费通行，规范驾校训练区域与时间。这些举措显著缓解了深圳的交通拥堵状况。2003年8月，地铁1号线全线贯通。2004年12月正式运营，标志着深圳交通迈入轨道交通新时代。

三是社会安宁：创新治理筑牢平安防线。2004年，深圳创新“网格化”治安管理体系，实行出租屋分类管理办法，建立出租屋案件倒查和责任追究制度。2005 年，深圳建成国内领先的公安指挥中心，在全国首创“路灯杆报警定位系统”。

2005 年 3 月，为了切实抓好社会治安综合治理，严厉打击各类刑事犯罪，严密防范敌对势力的渗透破坏活动，深圳市政府出台了《突发公共事件总体应急预案》，高效调查、排除安全隐患，及时处理突发事件和群体性事件，维护了公共安全和社会稳定。

2005 年 7 月，深圳市政府发布《关于清理整治无证无照非法经营行为的决定》，在全市范围内开展了“清无”行动。经过一年的清理整治，全市无证无照非法经营泛滥的问题基本得到解决，21 万多家非法经营户中超过 99% 得到有效清理整治，市场秩序大为好转，安全隐患大幅减少，城市和社会治安管理明显加强。截至 2007 年 3 月，159 万平方米违法建筑被拆除，违建增长势头得到有效遏制。此后，深圳以“科学、严格、精细、长效”为方针，推进街道综合执法，完善执法环境，着力实现城市管理的常态化、标准化、规范化。

深圳在全国首创“环境保护实绩考核”机制，将生态指标纳入干部政绩评价体系；建立交通影响评估制度，确保重大项目符合交通承载力要求；推行“城市管理行政执法 + 刑事司法衔接”模式，破解违法建设治理难题。同时，“文明行动”广泛动员群众参与，通过民意调查、系列报道，既展现治理成果，也曝光存在问题，形成全社会共建共治共享的良好氛围。这项被《人民日报》誉为“新型城镇化治理范本”的“净畅宁”工程，探索出“制度设计—标准制定—技术支撑—公众参与”的现代治理链条，为城市从“速度优先”向“质量引领”转型奠定坚实基础。

“生态立市”成就“深圳样本”

早在 2003 年，《深圳市近期建设规划（2003—2005 年）》出台时，深圳就提出了“基本生态控制线”的概念，编制控制建设规划。2005 年，深圳面向市民公示城市基本生态控制线方案，并广泛征求意见。方案划定的基本生态控制线内的土地面积为 974.5 平方千米，占全市陆地总面积的 50%，涵盖一级水源保护区、风景名胜区、自然保护区、集中成片的基本农田保护区、森林及郊野公园在内的六大类生态用地。这一创举，使深圳成为全国首个划定基本生态控制线的城市，也让近半市域土地得以保留为郊野游览和自然生态用地，城市森林覆盖率达47.6%。

此后，深圳持续加大生态保护力度。2006年7月，深圳市四届人大常委会第七次会议通过《深圳经济特区建设项目环境保护条例》；12月，《深圳生态市建设规划》出台。2007年1月9日，市委、市政府以“1号文件”发布《关于加强环境保护建设生态市的决定》，全面突出环境保护的战略地位，确定建设充满活力的可持续发展生态市目标。2008年3月10日，《深圳生态文明建设行动纲领（2008—2010）》及9个配套文件、80个生态文明建设系列工程项目重磅推出，这是国内首次以政府规范性文件的形式，全面推进生态文明建设。2009年7月21日，深圳市四届人大常委会第三十次会议对《深圳经济特区环境保护条例》进行修订，确定城市发展应遵循环境优先原则，鼓励公众参与环境保护、发展循环经济和低碳经济，促进清洁生产和绿色消费，建设资源节约型、环境友好型城市。

一系列扎实举措换来了丰硕成果。2009年，深圳空气质量达到国家环境空气质量二级标准，主要饮用水源水质达到国家地表水Ⅲ类标准，饮用水源水质达标率为100%，城市垃圾无害化处理率达到94.4%。城市生态建设不断迈向新高度，深圳加速推进国家生态文明试点城市和国家低碳生态示范市建设。2010年，全球首批纯电动出租车在深圳街头亮相，成为城市绿色交通的新名片。

自建市以来，深圳凭借卓越的生态建设成就，先后荣获国际建筑师协会亚洲首个城市规划奖、国际“花园城市”、联合国环境规划署“全球环境500佳”、“国家卫生城市”等多项重量级荣誉，向世界展示了经济发展与生态保护协同共进的深圳样本。

第五节 创新驱动经济发展的核心经验

在2003—2011年创新驱动经济发展的关键时期，深圳的GDP增长轨迹犹如一幅跌宕起伏的曲线图。2003—2005年，其GDP增长率持续高于全国GDP平均水平；2005—2006年、2009—2011年，增速与全国基本持平；而2007—2009年，受金融危机等多重因素的影响，深圳的GDP增长率首次出现持续低于全国的情况，不过2009年后又逐步回升至全国平均水平。

人均GDP数据更直观地展现了深圳的发展成就。2003年，深圳人均GDP为47743元，是全国人均GPD 10666元的4.5倍；到2011年，这一数字攀升

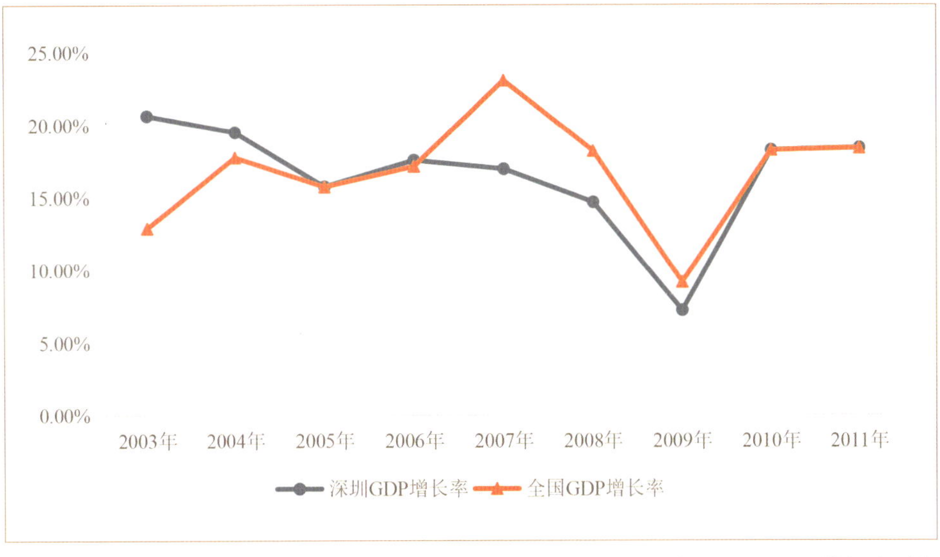

2003—2011年深圳GDP增长率与全国GDP增长率对比

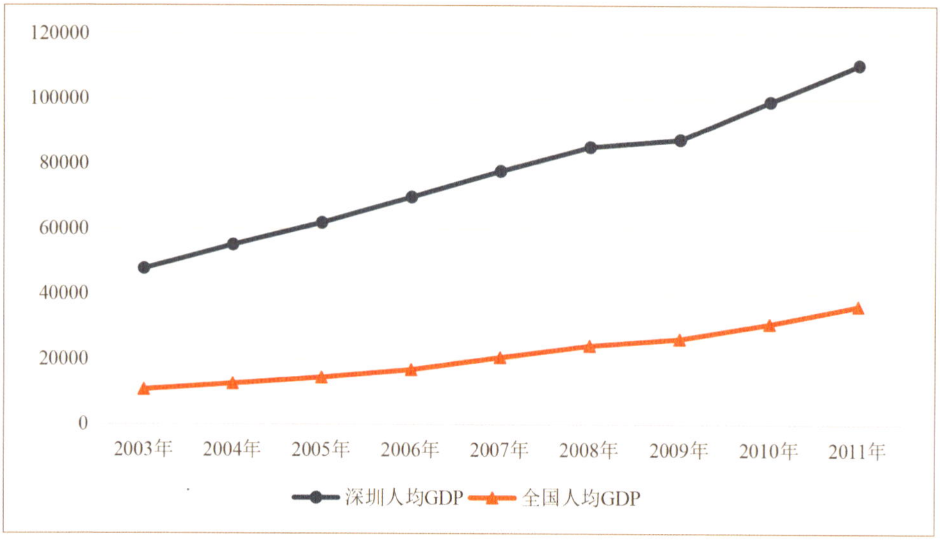

2003—2011 年深圳人均 GDP 与全国人均 GDP 对比（单位：元）

至 110389 元，而同期全国人均 GDP 为 36277 元。深圳依靠创新驱动经济发展，取得显著成效。

深圳以市场为导向、企业为主体、产业化为目的、产学研相结合的自主创新体系，打破了传统技术依赖的路径。在这一体系下，2011 年深圳实现了四个领先：全社会研发投入占 GDP 比重达 3.66%，位居全国前列；在 PCT 国际专利申请全球五强企业中，深圳占据两席，企业创新水平全国领先；新一代移动通信、超材料、基因测序和基因组分析等技术达到全球领先水平；高新区单位面积产值与税收均居全国首位。同时，基础创新能力建设加速推进，新增国家级创新载体数量接近此前的总和，并在 2011 年荣获中国十大创新城市第一名。

回顾 2003—2011 年的发展历程，深圳探索出城市创新发展的“四维驱动”模型：以自主创新筑牢核心竞争力，以产业跃升重塑增长动能，以开放协同激活要素配置，以可持续城市建设推动经济发展模式革新。这一路径的核心在于通过市场化机制，实现“政策—技术—产业—生态”的协同共振，为其他城市提供了可借鉴的系统性发展方案。

企业主体与面向市场重构深圳创新路径

深圳的创新体系实现了双重制度突破。一方面，构建企业主导型创新生态，以“四个90%”的量化指标，确立企业在研发投入、人才集聚、专利产出等维度的绝对主体地位，形成市场要素向创新主体自发汇聚的强磁场效应；另一方面，创立需求逆向传导机制，打破“技术供给—产业转化”的传统单向链条，通过企业将终端市场需求精准反馈至基础研发环节，形成“市场痛点识别—创新资源定向配置—技术瓶颈协同攻关”的闭环系统。这两种机制相互配合，重构了创新价值链的运行逻辑，实现了技术创新效率与产业价值创造的同步提升。

具体而言，深圳在全国率先构建以企业为核心的创新生态系统，通过“四个90%”机制优化创新资源配置。这种模式明确了企业家在技术创新中的核心地位，引导和支持创新要素向企业聚集，让企业真正成为研发投入、创新活动和成果应用的主体。

同时，深圳通过重构创新路径，突破国内长期依赖的由技术研发到成果转化的线性模式，建立起以市场需求为核心驱动的自主创新体系。在这一框架下，企业作为创新活动的发起者与组织者，将产品开发中形成的技术需求逆向传导至研发端，通过产学研协同机制整合创新资源，形成自下而上的技术攻关路径。这种模式将市场压力转化为创新动力，使技术研发直接对接产业化目标，有效破解了资源分散、转化低效等瓶颈问题。

产业转型升级启发创新动力

深圳的自主创新体系呈现宏观、中观、微观三层级有机联动的特征。宏观层面，通过整合核心技术研发机构、公共技术平台及知识扩散网络，构建起支撑自主创新的制度基础；中观层面，聚焦产业集群重构、产业链现代化和战略性新兴产业培育，形成驱动技术创新的运行机制；微观层面，以企业为主体，通过研发投入、专利创造和技术转化，实现创新要素的落地实施。三个层级形成“制度保障—产业传导—企业实施”的闭环链条，通过政策衔接、要素流动和知识溢出实现协同发展。

产业转型升级构成连接宏观与微观的核心纽带。从要素构成看，产业创新涉及企业战略调整、市场需求升级、关联产业协同三大维度：企业通过技术攻关重塑竞争优势，市场需求变化推动产品迭代，上下游产业链协同构建创新生态。在深圳的发展实践中，这种多维互动体现为三次产业转型：从传统产业为主导到高新技术产业为主导的转变，从生产经营的小型化、粗放化、分散化到规模化、集约化、集群化的转变，从委托加工到自主生产和自主研发的转变，有力推动了自主创新的深入发展。

战略性新兴产业的系统布局彰显中观机制创新。深圳采取“规划引领—载体建设—要素聚合”三位一体策略：通过出台新兴产业振兴规划，确立生物、互联网等六大重点领域；投入财政资金支持重点项目，形成技术突破与场景应用的良性循环；构建产业基地和特色集聚区，在坪山生物医药创新产业园、龙岗ICT产业集群承载区等地形成空间载体。这种布局使虚拟大学园等新型研发组织与华为等龙头企业形成“知识生产—技术转化”协同网络。

坪山区生物医药创新产业园

“投资于人”驱动经济发展

“投资于人”是打造新的经济增长点，推动经济高质量发展的必然要求。根据现代人力资本理论，对人的投资能够显著提升生产能力，推动经济增长。现代管理学理论认为，加强人力资本投资能够显著提高员工工作效率，提升企业创新能力。

人力资本论的思想渊源可追溯到亚当·斯密。他在1776年出版的《国富论》中，把“社会上一切人民学到的有用的才能”视为固定资本。他说：“工人增进的熟练程度，可和便利劳动、节省劳动的机器和工具同样看作是社会上的固定资本。”诺贝尔经济学奖获得者、美国著名经济学家西奥多·舒尔茨认为，人力资本比物质资本具有更大作用。

无论是技术的革命性突破、生产要素的创新性配置，还是产业的深度转型升级，都离不开人的努力和创造性作用的发挥。在现实生活中，国内外众多科技创新领军企业每年都会投入资金，加强员工培训和职业发展，提升人的能力，形成人力资本，进而推动创新和经济的发展。

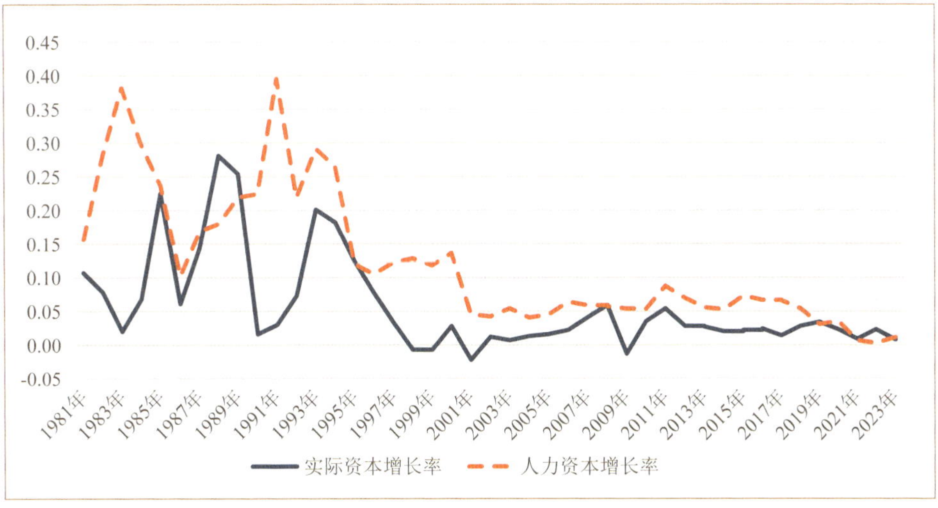

1981—2023年深圳人力资本增长率与实际资本增长率对比

深圳作为经济特区，有很多特殊性，国家赋予的各项特殊政策和优惠政策，正是借助其迅速集聚的人力资本才得以顺利执行和体现出来。深圳经济快速增长中人力资本的巨大贡献为人力资本理论和现代增长理论提供了一个非常生动的例证和诠释。

深圳率先构建起人力资本驱动经济发展的新模式。其一，有助于提升劳动者技能、增长劳动者才干、激发劳动者创造力，催生一大批适应经济发展需要的创新型人才、战略型人才、企业家人才以及掌握现代技术的高技能人才。其二，既能够推动前沿技术、颠覆性技术的革命性突破，又有助于将这些技术应用于生产过程、渗透在生产力诸多要素中并转化为实际生产力，推动产品质态、要素质态和产业质态变化，实现增长动力、产业结构、发展质量变革。其三，能够提高人口发展质量，加快塑造素质优良、总量充裕、结构优化、分布合理的现代化人力资源，提升全要素生产率对经济增长的贡献度，实现更高质量、更有效率、更加公平、更可持续的增长。

技术创新形成经济核心支撑

作为中国的科技创新中心，深圳强大的科技创新和技术进步能力，是其经济发展的坚实基础。

深圳始终将研发投入作为技术突破的核心支撑。2006 年，全市研发投入占 GDP 的比例达 3.4%，专利申请量增长 42%，达 29728 件，居全国第二。其中，发明专利申请量增长 75.3%，居全国第一，PCT 国际专利申请量更是稳居全国榜首。到 2011 年，研发投入占 GDP 比重进一步提升至 3.66%，持续为技术突破提供动力。

技术创新有力推动了产业能级跃升。2011 年，深圳高新技术产品产值达 11875.61 亿元，占规模以上工业总产值的 58.2%，比上年提高 2.3%。其中，电子信息产业产值 10451.08 亿元，增长 16.6%；新材料及新能源、光机电一体化、生物技术等产业也保持快速增长。2006 年，深圳被评为全国“品牌之都”。

后发优势向先发优势转型

发展优势与一个国家或地区所处发展阶段和要素禀赋有关，它是一个国家或地区参与国际产业分工、获取竞争地位的基础和前提。同时，发展优势还体现一国或地区主导发展战略的选择。

后发优势理论认为，由于后发国家能够在科学、技术上参考和借鉴先发国家，可能跨越先发国家一些必经发展阶段，而实现对后者的追赶。后发优势战略作为发展中国家或地区的主导发展战略有其必然性与合理性。以低端劳动力参与国际分工，有利于发挥比较优势，快速实现初始资本积累；技术跟踪、模仿和学习策略，在研发能力不足的情况下，不仅可以减少研发成本和风险，还可以越过技术发展过程中的某些阶段，实现跨越式发展。

然而，加快转变经济发展方式、推动科学创新发展，要求实现从传统比较优势向竞争优势、从后发优势战略向先发优势战略的转型。先发优势是发达国家或地区基于历史发展过程所形成的产业和技术上的领先优势，而局部先发优势则是发展中国家或地区在当代国际产业分工链条中，集中优势要素和资源，打造出的局部领先者优势。这种转型是适应当代国际产业转移和分工新变化的需要，也是创新发展进入新阶段的必然要求。

2003—2011年，中国经济持续高速增长，依靠低成本劳动力、资源投入和外资驱动的要素优势得到充分释放，推动高质量发展亟须依靠人力资本优化和技术进步作为新引擎，强化创新在资源配置中的主导作用成为发展战略转型的核心内容，也为后发优势向先发优势的战略跃迁提供现实基础。

深圳已具备打造局部先发优势的条件。2011年，深圳人均GDP达到全国人均GDP的3倍以上。2011年，在全球PCT知识产权申请中，中兴排名公司专利申请量榜首，华为以1831项专利申请名列第三；2023年，华为国际专利申请量达6494件，并连续7年位居全球第一。

彼时，在发展的第一阶段，深圳依靠后发优势，通过国际直接投资和技术转移，以劳动密集型要素投入为主，在技术上跟踪模仿，承接产业转移，凭借低劳动力成本进入生产体系。而在第二阶段，深圳通过创新，尤其是在人力资本和技术进步方面发力，推动后发优势向先发优势转换。这一转型不仅是产业升级路径的转变，更是通过集中优质生产要素，在某些领域形成局部领先优势，并逐步扩展为全面先发优势，标志着深圳经济发展进入新的阶段。

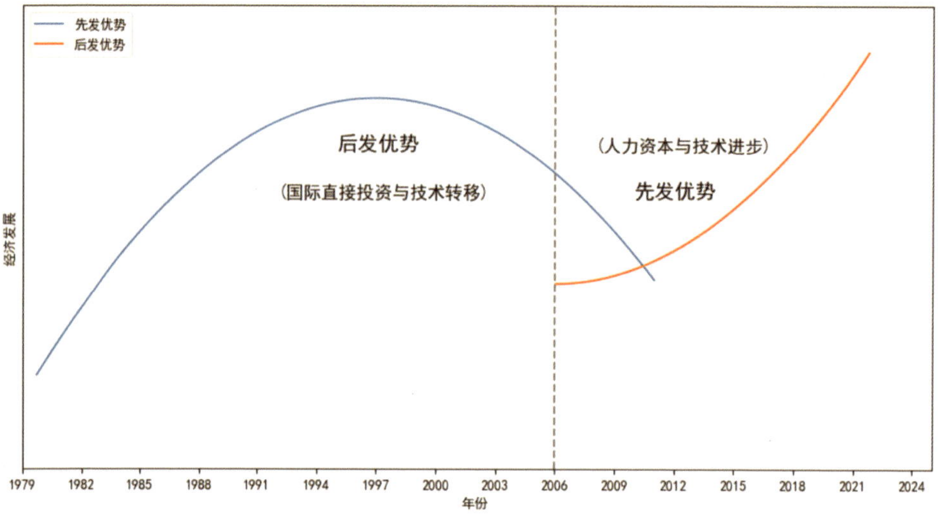

促进深圳经济发展的先发优势和后发优势变化示意图

第四章　新发展理念：引领深圳经济高质量发展

（2012 至今）

2012 年，党的十八大开启中国经济社会发展新阶段。同年，习近平视察深圳。2015 年，党的十八届五中全会提出“创新、协调、绿色、开放、共享”五大发展理念，为经济新常态下的发展指明方向。此后，党的十九大明确中国经济转向高质量发展阶段，“十四五”规划进一步强调以新发展理念推动高质量发展。

新发展理念从五个维度引领高质量发展：创新驱动是核心引擎，推动产业升级与发展方式转变；协调优化构建现代化经济体系，保障发展系统性；绿色转型筑牢生态底线，实现经济与环境良性循环；开放融合促进全球资源配置，提升国际竞争力；共享共治以人民为中心，推动共同富裕。

深圳积极践行新发展理念，将其融入城市发展各环节。通过强化科技创新，推动产业向高端化迈进；统筹区域与城乡发展，优化经济结构；推进绿色转型，加强生态环境保护；深化对外开放，融入全球经济合作；完善公共服务，促进社会公平正义。一系列举措之下，深圳开启经济高质量发展新征程，在创新引领、协调发展、绿色转型、开放合作与民生改善等方面取得显著成效，为全国高质量发展提供了生动范例与实践经验。

第一节　创新成为经济发展主引擎

率先建成国家创新型城市

中国进入新时代的一个重要标志就是从要素驱动、投资驱动转向创新驱动。原来的以物质资源高投入为基础的发展模式因资源供给问题突出而不可持续，在此背景下，创新成为驱动经济增长的核心动能。深圳，正是创新变革的先锋之城。

2014 年，深圳全面落实创新驱动发展战略，深入实施国家创新型城市总体规划，出台创新驱动发展“1+10”文件，加快向引领式创新和全面创新迈进。这一年，深圳成为首个以城市为基本单元的国家自主创新示范区，自此开启构建综合创新生态体系的征程。在这片土地上，大众创业、万众创新活力竞相迸发，推动城市创新从“跟跑”向“并跑”“领跑”转变，以科技创新为核心的全面创新格局加速形成。

2015 年 2 月 27 日，广东省科技创新大会在深圳召开。这次会议不仅是对深圳创新发展成就的高度认可，更凸显了这座城市在全省创新版图中的引领地位。长期以来，深圳始终将创新视为立市之本，充分发挥市场化、国际化优势，巧妙弥补科技资源不足的短板；将创新理念精准落地于创新型企业培育与新兴产业发展中，有效打破科技与经济“两张皮”的困局；着力构建有利于创新的制度环境与人文氛围，为创新发展营造了良好的社会土壤。

深圳市的创新生态系统展现出令人瞩目的协调性。2015 年，在全国 16 个重点城市的创新能力对比中，深圳以绝对优势脱颖而出：在创新投入方面，无论是人力资源还是研发经费，均位列榜首，研究与试验发展（R&D）经费支出占 GDP 的 3.4%，每万从业人员中的 R&D 人员数达 317 名；创新产出同样表现卓越，PCT 国际专利申请量高达 13308 件，在以专利、科技成果、高新技术产业化衡量的维度中稳居第一；在以创新载体、基础设施环境、文化教育环境、经济环境、对外贸易和金融环境综合衡量的创新环境方面位列第 3 位；在以技术转移、人才流动、知识传媒综合衡量的创新生态系统流动能力方面排名第 2 位；在以经济增长、结构优化、效益提升和环境保护综合衡量的可持续发展能力方面排第 2 位。这种全方位的均衡发展，体现了深圳在追求创新发展的同时，对创新环境营造和可持续发展能力培育的高度重视，确保了创新效率始终保持高位。①

通过深入实施创新驱动发展战略，深圳的城市创新发展能力得到全面提升。2016 年，深圳市政府工作报告正式提出：深圳率先建成国家创新型城市。这一成果背后，是一系列骄人的数据：2015 年，深圳拥有国家、省、市级重点实验室、工程实验室等创新载体 1283 家，数量约为 2010 年的 3 倍。“十二五”期间，深圳 4G 技术、基因测序、超材料、3D 显示等领域创新能力跻身世界前沿，在一些关键领域实现核心技术突破，重大科技创新成果密集涌现，实现国家技术发明一等奖“零”的突破；累计获得国家科学技术奖励 56 项，中国专利金奖、优秀奖 130 项，PCT 国际专利申请超 5 万件，分别是“十一五”时期的 1.8 倍、4.5 倍和 3.2 倍。与此同时，人才汇聚效应显著。全职在深圳工作院士 13 名；5 年间通过“珠江人才计划”“孔雀计划”分别引进创新团队 33 个和 63 个；科技进步贡献率超过 60%；三次荣登福布斯中国创新城市榜首，成为国家创新型城市建设的标杆。

成功创建国家创新型城市后，深圳又提出建设现代化国际化创新型城市的目标。2009—2024 年，深圳的 PCT 国际专利申请量最高达 2.05 万件。2024

① 段进军，吴胜男．苏州创新生态系统成熟度研究——基于上海、杭州、深圳等 16 城市的比较分析[J]. 苏州大学学报（哲学社会科学版），2017，38(6)：96–107+200.

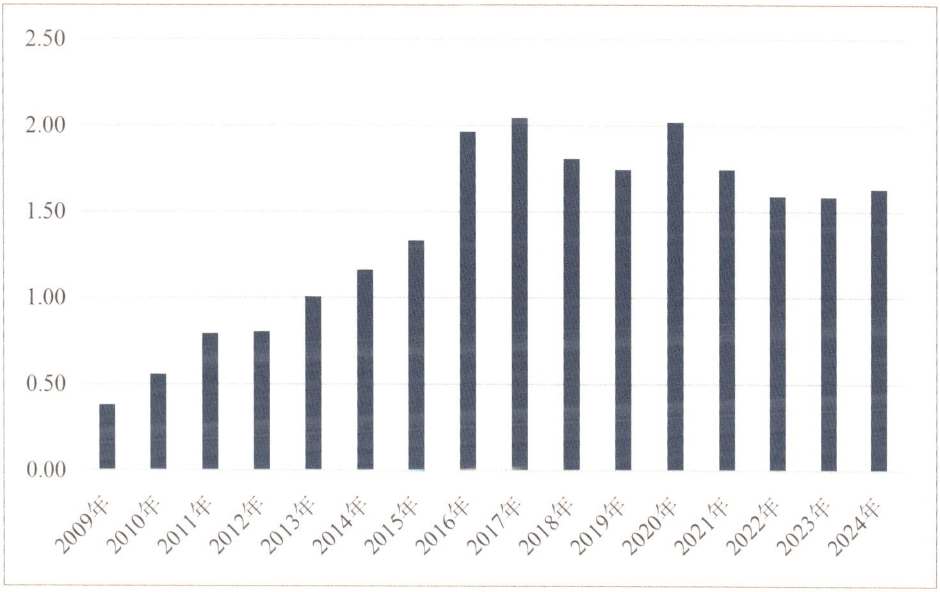

2009—2024 年深圳 PCT 国际专利申请量（单位：万件）

年，深圳专利授权量 24.19 万件，商标注册量 24.95 万件，均居全国首位；PCT 国际专利申请量 1.63 万件，连续 21 年居全国首位；每万人口高价值发明专利拥有量 110 件，是全国平均水平（14 件）的 7.9 倍。

在全球科技创新舞台上，深圳同样占据重要地位。2018—2022 年，在全球 PCT 专利申请量前 20 位城市排名中，深圳仅次于东京，位列全球第二。在技术创新环节，深圳依托大型科技创新企业对外设立分支机构，城市专利合作呈现出鲜明的国际化特征，与慕尼黑等国际创新城市的合作联系不断深化。如今，深圳正以昂扬之姿，朝着建成现代化国际化创新型城市的目标加速迈进。

前瞻布局未来产业

在创新驱动成为城市发展核心的进程中，深圳的战略性新兴产业呈现集聚特征，对经济增长贡献占比大幅提高。2013 年，全市战略性新兴产业总规模达

1.63 万亿元，同比增长 19.8%，对经济增长的贡献率更是超过 50%。这一年，下一代信息网络、高端生物医学工程、生物基因等产业成功入选国家战略性新兴产业集聚发展试点；国际生物谷总体发展规划出台，新认定国家高新技术企业 591 家。

回溯经济发展的战略路径，深圳走出了一条独特之路。不同于传统的赶超型重工业优先战略与进口替代战略，深圳选择了比较优势战略——这一曾助力日本与亚洲“四小龙”创造经济奇迹的核心策略，强调因时制宜发挥资源禀赋优势，推动经济持续增长与资源结构优化升级。而践行这一战略，既需充分释放市场活力，也离不开政府精准施策，尤其是产业政策的科学制定与高效落地。[①]

在战略性新兴产业快速发展的基础上，深圳科学把握转型升级的方向、重点、力度和时序，抢先布局未来产业，出台生命健康、海洋经济、航空航天等产业规划及政策，加快构建梯次型现代产业体系，打造可持续的产业竞争力，进一步建立比较优势。2013—2014 年，《深圳市未来产业发展政策》《深圳市生命健康产业发展规划（2013—2020 年）》《深圳市海洋产业发展规划（2013—2020 年）》《深圳市机器人、可穿戴设备和智能装备产业发展政策》等一系列专项政策相继落地，持续巩固城市的核心竞争力。

随着战略性新兴产业的集聚效应不断增强，未来产业布局稳步推进，深圳产业向价值链高端加速延伸。2013 年，全市研发投入占 GDP 比重提高到 4%，提前完成“十二五”规划目标。这一年，深圳 4 家本土企业入选世界 500 强，27 家企业跻身《财富》杂志中国 500 强；华为更是成为中国首家闯入全球研发支出 50 强的企业。备受瞩目的深圳经济特区首条合资汽车生产线——长安标致雪铁龙汽车项目正式投产。作为当时国内最大的合资高端汽车项目，其不仅标志着深圳汽车工业向产业链高端迈出重要一步，更是深圳构建充满活力、可

① 林毅夫，蔡昉，李周．比较优势与发展战略——对“东亚奇迹”的再解释 [J]. 中国社会科学，1999(5)：4-20+204.

持续发展的梯次型现代产业体系的重要体现。

至2014年，深圳已基本建成协同发展的梯次型现代产业体系。生物、互联网、新能源、新材料、文化创意、新一代信息技术、节能环保七大战略性新兴产业规划全面实施，推动深圳成为国内规模最大、集聚度最高的新兴产业高地，产业总规模近2万亿元。与此同时，生命健康、机器人、可穿戴设备和智能装备等未来产业，不断形成新的优质增量。新的区域增长极加快形成，深圳湾超级总部基地、国际生物谷等15个重点区域加快开发建设，留仙洞等23个产业基地和集聚区则成为新兴产业发展的重要载体。

在夯实制造业与新兴产业优势的同时，深圳亦未放缓现代服务业的优化步伐。2015年3月26日，深圳发布金融创新“36条”——《深圳市2015年金融改革创新重点工作》，围绕发展湾区经济和加快前海蛇口自贸区开发建设等中心工作，从跨境金融创新、深港金融合作、金融业态培育等五大维度精准发力，旨在进一步提升深圳金融中心城市地位和影响力。政策落地后，跨境金融业务蓬勃发展，深港金融合作迈向新台阶，创新型金融机构加速集聚，实体经济与民生发展获得更强金融支撑。

彼时的深圳，战略性新兴产业蓬勃集聚，未来产业布局稳健展开，现代服务业活力奔涌。依托相互赋能、协同共进的发展模式，三大产业板块深度融合，有力支撑起城市的高质量发展进程。

专栏

影石创新：影像赛道的创新领航者

作为深圳本土孵化的高科技企业典范，影石创新科技股份有限公司自 2015 年成立以来，不仅在全球全景影像领域取得突破性成就，更成为深圳科技创新和产业升级的重要推动力量。公司依托深圳完善的智能硬件产业链和创新环境，实现了从创业团队到行业巨头的跨越式发展。

影石创新专注于全景相机与运动相机的研发，攻克了多项 VR 全景拍摄核心技术。其推出的全景相机曾连续 6 年全球市场销量领先，2024 年市场占有率更是高达 67%，产品远销 200 多个国家和地区。截至 2024 年底，公司拥有授权专利 900 项，其中发明专利 189 项。从消费级到专业级，影石创新构建了丰富的产品线，满足不同用户的需求。

技术创新之外，影石创新还非常重视用户共创。通过建立全球用户社区，影石创新深入了解用户需求，实现产品与服务的持续优化。AI“快剪”功能的上线，便是影石创新在智能化服务领域的一次成功探索，让普通用户也能轻松创作出精彩影像。未来，影石创新将继续加大研发投入，深化 AI 应用，拓展智能硬件业务，致力于打造更完善的智能影像生态。

作为深圳培育的科技企业典范，影石创新不仅实现了自身快速发展，更通过技术创新、产业带动和生态构建，为深圳建设具有全球影响力的创新创业之都作出了重要贡献。公司的发展历程充分展现了深圳优越的创新环境和产业政策优势，成为“深圳创造”走向世界的又一成功案例。

“三化一平台”成为改革主攻方向

以产业创新为动力，深圳攻克改革难题，扎实推进全面深化改革，在新时代发展进程中持续发力。

2013 年 5 月 9 日，为深入贯彻党的十八大和习近平视察广东、深圳重要讲话精神，全面落实《深圳市综合配套改革总体方案》，进一步弘扬改革创新精神，更好地发挥深圳经济特区的“窗口”“试验田”“排头兵”和示范区作用，深圳印发《深圳市全面深化改革总体方案（2013—2015 年）》，提出要深化重点领域、经济体制、政治体制、文化体制和社会管理体制改革创新。同年底，深圳市委全会进一步明确改革主攻方向——“三化一平台”，即以市场化、法治化、国际化为路径，以前海为战略平台，牵引带动全域改革。2014 年，作为全面深化改革的开局之年，这一战略部署正式付诸实践，成为指引深圳破浪前行的改革路线图。

在前海这片改革“试验田”上，制度创新的种子生根发芽、开花结果。深圳对前海的期许，不在于短期的 GDP 贡献，而聚焦于其在先行先试中能突破

前海湾

多少制度壁垒。2014年，前海不负众望，在金融创新领域频频破冰：全国首笔跨境人民币贷款在此诞生，跨境电商退税全流程率先打通；前海航空航运交易中心拔地而起，前海微众银行入选全国首批民营银行5家试点行列；深圳前海中小企业金融服务公司获批赴港发行30亿元人民币债券。一时间，私募股权投资、融资租赁、互联网金融等新型金融业态竞相出现，一个以创新金融为核心的现代服务业体系初具规模，前海也因此成为深圳改革突破的重要实践平台。

随着改革持续向纵深推进，深圳在多个领域取得积极成效。2014年，深圳重点领域和关键环节改革取得新突破，在全国率先实施商事制度改革，推行营业执照、组织机构代码证、税务登记证、刻章许可证“四证合一”登记模式，商事主体从68.3万户增加到185.8万户，总量居全国城市首位；投融资体制改革成效显著，社会投资占比从64.6%大幅提高到80.2%。截至2015年，深圳完成44项年度重点改革任务，36项国家试点项目取得重要进展。“多证合一、一照一码”制度进一步深化，31项改革成果被纳入广东自贸区60条创新经验，14项在全省范围内复制推广。

2015年1月，习近平对深圳工作作出重要批示，要求深圳市牢记使命、勇于担当，进一步开动脑筋、解放思想，特别是要鼓励广大干部群众大胆探索、勇于创新，在全面建成小康社会、全面深化改革、全面依法治国、全面从严治党中创造新业绩，努力使经济特区建设不断增创新优势、迈上新台阶。[①]

此后，深圳主动对标国际一流城市，全力构建“市场化、法治化、国际化”的营商环境。在体制机制创新上，商事登记、公务员分类管理、土地制度等领域改革多点开花；营商环境优化方面，2018年推出的“营商环境改革20条”成效显著，企业开办时间从9天压缩至4天，出口通关、外商登记备案时间较之前分别缩短69%、60%，企业出口退税时间压缩20%，12项不动产登记业务实现一小时办结，政府投资项目审批时限由原来的267个工作日大幅压缩

① 习近平对深圳工作作出重要批示：大胆探索、勇于创新[N]. 广州日报，2015-01-08.

至 90 个工作日以内，创新创业活力得到充分释放。

优化科技管理体制改革，为深圳科技创新赋能。2018 年，深圳在全国率先实施重大科技项目评审专家主审制，出台科研项目经费管理改革 20 条，赋予高校、科研院所更大的科技经费管理自主权。改革科研资金、战略性新兴产业资金等使用管理办法，形成事前竞争立项、事后奖励等多元化支持方式，规范科技经费和产业资金使用。

对外开放领域，深圳持续扩大“朋友圈”。2015 年，深圳前海蛇口自贸片区建设启动，创新自贸片区和前海合作区管理体制机制，探索全面实行准入前国民待遇加负面清单管理制度。2016 年“深港通”的正式开通，进一步拓宽了内地资本市场对外开放渠道，提升了深圳金融市场的国际影响力。

民生领域改革也扎实推进。公立医院实现管办分离和医药分开改革；全面实施积分入户政策，建立完善多主体供给、多渠道保障的住房体系，加快推进基本公共服务均等化。

进入新时代，深圳作为全面开放的重要窗口，正以更加积极的姿态参与全球治理，其发展实践生动诠释了中国特色社会主义现代化道路的强大生命力，也必将在更高水平对外开放中，继续发挥示范引领作用，为世界展现中国改革开放的磅礴力量。

第二节　高质量发展成为深圳新名片

在全国经济格局深度调整的关键时期，深圳率先突破传统发展路径的桎梏，将高质量发展镌刻为城市崭新的时代印记。过往依赖大规模投资驱动的高速增长模式难以为继，寻找新的增长动力、推动经济发展方式转型成为必然选择。而深圳凭借先发优势，以人力资本与技术进步为双轮驱动，历经从劳动密集型主导，到劳动资本双轮并重，最终迈向技术密集型产业主导的转型升级之路，成功探索出一条由内生专业化分工驱动的高质量发展新模式。[①]

布局建设全过程创新链

自建成国家创新型城市后，深圳开始布局“基础研究＋技术攻关＋成果产业化＋科技金融”的全过程创新链。这一系统性布局，持续助力城市高质量发展。

基础研究

基础研究是科技创新的核心驱动力，基础教育通过培育人才，夯实知识根基，为其提供持久发展活力。

在基础教育领域，党的十九大明确新时代高质量发展方向后，深圳市委、市政府相继出台《关于推进教育高质量发展的意见》《关于加快学位建设推

① 唐杰．“新常态”增长的路径和支撑——深圳转型升级的经验[J]. 开放导报，2014(6)：11–18．

进基础教育优质发展的实施意见》等政策文件。截至 2020 年底，深圳市各级各类基础教育学校（含幼儿园）已达 2698 所，在校学生总数 225.23 万，与 1979 年的 315 所、6.5 万相比，学校数量增长近 8 倍，学生规模扩大近 34 倍。其中，普通中小学 782 所，在校学生 160.88 万；幼儿园 1881 所，在园儿童 55.97 万。规模扩张的同时，教育质量同步提升；国际化服务能力更是实现突破，全国首创的“港籍学生班”，成为深港教育融合的鲜活实践样本。[①]

基础研究设施建设同样取得巨大成就。2016 年 9 月 22 日，中国首个国家基因库正式对外运营。作为全球第四个建成的国家级基因库，也是当时世界上规模最大的基因库，它以生物资源为根基，构建起“资源—科研—产业”全链条贯通的创新模式，应用范围覆盖人类健康、新型农业、物种保护等多个关键领域。未来，随着样本与数据资源的有序开放，其公共服务属性将进一步凸

深圳国家基因库

① 陈秋明 . 从试点到示范：深圳基础教育改革发展回顾与展望 [J]. 中国教育学刊，2021(6)：26–32.

显，在基因测序、基因育种等前沿领域发挥不可替代的作用。2016 年，深圳还迎来多个重磅科研项目：两个诺贝尔奖科学家实验室揭牌成立，分别是南方科技大学与诺贝尔化学奖得主罗伯特·格拉布斯合作成立格拉布斯研究院，诺贝尔物理学奖获得者、“蓝光之父”中村修二在深圳组建中村修二激光照明实验室；深圳－密歇根贸易、投资和创新合作中心正式落地；苹果、微软、高通等全球科技巨头纷纷在深圳设立研发机构。这些顶尖科研力量的汇聚，极大增强了深圳基础研究设施的硬实力，为创新生态链夯基垒台。

技术攻关

深圳的创新发展之路，始终围绕技术开发合作与要素引进展开。研究显示，每 100 件深圳提交的国际专利申请中，就有 12 件与北京协同完成。这种跨区域的创新协作，成为深圳技术突破的重要路径。在技术要素来源方面，企业自主研发与合作研发形成双轮驱动格局：2017 年，深圳 PCT 国际专利申请量超越德国、英国，并登顶中国城市榜首；在全球移动通信领域，深圳企业掌握近 40% 的 5G 专利技术，坐稳行业头把交椅。从早期的外资技术引进，到如今自主研发高端技术的突破，深圳完成了极具含金量的转型升级。①

科技成果转化

科技成果如何走出实验室，转化为实实在在的生产力？深圳给出了系统解决方案。通过设立技术转移促进中心、培育国家技术转移示范机构，2018 年全市核定技术交易额达 548 亿元，让创新成果真正实现价值变现；17 个产学研创新联盟搭建起协同创新桥梁，高交会、中国深圳创新创业大赛等品牌平台成为成果转化的助推器，300 余家国家级孵化器与众创空间则化身创新企业的育苗圃。

更具前瞻性的是，深圳企业与科研机构积极“出海”布局：截至 2019 年，255 家投资超千万元的境外研发机构拔地而起，7 个海外创新中心在美国、以

① 张超，唐杰．中国经济高质量发展机制：制度动因、要素保障与实现途径——兼论深圳经济高质量发展的实现路径 [J]．湖南社会科学，2021(3)：63−71．

色列、英国、法国等地挂牌。深港创新圈持续深化，90 个联合资助项目、超 4 亿元资金投入，让深港创新资源实现深度融合，形成“1+1>2”的协同效应。

科技金融

资本是创新的血液，只有精准“输血”才能激活高质量发展。深圳通过设立科技研发资金、风险投资引导基金，为关键技术攻关提供“弹药”；深交所主板、创业板、中小板构建多层次资本市场，深圳市创新投资集团、深圳市不动产融资担保股份有限公司等机构组成多元风投矩阵，有效支撑项目孵化和产业升级。

2018 年 12 月，深圳推出支持民营经济的“四个千亿”计划：确保全市企业年减负降成本 1000 亿元以上，实现新增银行信贷规模 1000 亿元以上，实现民营企业新增发债 1000 亿元以上，设立总规模 1000 亿元的深圳市民营企业平稳发展基金，并在全国设立首个 150 亿元的政策性纾困资金。截至 2019 年底，深圳活跃创投机构达 2400 余家，管理基金 6288 只、规模 1.33 万亿元，在投项目 8431 个、投资额 4672.91 亿元，基金数量、管理规模、在投项目均稳居全国前三，成功地实现了金融资本的有效转化。[①]

人才支撑

人才是创新的第一资源。这个时期，深圳开始以全球视野广纳贤才。2016 年，首届中国深圳海外创新人才大赛拉开引才大幕；同年 3 月，《关于促进人才优先发展的若干措施》发布，81 条新政、178 个政策点覆盖党政、金融、教育等全领域，从高精尖人才引育到博士后储备，从紧缺人才培养到国际化人才锻造，形成全方位、多层次的人才政策体系。在安居保障上，深圳“十三五”期间规划新建 40 万套保障性住房和人才住房，超过“十二五”时期商品房开工量，其中人才住房不少于 30 万套，让人才“引得进、留得住”。

① 刘平生、何洁．深圳经济特区金融 40 年 [M]. 北京：社会科学文献出版社，2022.

年轻血液的奔涌，是深圳创新活力的源泉。《2016 年深圳市社会性别统计报告》显示，深圳人口年龄中位数仅 31 岁。2017 年，深圳新引进 26.3 万人才，平均年龄 27.1 岁，90% 以上为 35 周岁以下；2018 年，深圳创业者平均年龄 36 岁，31 ~ 35 岁群体占比超两成，中高端人才平均年龄 32 岁，高新技术领域更是低至 30 岁。这些年轻力量汇聚在信息科技等战略性新兴产业，为华为、比亚迪等龙头企业注入创新基因，成为提升城市竞争力的核心引擎。①

深圳精心布局的创新生态链，不仅为城市高质量发展立柱架梁，更为后续“先行示范”阶段升级为“基础研究 + 技术攻关 + 成果产业化 + 科技金融 + 人才支撑”的全链条生态体系，埋下了创新发展的“金钥匙”。

高等教育质量规模的跃迁

回望深圳高等教育的发展轨迹，1983 年 5 月 10 日无疑是一个具有里程碑意义的日子。这一天，教育部正式批准设立深圳大学，结束了这座城市没有本土高校的历史。从彼时的筚路蓝缕到 2024 年的枝繁叶茂，深圳已悄然建成 17 所普通高等学校，实现了从无到有、从单一到多元的跨越。

40 余年间，深圳高等教育的发展可清晰划分为三个阶段：1983—1999 年，深圳大学作为拓荒者，在这片热土上扎根生长；2000—2010 年，北京大学深圳研究生院、哈尔滨工业大学（深圳）相继落地，开启了借助外部资源提升高等教育水平的探索；自 2011 年至今，深圳迈入自主办学与合作办学并行的快车道，高等教育的质量与规模实现全方位跃升。

如今的深圳高等教育，呈现出发展快、水平高、类型全和特色强的四大特征。发展快体现在发展速度上，党的十八大以来，深圳成立了多所高校，被誉为“深圳速度”的典型案例；水平高彰显于办学水平，13 所本科以上高校的录取分数线远超重点线 20 分，部分高校成功跻身“双一流”行列；类型全表现

① 李诗元，唐咏．我国城市创新发展主要特点及人才挑战——以深圳为例 [J]. 理论月刊，2019(11)：142-148.

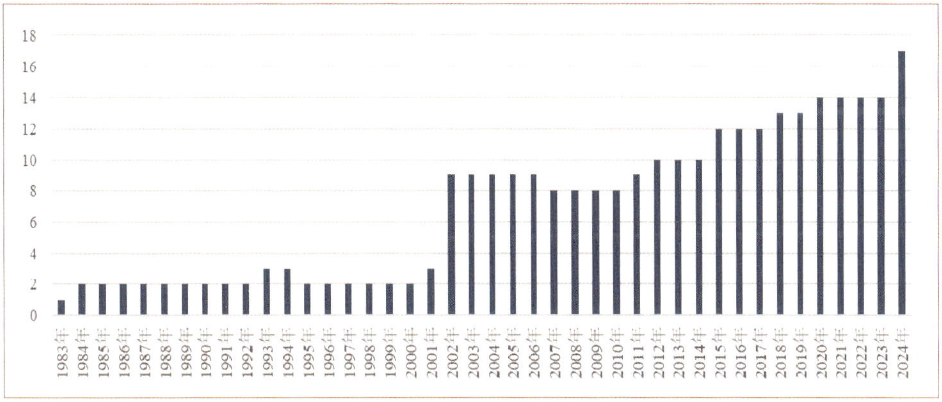

1983—2024 年深圳普通高等学校数量（单位：个）

为类型丰富，市属高校、国内合作办学高校、中外合作办学高校、民办高校四类并存，构建起完整的高等教育生态；特色强则突出在特色鲜明，研究型、应用型、职业技术型高校协同发展，现代化大学制度探索成效显著，全员聘任制激发创新活力。香港中文大学（深圳）、深圳北理莫斯科大学两所中外合作大学的存在，更使深圳在全国合作办学版图中占据重要一席，其发展成果亦获得中央部委的肯定。

在深圳高等教育的崛起进程中，深圳大学城扮演着举足轻重的角色。深圳大学城 2000 年 8 月开始创建，坐落在西丽湖畔，是全国唯一经教育部批准，由深圳地方政府联合著名大学共同举办，以培养全日制研究生为主的研究生院群。成立以来，清华大学深圳国际研究生院、北京大学深圳研究生院、中国科学院深圳先进院、南方科技大学、深圳大学等高校入驻，这里已成为高端人才培养的摇篮、前沿科研的高地、技术创新的引擎与国际学术交流的窗口，持续为区域经济转型和产业升级输送人才、提供科技支撑。

深圳大学城更是产学研一体化的典范。在产教融合实践中，深圳推出了一系列创新举措：政府不仅承担主要建设资金，更首创“政府出补贴、企业出场地、校企共建共享”建设模式，建成 219 个公共实训基地，其“九个共同”的校企协同育人模式被国家发展改革委向全国推广；在人才培养层面，聚焦研究

深圳大学城

生教育，精准对接高端产业需求；专业设置依据区域经济发展需要，动态调整优化；依托深圳大学城、光明科学城、大运深港国际科教城等平台，构建多层次科技创新体系，加速科研成果向现实生产力转化，助力区域创新发展。

从“文化立市”到“文化强市”

2003 年，文化立市战略的提出，唤醒了深圳文化发展的活力，这座城市自此告别 20 余年的萌发酝酿期，驶入发展快车道。2005 年，深圳明确将文化产业培育为支柱产业的目标；2011 年，深圳提出打造文化产业龙头大市；直至 2012 年文化强市战略的出台，文化产业发展被提升到关乎城市转型发展的全新高度。

作为设计之都，深圳在全球的影响力持续攀升。2013 年，首届中国（深圳）国际工业设计大展盛大启幕，工业设计产业增速远超工业平均水平。同年，深圳摘得全国唯一的“中国钟表之都”桂冠，黄金珠宝产业集聚基地晋升为全国知名品牌创建示范区，水贝 · 中国珠宝指数正式上线运行。2015 年 3 月 19 日，首届深圳时装周开幕，其以“永不止步”为主题，以跻身国际时尚平台为目标，构建起独立原创设计与商业落地并重的多元格局。深圳时装周汇聚意大利、法国、英国、美国等 20 多个国家和地区的品牌代表、设计师，不仅为国外设计师打开了中国市场的大门，更成为中国品牌走向世界的重要平台，让全球目光再次聚焦深圳。

在建设文化强市的征程中，深圳充分认识到法治与规划的重要性。2008 年，《深圳市文化产业发展促进条例》的出台，为文化产业发展筑牢法律根基；随后十余年间，《深圳市文化产业发展规划纲要（2007—2020）》《深圳文化创新发展 2020（实施方案）》等一系列政策文件相继发布，构建起全方位的政策支持体系。“十二五”期间，市财政每年设立 5 亿元文化创意产业发展专项资金，真金白银的投入彰显发展决心。在政策与资金的双重驱动下，2015 年，深圳文化创意产业增加值达 1757 亿元，占全市 GDP 的 10%，12 年间产业增加值增长 12 倍。

深圳文化产业独具特色，形成文化科技融合、行业跨界整合、龙头企业引领、国家平台支撑的发展格局。“文化 + 科技”的深度融合，巧妙弥补了深圳文化资源相对薄弱的短板，如岭南数字创意大厦在数字科技赋能下，让岭南文化焕发新生。产业结构上，核心层、外围层、相关层协同发展，新闻服务、出版发行等核心领域与文化休闲娱乐、产品销售等外围领域相互促进。腾讯、雅昌、华强方特等一批行业领军企业脱颖而出，在全国范围内发挥示范引领作用。四大国家级平台——深圳文博会、中国（深圳）文化产品交易会、中国文化产业投资基金、国家对外文化贸易基地，更为深圳文化产业的快速发展起到强有力支撑作用。

文化产业的蓬勃发展，深刻重塑着深圳的文化肌理。一方面，文化产业园区大量集聚，华侨城创意文化园便是其中的典范。通过对工业遗产的巧妙改造，它既保留了城市记忆，又顺应了区域文化与功能转型需求，成为城市文化空间再造的样板。另一方面，文化与科技的交融，在深圳营造出浓厚的创新氛围。2016年10月，“全国大众创业万众创新活动周”主会场落户深圳，这无疑是对深圳作为创新、创业之城的充分肯定。

在迈向文化强市的征程中，深圳不仅以产业发展彰显文化实力，更以蓬勃的全民阅读热潮，勾勒出城市深厚的文化底蕴。一组组翔实的数据，生动诠释着这座城市的书香魅力。

2019—2024年，深圳市民的阅读热情持续高涨。纸质图书年阅读量从6.20本跃升至9.21本，电子图书年阅读量也从7.36本攀升至12.42本，二者稳步增长的曲线，成为城市阅读文化蓬勃发展的形象缩影。

阅读生态的繁荣，还体现在公共文化服务的成绩单上。2024年，深圳市持证读者达585.34万人，各图书馆进馆人次高达4981.12万，实体文献外借量达2768.73万册次。全年举办34987场线上线下读者活动，吸引3135.54万人次市民踊跃参与，从读书分享会到名家讲座，书香在城市的每个角落弥漫。

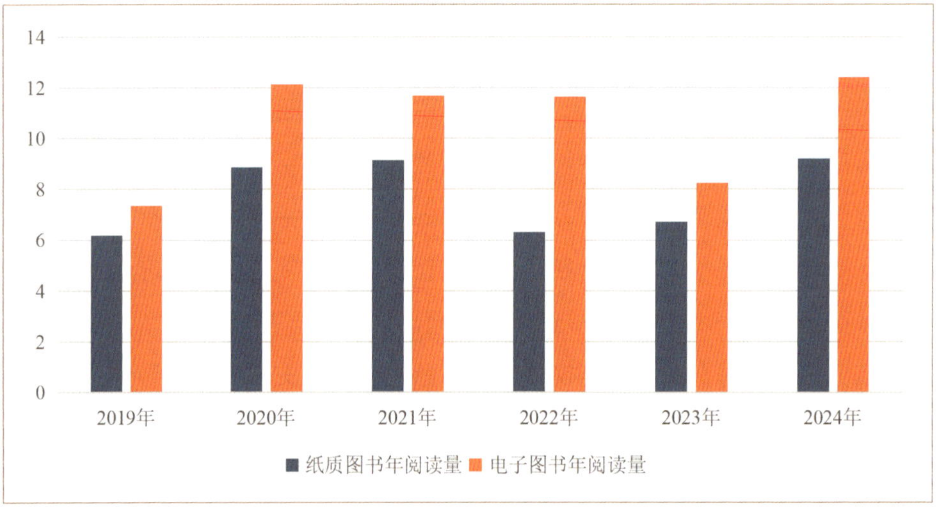

2019—2024年深圳纸质图书年阅读量和电子图书年阅读量（单位：本）

深圳前海特色书店

文化产业与阅读生态相互赋能。截至 2024 年，深圳超 10 万家文化产业企业蓬勃生长，文化产业增加值达 2950 亿元，不仅撑起经济发展的文化脊梁，更反哺阅读环境的优化。在文化强市的建设蓝图中，阅读已成为深圳独特的文化符号，浸润着城市的每一个角落，滋养着市民的精神世界。

步入高质量发展阶段，深圳市文化创意产业持续焕发蓬勃生机。2023 年全球“设计之都”城市峰会上，来自深圳的代表强调：历经 15 年深耕，“深圳设计”实现跨越式发展，已然成为驱动城市高质量发展的强劲引擎。

作为中国科技创新的核心城市，深圳更擅长设计与科技的融合。在智能硬件、物联网、交互体验等领域，创新设计与尖端科技深度碰撞，催生出无数令人瞩目的成果。得天独厚的产业生态，更为设计落地构筑起天然优势——背靠珠三角制造业集群，深圳坐拥全球最完备的电子、硬件和智能设备产业链。华强北电子市场的元器件供应、东莞高效的生产网络，让设计师的创意能以惊人速度从概念图纸转化为实物样机，直至实现规模化量产。这种“创意—生产—

落地”的无缝衔接能力，堪称深圳设计独树一帜的核心竞争力。

技术积累与政策支持的双重赋能，进一步激活深圳设计的创新潜能。深圳在互联网、人工智能、区块链等前沿领域的深厚积淀，为数字创意产业提供肥沃土壤，动漫、用户体验设计等新兴领域蓬勃生长。深圳市政府将设计产业上升至城市战略高度，设立文化创意产业基金“输血”，打造深圳创意产业园等载体“筑巢”，更以“深圳设计周”“环球设计大奖”等国际平台为桥梁，推动本土设计走向世界舞台。加之民营经济高度发达、风险投资活跃，设计企业凭借市场化融资渠道快速扩张，形成良性发展闭环。

截至 2023 年，深圳设计产业的规模与实力令人瞩目：3.3 万余家创意设计服务法人单位、30 多家上市企业、超 22 万名专业设计师，构筑起庞大的产业矩阵。平面设计、工业设计、服装设计等多个领域领跑全国，70 余家文化创意园区、19 家设计类行业协会协同发力，13 家国家级工业设计中心、114 家省级工业设计中心持续创新。深圳设计周、环球设计大奖等一系列国际化品牌活动，不仅成为行业风向标，更让深圳设计的影响力辐射全球。正如联合国教科文组织前总干事伊琳娜·博科娃所言，深圳是联合国教科文组织授予的“设计之都”，也是世界上最有活力的城市，创新、创意让这座城市愈发具有一种特殊的人文气质。

专栏

深圳“创意十二月”：城市创新活力的年度盛事

2005 年，全球创意经济兴起，深圳这座充满创新基因的城市，以敏锐的洞察力和魄力，创办了“创意十二月”。自此，每年岁末，都会有一场汇聚全球创意智慧、激荡文化创新活力的盛宴在鹏城拉开帷幕。历经多年沉淀,“创意十二月”早已突破单纯活动的范畴，成长为深圳创意文化的标志性品牌，如同强劲引擎，持续驱动着城市文化创意产业的蓬勃发展。

漫步在“创意十二月”的活动现场，仿佛置身于一个多元创意的宇宙。在设计领域，深圳国际工业设计大展堪称行业风向标，来自全球的顶尖设计师携前沿作品在此争奇斗艳，从智能交互的电子产品到兼具功能性与美学的家居设计，每一件展品都在诉说着设计如何重塑生活；艺术板块，美术馆、剧院化作灵感的容器，新锐艺术家的沉浸式展览与先锋戏剧表演，让观众在光影与色彩交织中，感受艺术的震撼；科技展区更是未来感十足，虚拟现实、人工智能等技术与创意深度融合，观众戴上 VR 眼镜，便能“穿越”到虚拟世界，体验前所未有的创意表达。

为了让创意真正落地生根,“创意十二月”搭建起多元立体的实践平台。专业导师坐镇的创意工作坊里，参与者亲手将脑海中的灵感转化为实物；热闹非凡的创意市集上，原创手工艺品琳琅满目，创作者与消费者面对面交流，让创意实现商业价值；线上活动则打破地域限制，全球创意爱好者通过云端相聚，碰撞思维火花。活动期间，众多优质创意项目成功签约转化，与企业合作推出高附加值产品，吸引大量资本注入。产业论坛上，行业精英们各抒己见，为文化创意产业的未来发展建言献策，构建起智力交流的高地。

如今,“创意十二月”的影响力早已跨越国界，成为全球创意力量汇聚的磁场。每年都有来自世界各地的艺术家、设计师、创业者奔赴深圳，在交流合作中深化国际文化交融。它不仅提升了深圳的文化软实力，更将创新精神深深镌刻进城市的血脉之中。这份永不褪色的创意基因，正化作驱动深圳在科技、艺术、商业等领域不断探索突破的内生动力，为城市的高质量发展注入源源不断的活力。

宜居宜业环境优势不断彰显

当创新与文化成为城市发展的重要理念，深圳以绿色低碳发展与生态文明建设为笔，勾勒出宜居宜业的理想图景，让这座城市既有创新的锐气，亦有生态的底气。

在全国率先走出一条绿色低碳发展新路径

践行新发展理念，深圳在绿色低碳领域勇当探路先锋。从率先启动碳排放交易，到建成全国规模最大的碳市场；从全面推行绿色建筑标准，到创新低碳发展机制，这座城市用一系列开创性实践，开辟出一条独具特色的绿色发展之路。

2011 年 10 月，深圳被纳入全国首批碳排放权交易试点。在国家发展改革委指导下，深圳积极推动碳交易相关研究和实践，努力探索建立适应中国国情且具有深圳特色的碳排放权交易机制，仅用两年时间便先后完成了制度设计、数据核查、配额分配、机构建设等工作。2013 年 6 月 18 日，深圳碳排放权交易市场在全国 7 家试点省市中率先启动交易，全市 635 家工业企业和 200 家大型公共建筑成为管控单位，其碳排放总量约占全市碳排放总量 40%。凭借成熟的市场机制与活跃的交易氛围，深圳碳市场迅速成长为全国交易量最大的碳交易平台，为中国低碳发展提供了经过实践验证、具有推广价值的发展模式。

市场建设之外，深圳同步探索建立健全了一系列适用于低碳发展战略的经验机制。开发低碳教育与培训系列课程，培养碳排放权交易相关多层次高级人才；积极落实建设美丽中国重大部署，出台推进生态文明、建设美丽深圳的决定，率先实施低碳发展中长期规划和生态文明建设考核；建立环境形势分析会制度，创新领导干部自然资源资产离任审计等机制。这些举措既保障了国家低碳战略落地，也为市场参与者创造了“碳机遇”。

在绿色建筑领域，深圳同样走在前列。2014 年，全市绿色建筑总面积突破 2100 万平方米，规模居全国城市首位，累计节能超 410 万吨标准煤。南方科技大学校园作为深圳首个建筑废弃物就地绿色消化、再生利用项目，建筑废弃物资源化率超 90%，节约土地资源约 6 万平方米，减少天然砂石原料消耗 60 万立方米，节省建筑废弃物外运及填埋的处置费用 4000 多万元，实现产值 6000 余万元，开创深圳乃至全国首个建筑废弃物综合利用“零排放”绿色校园模式，为建筑行业绿色转型提供了可复制的样本。

生态文明建设取得积极成效

党的十八大以来，生态文明建设被提升至国家战略高度。深圳充分发挥经济特区优势，将生态文明建设深度融入经济社会发展全局，以前所未有的力度推进改革创新，构建起全方位、多层次的生态治理体系。

顶层设计上，《中共深圳市委 深圳市人民政府关于推进生态文明、建设美

福田区红树林生态公园黄昏风光

丽深圳的决定》《深圳市生态文明建设规划（2013—2020）》等纲领性文件相继出台，为生态文明建设提供政策指引。体制机制创新方面，深圳在全国率先建立生态文明建设考核制度和领导干部自然资源资产离任审计制度，制定“党政同责、一岗双责”生态环保责任清单；实施大气、水、土壤环境质量提升行动计划；创新环境监管模式，组建“环保警察”，推行最严监管执法和网格化监管，开展“利剑”系列执法行动，构建行政、民事、刑事“三位一体”的责任追究体系；推进生态环境损害赔偿、环保主任、企业道歉承诺等制度创新，开展环境污染强制责任保险试点。同时，创新环境形势分析、资源循环利用、区域合作等机制，强化公众参与，完善市场机制，实施补贴、补偿、交易、金融等环境经济政策。这些制度创新，让生态保护从口号变为硬约束。

环境治理成果突出。“深圳蓝”成为城市金字招牌：自2004年启动系统性大气污染治理以来，深圳先后实施了蓝天行动计划、蓝天工程、“深圳蓝”可持续行动计划等一系列治理措施，推动空气质量持续向好。2019年，深圳二氧化硫和氮氧化物排放量较2015年分别下降16.7%和6.3%，超额完成减排目标；万元GDP能耗仅为全国平均水平的60%；在全国168个重点城市中，深圳空气质量综合指数排名第9，位居珠三角地区首位；PM2.5年均浓度降至24微克/立方米，自2006年有监测记录以来首次达到世界卫生组织第二阶段标准，创历史最优水平；全年灰霾天数减少至9天，为1989年以来最低值，基本恢复至改革开放初期的空气质量水平。“深圳蓝”不仅成为深圳生态环境改善的标志，更彰显了城市发展质量和综合竞争力。

水污染治理实现历史性突破。作为深圳最突出的环境短板，水污染问题曾经严重制约城市发展。2015年底，深圳举全市之力打响水污染防治攻坚战，坚持治水、治城、治产一体推进。至2019年底，全市159个黑臭水体和1467个小微黑臭水体全部完成整治，成为全国首个全域消黑的城市，一举扭转了近40年的水环境治理滞后局面。治理成效主要体现在：五大河流考核断面水质全部达标，310条河流水质整体提升。其中，茅洲河水质自2019年11月起稳定达到V类及以上标准，创1992年以来最优纪录；福田河治理成效获住房和城乡建设部、生态环境部通报表扬。2019 年，深圳获评全国重点流域水环境质量改善明显城市，并入选国家城市黑臭水体治理示范城市。此外，全市 12 个主要饮用水源地水质达标率持续多年保持 100%，切实保障了市民饮水安全。这一系列治水成果，彻底扭转了水环境治理被动局面，标志着深圳水环境质量实现了质的飞跃。

固体废弃物处理方面，全力打造超大型“无废城市”范例。作为国家首批试点城市，深圳针对生活垃圾、建筑废弃物、工业固废、危险废物等六大类固体废物，创新实施十大系统工程和百项具体任务，全面推动形成绿色生产生活方式，实现固体废物源头减量、高效利用和安全处置，构建绿色发展新格局，为超大城市“无废城市”建设提供了示范样板。2019 年，深圳作为广东省唯一代表，成功入选国家首批 11 个“无废城市”建设试点，全市垃圾分类工作取得突破性进展：3508 个物业小区全面建立“集中分类投放 + 定时定点督导”模式；1657 家机关企事业单位和 2596 所学校实现垃圾分类全覆盖。在处置能力建设方面，生活垃圾实现全量焚烧和趋零填埋，资源化利用率突破 75%，回收利用率达 30%，提前完成“十三五”规划目标。2019 年，随着南山、宝安、龙岗三大能源生态园建成投运，新增焚烧处理能力 1.03 万吨 / 日，彻底解决“垃圾围城”难题。

生态保护领域，“深圳绿”成为城市底色。深圳将公园体系建设作为优化城市生态环境的重要举措。自 2006 年起，深圳开始构建“自然公园—城市公园—社区公园”三级公园体系。截至 2019 年底，已建成公园 1090 个，提前一年实现“千园之城”建设目标。在绿色基础设施建设方面，截至 2019 年，全市建成绿道 2400 千米，建设规模位居全国及广东省前列。国际环保组织自然资源保护协会评估显示，深圳位列全国（不含港澳台）最适宜步行城市榜首。同时期，在生态建设方面，深圳亦取得显著成效：2019 年，森林覆盖率达 39.78%，荣获“国家森林城市”称号；建成区绿化覆盖率为 45.1%，人均公园绿地面积达 15.95 平方米，均居全国领先水平；公园绿地 500 米服务半径覆盖率达 90.87%，充分彰显“公园里的城市”特色。在生物多样性保护方面，深圳将自然保护地建设作为重要抓手。截至2019年，全市自然保护地面积占陆域总面积的24%，提前实现《生物多样性公约》2020年目标。具体包括：4个自然保护区、1个国家级风景名胜区、1个国家级森林公园、1个国家级地质公园、1个试点国家湿地公园以及其他类型自然保护地17处，形成了完善的自然保护地体系。

如今的深圳，空气质量领跑全国，水环境全面改善，“无废城市”建设成效显著，生态空间绿意盎然。这座城市先后加入C40城市气候领导联盟，入选国家可持续发展议程创新示范区，正朝着建设人与自然和谐共生的美丽中国典范目标迈进，全力打造社会主义现代化强国的城市范例。

第三节　建设中国特色社会主义先行示范区

在全球经济特区的发展版图上，深圳正书写着独一无二的传奇。截至 2019 年，全球 5400 多个经济特区，多数以吸引外资、发展外向型经济为目标，但没有任何一个经济特区能复刻中国经济特区的辉煌。一项覆盖 364 个经济特区样本的跨国研究显示，特区经济增速跑赢所在国经济增速的仅占 19%，与全国增速持平的占 55%，处于落后状态的占 26%。即便是那些实现了高增长的经济特区，其高增长时期往往也只有几年时间，无法做到如中国经济特区这样，保持 40 年的高速增长。[①]

率先建设体现高质量发展要求的现代化经济体系

2019 年 8 月 9 日，《中共中央 国务院关于支持深圳建设中国特色社会主义先行示范区的意见》（以下简称《意见》）正式发布。这一纲领性文件指出，党和国家作出兴办经济特区重大战略部署以来，深圳经济特区作为中国改革开放的重要窗口，各项事业取得显著成绩，已成为一座充满魅力、动力、活力、创新力的国际化创新型城市。当前，中国特色社会主义进入新时代，支持深圳高举新时代改革开放旗帜、建设中国特色社会主义先行示范区，有利于在更高起点、更高层次、更高目标上推进改革开放，形成全面深化改革、全面扩大开放

① 郭跃文，向晓梅，万陆．中国经济特区工业化深化的机理与路径 [J]. 广东社会科学，2020(6)：5−18+257.

新格局；有利于更好实施粤港澳大湾区战略，丰富“一国两制”事业发展新实践；有利于率先探索全面建设社会主义现代化强国新路径，为实现中华民族伟大复兴的中国梦提供有力支撑。

《意见》是支持深圳建设中国特色社会主义先行示范区的重大决策，体现了中国共产党对中国改革开放和经济发展空间布局的思考及安排日趋优化和完善。从经济特区到先行示范区，中央赋予深圳新的使命。改革开放之初，深圳经济特区在经济领域先行先试，为社会主义市场经济体制的建立与完善破冰、探路。新时期，中国特色社会主义先行示范区建设，先行先试的范围更大，涉及改革发展方方面面，是全方位的，任务更重，标准更高。①

《意见》提出发展目标，到 2025 年，深圳经济实力、发展质量跻身全球城市前列，研发投入强度、产业创新能力世界一流，文化软实力大幅提升，公共服务水平和生态环境质量达到国际先进水平，建成现代化国际化创新型城市。到 2035 年，深圳高质量发展成为全国典范，城市综合经济竞争力世界领先，建成具有全球影响力的创新创业创意之都，成为中国建设社会主义现代化强国的城市范例。到 21 世纪中叶，深圳以更加昂扬的姿态屹立于世界先进城市之林，成为竞争力、创新力、影响力卓著的全球标杆城市。其中尤为瞩目的是“五个率先”目标：一是率先建设体现高质量发展要求的现代化经济体系，二是率先营造彰显公平正义的民主法治环境，三是率先塑造展现社会主义文化繁荣兴盛的现代城市文明，四是率先形成共建共治共享共同富裕的民生发展格局，五是率先打造人与自然和谐共生的美丽中国典范。

五个率先目标中，率先建设体现高质量发展要求的现代化经济体系被列在首位。主要内容是加快实施创新驱动发展战略、加快构建现代产业体系、加快形成全面深化改革开放新格局和助推粤港澳大湾区建设。自 2019 年先行示范区建设提出以来，深圳积极构建体现高质量发展要求的现代化经济体系并取得积极成效，主要体现在建成和完善了全过程创新链，加快构建了“20+8”的现

① 樊纲．深圳：继续发挥特区作用重在全方位先行示范 [J]. 开放导报，2020(4)：7-8.

代化产业体系，加快形成全面深化改革开放新格局，前海和河套成为支撑深港深度融合发展的平台，进一步助推了粤港澳大湾区建设。

建成和深化全过程创新链

在建设中国特色社会主义先行示范区的征程中，深圳将创新驱动发展战略置于核心位置，以构建和深化全过程创新链为突破口，全力打造具有全球影响力的科技创新高地。《中共中央 国务院关于支持深圳建设中国特色社会主义先行示范区的意见》为这座城市发展指明方向：强化产学研融合优势，建设综合性国家科学中心，布局重大创新载体，探索科技体制改革新路径。从顶层设计到落地实践，深圳以一系列扎实举措，让创新生态链的每一个环节都焕发盎然生机。

2021 年 4 月，深圳市第七次党代会明确提出，深圳要“勇当国家战略科技力量第一方阵”，着力提升“五力”、打造“五地”。此后，深圳紧密围绕市科技创新“十四五”规划，持续探索科技体制改革创新，通过实施基础研究夯基、关键核心技术攻坚、成果产业化加速等五大行动，推动科技自立自强。至 2022 年，深圳“基础研究 + 技术攻关 + 成果产业化 + 科技金融 + 人才支撑”的全过程创新链已基本建成，并不断优化完善。

全过程创新链的基础研究和技术攻关

深圳积极响应国家战略部署，成功跻身中国四大综合性国家科学中心行列，成为承载前沿基础研究与重大技术研发的关键平台。2019 年，深圳本级财政科技专项资金近乎翻倍，其中超 30% 投入基础研究与应用基础研究领域，彰显出对源头创新的坚定决心。

中国综合性国家科学中心

名称	批复建设时间	基础研究领域及大科学设施建设
上海张江综合性国家科学中心	2016 年	建有硬 X 射线自由电子激光装置、超强超短激光实验装置等大科学设施
北京怀柔综合性国家科学中心	2017 年	已建成或规划建设的设施包括高能同步辐射光源、地球系统数值模拟装置、空间环境地面模拟装置和综合极端条件实验装置等，覆盖了物质、地球、空间、生命等科学领域，还服务于航空航天、气候变化、灾害防治等应用领域
合肥综合性国家科学中心	2017 年	聚焦量子信息、能源、环境和生命科学等多个关键领域，形成了多点协同、资源共享的创新格局
深圳综合性国家科学中心	2020 年	在量子科学、生物医学、新能源和先进制造等领域布局了多项国际先进的重大科技基础设施

随着《粤港澳大湾区发展规划纲要》的发布，建设国际科技创新中心成为大湾区重要使命。深圳充分发挥自身产业与应用创新优势，联动香港的科教资源，全力推进光明科学城与河套深港科技创新合作区建设。2019 年 11 月，深圳湾实验室等高端创新资源落户光明科学城；次年 7 月，光明科学城—松山湖科学城片区获批成为大湾区综合性国家科学中心先行启动区主体，标志着深莞科技创新协同迈出关键一步。

光明科学城与松山湖科学城的联动，是粤港澳大湾区科技创新协同发展的生动实践。2024 年 7 月 25 日，深圳光明区与东莞松山湖正式签订战略合作协议，双方围绕新材料、信息、生命科学等领域，在科学资源共享、技术联合攻关、产业协同发展等方面展开深度合作。跨市公交开通、双城通道项目获批，将两地车程缩短至 15 分钟，让“光明—松山湖”创新共同体的协同效应愈发显著。

与此同时，西丽湖国际科教城正崛起为深圳基础研究的重要增长极。2021

年，广东省“十四五”规划明确提出建设西丽湖国际科教城，吸引全球科研资源集聚。同年 12 月，首届西丽湖论坛成功举办，为高标准打造重大创新平台、促进多链深度协同搭建了重要交流平台。2022 年，《关于支持西丽湖国际科教城建设的若干意见》出台，进一步明确其“一心、两轴、三区”的空间布局。这片占地 69.8 平方千米的区域，汇聚了全市 50% 以上的高校资源、60% 以上的高层次人才以及 400 多家各类创新载体。

光明科学城与西丽湖国际科教城形成优势互补：前者以大科学装置布局基础研究，后者以科教资源集聚推动创新突破。其中，鹏城实验室自 2018 年成立后迅速发展，一年内汇聚 22 位院士、1600 余名科研人员，承担多项重大科技专项，成为技术攻关的中坚力量。两大创新平台协同发力，稳固了深圳全过程创新链的根基，有力地推进了先行示范区建设。

光明科学城地标建筑：深圳科技馆新馆

专栏

鹏城实验室：网络信息科研的领军者

随着数字技术快速发展，网络信息成为国家战略竞争力的关键节点，鹏城实验室（深圳网络空间科学与技术省实验室）应运而生。作为广东省政府批准设立、深圳市政府负责建设的二类事业单位，它承载着突破网络信息核心技术、支撑粤港澳大湾区科技创新的使命，成为中国网络信息科研领域的一面旗帜。

走进鹏城实验室，“鹏城云脑”如同智慧中枢，彰显着其硬核实力。这座重大科学基础设施以磅礴的算力，为海量数据处理与复杂算法运算提供坚实支撑。围绕网络通信、人工智能和网络空间安全三大重点方向，实验室打破学科壁垒，汇聚通信工程、计算机科学、数学等多领域人才，开展跨学科、大协同的基础研究与应用基础研究。从 5G 技术的优化升级，到人工智能算法的突破创新，再到网络空间安全防护体系的构建，科研团队不断向技术高地发起冲锋。

在科研成果转化的赛道上，鹏城实验室始终与国家和区域发展战略同频共振。研发的核心技术成果，如高性能网络通信协议、智能网络安全监测系统等，已深度融入网络信息产业，为企业提供技术引擎，助力产业升级。在粤港澳大湾区建设国际科技创新中心的进程中，这些成果成为重要助推力，推动区域在网络信息领域抢占国际制高点。

此外，鹏城实验室深谙合作共赢之道。与清华大学、北京大学等知名高校，中国科学院相关院所，以及华为、腾讯等高科技企业携手，构建起产学研深度融合的创新生态。高校的理论优势、科研院所的技术沉淀与企业的市场敏锐度在此交汇融合，加速科研成果从实验室走向市场的进程。如今，鹏城实验室正以引领者的姿态，在网络信息科研的征程中，不断书写新的辉煌篇章。

全过程创新链的科技成果产业化

在构建全过程创新链的实践中，深圳不仅在基础研究与技术攻关领域持续发力，更以政策创新、区域协同、金融赋能和人才集聚为抓手，打通科技成果转化的“最后一公里”，为创新驱动发展注入持久动力。

政策层面，深圳以精准施策破除成果转化藩篱。2021 年 2 月 18 日，《深圳市关于进一步促进科技成果产业化的若干措施》正式印发，聚焦实施高质量成果“创新工程”、成果产业化“畅通工程”、成果产业化“支撑工程”和成果产业化机制“保障工程”四大工程，试点赋予科研人员职务科技成果所有权或长期使用权。这份文件不仅深化了科技供给侧改革，更完善了全过程创新链的制度闭环，强化了科技创新对高质量发展的支撑作用。

区域协同上，深圳在粤港澳大湾区中找准定位，发挥创新成果转化中枢的独特作用。依托珠三角完备的产业体系与先进制造能力，深圳构建起“企业主体、政府引导、产学研资融合”的转化机制：政府搭建科技成果信息共享平台与公共技术服务平台，畅通技术交易渠道；同时引导天使投资、风险投资等资本力量注入，形成“创意—研发—转化—生产”的完整链条。与之形成互补的是，香港凭借国际化科研环境和顶尖高校资源（如香港大学、香港科技大学等在 QS 世界大学排名中位居前列），澳门依托国家重点实验室，广州凭借华南地区教育高地优势（集中广东省 80% 高校与 97% 国家重点学科），共同构建起“知识创造—成果转化—产品应用”的大湾区创新协同网络。

全过程创新链中的科技金融赋能

深圳以金融创新为科技创新“输血供氧”，在两大领域实现突破。首先，打造国内天使投资高地：2018 年，全国首只 100% 投向天使期项目的深圳天使母基金揭牌，首期 50 亿元财政资金撬动社会资本。到 2020 年，基金规模扩容至 100 亿元，成为国内最大的天使投资类政府引导基金。

其次，率先探索知识产权证券化。2019 年 12 月 6 日，深圳市第一单知识

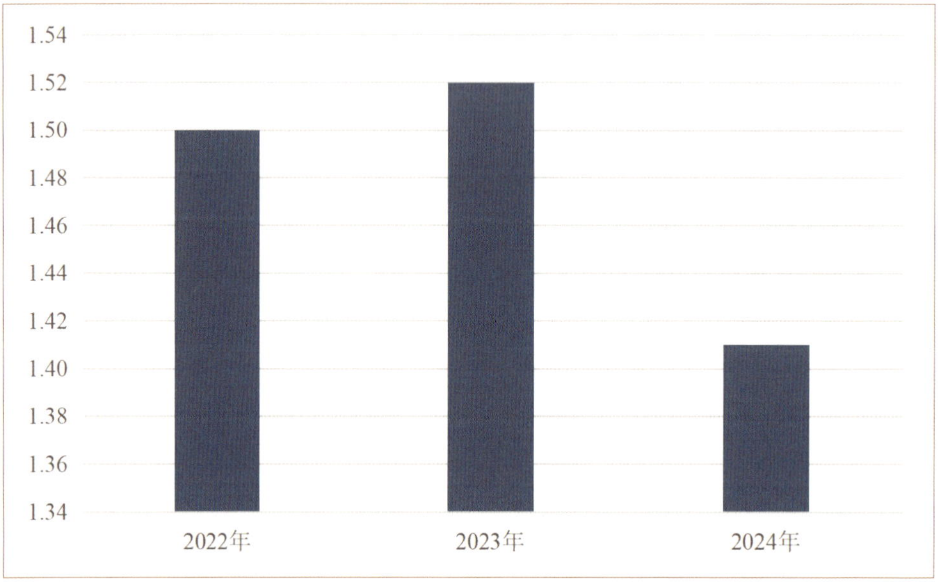

2022—2024 年深圳市创投风投行业资源管理规模（单位：万亿元）

产权证券化产品“平安证券—高新投知识产权 1 号资产支持专项计划”在深交所挂牌，开启深圳知识产权证券化征程。2021 年，新发行产品金额达 55 亿元，融资规模领跑全国。2022—2024 年，深圳创投风投行业资源管理规模持续稳定在 1.4 万亿元以上，科技金融为深圳建成全过程创新链提供了重要支撑。

全过程创新链中的人才支撑

人才是深圳创新发展的核心。2021 年，深圳全职院士增至 74 人，31 人入选“全球高被引科学家”名单，研究与试验发展人员全时当量达 34.6 万人年，位居全国城市榜首。这支高素质人才队伍，在促进深圳科技创新和经济增长中发挥着重要的作用。

日本区域经济学家藤田昌久在第三届创新经济论坛上指出，深圳的独特魅力在于人口的高度多样性——来自五湖四海的建设者打破地域局限，形成多元文化碰撞的创新沃土。这种“三个臭皮匠，赛过诸葛亮”的协作氛围，让不同思维在交融中迸发灵感，为城市创新发展提供源源不断的智慧源泉。

壮大“20+8”现代化产业集群

在迈向中国特色社会主义先行示范区的征程中，深圳锚定产业升级的时代坐标，以构建现代化产业体系为核心战略，全力锻造“20+8”现代化产业集群（20 个战略性新兴产业集群和 8 个未来产业集群）。

2019 年，《中共中央 国务院关于支持深圳建设中国特色社会主义先行示范区的意见》便已绘制加快构建现代产业体系的宏伟蓝图，鼓励深圳在战略性新兴产业、新产业新业态等领域先行先试。2021 年，深圳主动对标全球科技产业前沿，系统谋划产业发展路径：出台推动制造业高质量发展 28 条政策，组建 697 家骨干企业专项服务小组；衔接国家与省级规划，制定宽带通信、生物医药等重点产业行动计划；以前瞻性视野布局合成生物、量子信息等未来产业，建立“六个一”工作体系。一系列组合拳下，制造业竞争力稳步跃升——工业增加值突破 1 万亿元，同比增长 5%；工业投资达 1372 亿元，增速高达 27.1%；新增规模以上工业企业 1769 家，国家级专精特新“小巨人”企业 134 家、国家制造业单项冠军企业 19 家，成果显著。

基于战略性新兴产业与未来产业的集聚发展态势，2022 年 6 月，深圳市政府发布《关于发展壮大战略性新兴产业集群和培育发展未来产业的意见》，正式推出“20+8”产业集群 1.0 版本。其中，20 个战略性新兴产业集群覆盖网络与通信、半导体与集成电路等领域，8 个未来产业集群聚焦合成生物、区块链等前沿方向，构建起层次分明、协同共进的现代产业矩阵。同年 12 月，“20+8”产业基金群正式组建，秉持“一集群一基金”理念，单只基金 80% 以上资金精准投向对应产业领域。政策红利迅速释放：2022 年，战略性新兴产业增加值增长 7.0%，智能网联汽车、新能源等细分领域更是保持两位数高速增长，新能源汽车产量同比激增 1.8 倍；2023 年，全市战略性新兴产业增加值达 1.45 万亿元，同比增长 8.8%，占地区生产总值比重提升至 41.9%，新能源、新材料、智能机器人等 7 个产业集群增速突破两位数。

2024 年 3 月，《关于加快发展新质生产力进一步推进战略性新兴产业集群和未来产业高质量发展的实施方案》出台，标志着“20+8”产业集群2.0版本正式上线。

深圳“20+8”战略性新兴产业集群2.0版

产业集群	细分产业集群	支持方向
战略重点类产业集群	半导体与集成电路、人工智能、低空经济与空天、新能源、智能网联汽车、生物医药、高端医疗器械	举全市之力集聚资源，以超常规力度支持培育
优势拓展类产业集群	网络与通信、超高清视频显示、智能终端、软件与信息服务	进一步固本强基，以链主企业为核心完善产业链关键环节布局，形成产业链优势互补发展格局
基础支撑类产业集群	智能传感器、高端装备与仪器、机器人、高性能材料	聚焦重点环节靶向发展，为其他产业集群增势赋能
综合提升类产业集群	数字创意、现代时尚、安全节能环保、大健康、海洋	以精深化发展为主攻方向，推进重点领域场景应用落地，推动产业集群特色发展

升级版围绕更高目标，在四个方面实现突破：

第一，在1.0版本基础上动态调整集群门类。2.0版本的战略性新兴产业集群，新增低空经济与空天产业集群，软件与信息服务产业集群中的人工智能升格单列为1个产业集群，工业母机、激光与增材制造、精密仪器设备3个产业集群合并为高端装备与仪器产业集群，智能机器人产业集群调整为机器人产业集群，新材料产业集群调整为高性能材料产业集群。未来产业则新增智能机器人产业和前沿新材料产业，区块链产业并入软件与信息服务产业集群，可见光通信与光计算产业调整为光载信息产业，脑科学与类脑智能产业调整为脑科学与脑机工程产业。同时结合产业发展成熟度，着力推动合成生物、光载信息等4个未来产业在5～10年内产业规模实现倍数级增长，脑科学与脑机工程、深地深海等4个未来产业在10～15年内发展成为战略性新兴产业中坚力量。

第二，分类推进培育发展。2.0 版本根据战略性新兴产业集群的产业发展特点，将 20 个战略性新兴产业集群分为战略重点、优势拓展、基础支撑、综合提升 4 个大类，分类施策，精准培育。其中，战略重点类产业集群是针对具有战略意义、处于风口期、资源投入大的产业集群，举全市之力集聚资源，以超常规力度支持培育；优势拓展类产业集群是针对产业基础好、市场相对成熟的产业集群，进一步固本强基，以链主企业为核心完善产业链关键环节布局，形成产业链优势互补发展格局；基础支撑类产业集群是针对基础支撑作用大、成效显现周期长的产业集群，聚焦重点环节靶向发展，为其他产业集群增势赋能；综合提升类产业集群是针对产业集聚效应初显、处于成长阶段的产业集群，以精深化发展为主攻方向，推进重点领域场景应用落地，推动产业集群特色发展。未来产业方面，深圳结合产业发展成熟度分类培育。对合成生物等 4 个具备产业化基础的产业，加速合成生物学在药物研发等场景中的应用，推动光载信息核心器件研发与商用，突破智能机器人关键技术，完善细胞与基因产业标准。对脑科学与脑机工程等 4 个处于技术攻关阶段的产业，强化脑科学基础研究，攻关深地深海探测技术，布局量子计算等领域，推动前沿新材料研发转化。

第三，强调以科技创新推动产业创新。2.0 版本的“20+8”产业集群加大力度重点鼓励开展新技术、新产品布局，加强基础工艺等制造基础布局，推动重大科技基础设施建设，加强企业主导的产学研深度融合，加快布局制造业创新中心、产业创新中心、概念验证中心、新产品导入中心等平台。同时，围绕供应链、质量基础设施、出海、展会、品牌、标准等环节，持续提升服务供给能力，制定典型应用场景清单，加快新技术、新产品在重大项目中的规模化应用。

第四，科学布局统筹发展。强调根据发展所需、各区资源禀赋和产业带动能力，合理规划各产业集群的重点布局区和各区重点发展的产业集群，推动“20+8”产业集群布局聚焦，科学落位。原则上每个产业集群控制在 3 ~ 5 个区布局，其中细分领域较多的产业集群可适当增加布局区；每个区重点发展

3～5个产业集群。深圳计划在宝安、龙岗、龙华、坪山、光明、盐田、大鹏新区、深汕特别合作区8个区选取产业基础比较好、具有空间保障能力的区域打造20大先进制造业园区，其中宝安区4个、龙岗区3个、龙华区3个、坪山区3个、光明区4个、盐田区和大鹏新区合建1个、深汕特别合作区2个。2022年，深圳加快20大先进制造业园区规划建设，按照启动区、拓展区、储备区有序释放工业用地，实施“工业上楼”优质厂房空间建设计划，龙岗宝龙专精特新产业园、宝安新桥东先进制造产业园、南山红花岭智能制造基地等一批项目开工。

加大战略性新兴产业专项政策支持力度。2023年12月，深圳市交通运输局等多部门联合印发《深圳市支持低空经济高质量发展的若干措施》。这一全国首部低空经济产业促进措施，围绕引培产业链企业、鼓励技术创新、拓展应用场景、完善配套环境等方面，推出20条硬核举措。政策效应立竿见影：2023年，深圳新开通77条无人机物流航线，载货无人机飞行达61万架次，两项数据均位居全国首位。同年，深圳成功入选全国首批中小企业数字化转型试点城市，展现出在产业升级领域的强大竞争力。2024年12月18日，深圳市工业和信息化局印发《深圳市打造人工智能先锋城市的若干措施》，围绕生态要素供给、产业赋能、源头创新、环境优化等方面，出台18条具体措施，为人工智能产业发展筑牢政策基石。

加快推进新型工业化。2023年，深圳出台“四链融合”促进新型工业化意见，推动产业协同升级，当年便新增3家国家智能制造示范工厂和2个国家中小企业特色产业集群。2023年11月28日，全市新型工业化推进大会召开，围绕“三化三性一力”（智能化、绿色化、融合化，完整性、先进性、安全性，产业国际竞争力）和强化“三基”（夯实市场主体、产业投资、产业生态基础）10个关键方向，系统部署20项中长期任务、74项未来三年工作安排及35项年度工作清单，明确责任分工与时间节点，以“任务书”“路线图”的形式，为新型工业化发展指明方向，确保各项工作扎实推进、落地见效。

大疆：无人机领域的科技领军型企业

深圳市大疆创新科技有限公司自 2006 年成立以来，始终专注于无人机技术的研发与创新。在创业初期，大疆团队便攻克了无人机飞行控制技术的多项难题，成功开发出具有自主知识产权的飞行控制系统，为无人机的稳定飞行提供了核心保障。随着技术的不断积累和创新，大疆陆续推出了一系列具有划时代意义的无人机产品。

以大疆精灵系列为例，该系列无人机将复杂的无人机技术进行简化和集成，使得普通消费者也能够轻松上手操作。精灵系列无人机凭借其便携性、稳定性和出色的拍摄功能，迅速风靡全球，成为消费级无人机市场的爆款产品。此后，大疆又不断推出更高端、更专业的无人机产品，如御系列、悟系列等，满足了不同行业用户的需求。

在影视拍摄领域，大疆无人机凭借其灵活的操控性和高清拍摄能力，为导演们提供了全新的拍摄视角，助力众多影视作品呈现出震撼的视觉效果；在农业植保领域，大疆无人机能够实现高效的农药喷洒和农田监测，提高农业生产效率，降低农民劳动强度；在测绘、巡检等行业，大疆无人机也发挥着重要作用，大幅提高了工作效率和数据采集的准确性。

大疆不仅在产品技术上不断创新，还注重构建完善的生态系统。通过开放无人机的 SDK（软件开发工具包），吸引了全球众多开发者参与到无人机应用开发中，拓展了无人机的应用场景和市场空间。大疆的发展，体现了深圳在科技创新领域的无限活力和强大竞争力，推动了全球无人机行业的发展和变革。

加快完善社会主义市场经济体制

在建设中国特色社会主义先行示范区的征程中，深圳肩负着完善社会主义市场经济体制的时代使命。2019 年，《中共中央 国务院关于支持深圳建设中国特色社会主义先行示范区的意见》明确提出构建全面深化改革开放新格局的要求，深圳以产权制度完善、国资国企改革等为抓手，在体制机制创新领域大胆探索，为全国改革发展输出可借鉴的实践经验。

深化企业家制度改革，厚植营商沃土

深圳始终将优化营商环境作为“一号改革工程”，以制度创新彰显对企业家群体的尊重与支持。2019 年 10 月，深圳市六届人大常委会第三十六次会议全票表决通过，将每年 11 月 1 日设立为“深圳企业家日”，深圳成为全国首个以法定形式致敬企业家的城市。这一创举不仅传递出城市对企业家精神的弘扬，更在全社会营造出理解、尊重、爱护、支持企业家的浓厚氛围。

2021 年 8 月，“深 i 企”平台正式公测上线。平台整合了用工、金融、税务等 2800 余项涉企业务，实现全市企业服务一站式办理。从设立法定企业家日到搭建数字化服务平台，深圳以务实举措持续优化营商环境，保障企业发展。

探索个人破产制度，激发创新活力

作为全国创业密度最高的城市，深圳直面市场主体发展痛点，率先在个人破产制度建设上破冰。2020 年 6 月，《深圳经济特区个人破产条例（征求意见稿）》发布，标志着国内首部个人破产立法探索正式启动。该制度允许因经营或生活陷入债务困境的自然人，在符合条件下申请破产，填补了中国自然人市场退出机制的空白。

这一创新举措不仅完善了现代破产制度体系，更为创业者卸下债务枷锁，营造出鼓励创新、宽容失败的社会氛围。在深圳，大量以个体经营、微商、自由职业者形式参与商事活动的自然人，从此获得合法的市场退出通道，有效激

发了全社会的创业创新活力。

密集出台惠企政策，稳定市场预期

面对经济发展新形势，深圳以系列政策组合拳稳定市场主体。2022年，“纾困 30 条”“培育壮大市场主体 30 条”“促消费 30 条”“工业经济 30条”“稳增长 30 条”5 个“30 条”政策密集出台，涵盖助企纾困、消费提振、工业发展等多个领域。2023 年，《深圳市扶持个体工商户高质量发展若干措施》从降成本、拓空间、优环境等 6 个方面提出 33 条具体举措，着力降成本、稳经营、减负担、优环境、拓空间、促发展，构建起覆盖个体工商户全生命周期的服务体系，全力推动个体工商户高质量发展。

推进金融改革创新，拓宽融资渠道

在金融领域，深圳积极落实先行示范区综合改革任务，在基础设施公募不动产投资基金（REITs）试点等方面取得突破。2021 年 10 月，深圳市在香港成功发行 50 亿元离岸人民币地方政府债券，这是内地地方政府首次发行离岸人民币债券，为深化深港金融合作、拓宽融资渠道提供了创新范例。REITs 试点改革的推进，则进一步完善了资本市场服务实体经济的功能，为基础设施建设开辟新的融资路径。

从企业家制度创新到个人破产立法，从惠企政策落地到金融改革突破，深圳在完善社会主义市场经济体制的道路上步履不停，以一项项开创性实践，为新时代全面深化改革贡献着深圳智慧。

前海和河套成为支撑深港深度融合发展的平台

在粤港澳大湾区的建设中，前海与河套两大平台发挥着关键作用，有力推动了深圳与香港在多领域的深入合作。2018 年 10 月，习近平在实地考察前海时，要求深圳在共建“一带一路”、推进粤港澳大湾区建设、高水平参与国际合作方面发挥更大作用。[①]《中共中央 国务院关于支持深圳建设中国特色社会主义先行示范区的意见》也明确提出，要以前海和河套为重要支点，助推粤港澳大湾区建设，深化深港合作。

横琴、前海、南沙和河套是粤港澳合作的四大平台，其中前海与河套凭借独特区位优势，成为深港合作的核心载体。前海聚焦现代服务业，依托香港的产业优势，致力于打造全面深化改革创新试验平台和高水平对外开放门户枢纽；河套面积虽仅3.89平方千米，却以“一区两园”的跨境优势，汇聚深港科技创新资源，成为打造协同高地、推动大湾区国际科技创新中心建设的关键力量。

前海合作区：粤港澳大湾区深度合作的强劲引擎

2018年，习近平在考察前海时指出，实践证明，改革开放道路是正确的，必须一以贯之、锲而不舍、再接再厉。深圳要扎实推进前海建设，拿出更多务实创新的改革举措，探索更多可复制可推广的经验，深化深港合作，相互借助、相得益彰，在共建“一带一路”、推进粤港澳大湾区建设、高水平参与国际合作方面发挥更大作用。[②] 2021年9月6日，《全面深化前海深港现代服务业合作区改革开放方案》发布，前海面积从14.92平方千米大幅扩展至120.56平方千米，发展空间得到极大拓展。普华永道基于世界银行营商环境指标体系的评估显示，前海作为独立经济体的排名持续攀升，从2017年的第51位跃升至2020年的第22位，在开办企业、施工许可、执行合同等多个领域进入全球前20名，营商环境已接近国际一流水平。

截至2021年，前海累计推出645项制度创新成果，其中58项在全国复制推广，82项在全省推行，165项在全市落地。出口退税快速直达、电子营业执

① 新华网．习近平：高举新时代改革开放旗帜把改革开放不断推向深入[EB/OL].(2018-10-25)(2024-11-13).

② 新华网．习近平：高举新时代改革开放旗帜把改革开放不断推向深入[EB/OL].(2018-10-25)(2024-11-13).

阳光下的万象前海

照应用、跨境人民币缴税等创新举措，充分彰显了前海作为改革“试验田”的示范作用。

2022 年 9 月，海关总署印发《海关总署支持前海深港现代服务业合作区全面深化改革开放若干措施》，在深港规则对接、跨境要素便捷流动、建设深港现代服务业综合保税区等方面，全力支持深港现代服务业合作区打造粤港澳大湾区全面深化改革创新试验平台，建设高水平对外开放门户枢纽。2023 年 2 月，中国人民银行、中国证监会等部门联合印发《关于金融支持前海深港现代服务业合作区全面深化改革开放的意见》（简称“前海金融 30 条”），涵盖民生金融、金融市场互联互通、现代金融产业发展、促进跨境贸易和投融资便利化、加强金融监管合作等多个领域，具体包括便利香港居民开设内地银行账户、允许证券业金融机构在香港开展直接融资、试点开展私募股权和创业投资份额转让等 30 条措施。同年 4 月，交通运输部公开发布《关于创新海事服务支持全面深化前海深港现代服务业合作区改革开放的意见》，从总体要求、安全发展、绿色发展、创新驱动、智慧引领、组织保障6个方面提出18条具体措施，为前海发展提供全方位支持。

2023年12月21日，《前海深港现代服务业合作区总体发展规划》正式发布，明确提出2025年、2030年、2035年的阶段性目标。到2035年，前海将建成高水平对外开放的国际化滨海新城，成为全球资源配置、创新策源和协同发展的强大引擎。

截至2024年，“前海金融30条”亮点纷呈，形成14项全国“首创”“首批”成果，其中11项已在全国推广。在民生金融领域，香港居民代理见证开户试点让37.6万港人“足不出港”在深圳开户；电子钱包互联互通业务覆盖157万港澳用户，交易金额超76.7亿元。跨境贸易投融资方面，优质企业贸易外汇收支便利化试点、出口跨境电商直通车业务等举措，为企业节省手续费约5.7亿元。在深港金融市场互联互通上，合格境外有限合伙人总量管理试点、大宗商品跨境现货交易人民币计价结算等创新，推动前海成为金融改革创新的高地。这些政策不仅助力前海打造对外开放门户枢纽，更为深港合作持续赋能。

河套深港科技创新合作区：深港协同创新的前沿阵地

随着粤港澳大湾区建设与中国特色社会主义先行示范区的战略叠加，深圳通过深化区域协同合作，不断拓展发展新边界，在促进区域经济一体化进程中展现出强大的引领力与辐射力。

2019年2月，《粤港澳大湾区发展规划纲要》发布，明确指出：支持落马洲河套深港创新及科技园和毗邻的深方科创园区建设，共同打造科技创新合作区，建立有利于科技产业创新的国际化营商环境，实现创新要素便捷有效流动。随着先行示范区建设的推进，合作区以“五流四制”（人流、物流、资金流、信息流、商流，法制、税制、科研体制、园区管理体制）改革为突破口，持续探索深港规则衔接与机制对接的创新路径。

河套深港科技创新合作区

2020 年 10 月 14 日，习近平在深圳经济特区建立 40 周年庆祝大会上发表重要讲话，明确指出要规划建设好河套深港科技创新合作区。① 2023 年 8 月 8 日，国务院印发《河套深港科技创新合作区深圳园区发展规划》，从规划背景、总体要求、总体布局、协同香港推动国际科技创新、建设具有国际竞争力的产业中试转化基地、构建国际化的科技创新体制机制、打造汇聚全球智慧的科技合作平台、保障措施等方面进行系统谋划。这一规划的落地，不仅为深圳对接国际创新规则、建设现代化国际化创新型城市提供了有力支撑，也让香港得以将科技创新与金融开放优势与珠三角完备的产业链深度融合，推动香港建设国际创新科技中心与北部都会区，更为“一国两制”实践注入新内涵，助力粤港澳大湾区打造世界级创新平台。

① 习近平．在深圳经济特区建立 40 周年庆祝大会上的讲话 [M]．北京：人民出版社，2020．

“广州—深圳—香港—澳门”科技创新走廊：大湾区创新版图的关键联结

2018 年 8 月，粤港澳大湾区建设领导小组会议提出建设“广州—深圳—香港—澳门”科技创新走廊，标志着广深科创走廊向港澳延伸，环珠江口创新环道逐步成形。深圳积极响应，与广州等城市紧密协作，探索创新要素跨境流动的政策机制，推进大湾区大数据中心与国际化创新平台共建。随着深中通道建设提速、穗莞深城际线开通以及深莞惠经济圈合作深化，区域协同发展的成效日益显著，科技创新走廊正成为大湾区创新资源汇聚与产业协同发展的关键纽带。

深圳都市圈：区域协调发展的新范式

自 2016 年“东进战略”实施以来，深莞惠三地在基础设施互联互通、生态环境共保共治、民生服务共建共享、产业协同发展等领域的合作全面深化。2017 年 9 月，深汕特别合作区迎来重大体制机制创新，深圳开始全面主导合作区经济社会事务管理，以深圳 10 个区 + 深汕特别合作区的“10+1”模式推动合作区深度融入深圳发展体系。这一改革为合作区带来了更大力度的政策支持和资源倾斜，确保合作区在新的体制机制下迅速打开工作局面。

2020 年，深圳都市圈建设正式启航。4 月，深圳市发展改革委提出将河源、汕尾纳入原深莞惠合作范围，共同构建深圳都市圈；5 月，广东省发展改革委积极响应，推动相关工作落地。2023 年 10 月，广东省政府印发《深圳都市圈发展规划》，明确了从基础设施互联互通到科技创新协同，从生态环境共保到公共服务共享，全方位布局都市圈一体化发展路径。这一规划的实施，不仅是落实区域协调发展战略与新型城镇化战略的重要实践，更为粤港澳大湾区建设与广东推进中国式现代化提供了坚实支撑。

正如新制度经济学代表人物张五常所言，深圳凭借其完整的产业链、毗邻东莞和惠州的制造业集群以及年轻化的人口结构，将成为“整个地球的经济中心”。

第四节 因地制宜加快发展新质生产力

党的二十大之后，新质生产力的时代命题应运而生。习近平强调："发展新质生产力不是要忽视、放弃传统产业，要防止一哄而上、泡沫化，也不要搞一种模式。各地要坚持从实际出发，先立后破、因地制宜、分类指导。根据本地的资源禀赋、产业基础、科研条件等，有选择地推动新产业、新模式、新动能发展，用新技术改造提升传统产业，积极促进产业高端化、智能化、绿色化。"[①] 这一理念深刻揭示了科学技术与经济社会的辩证关系，为城市发展指明了方向。

从 1980 年设立经济特区到 2019 年被赋予中国特色社会主义先行示范区使命，其间，深圳始终站在改革开放的潮头。从最早的经济特区，到综合配套改革试验区、自由贸易区，再到粤港澳大湾区建设，深圳不断承接国家重大战略任务，政策试点范围持续拓宽，战略地位愈发重要。与其他城市相比，深圳先行示范区的定位更强调全领域"先行示范"，在高质量发展、法治建设、城市文明、民生保障和可持续发展等方面为全国提供样板。

作为先行示范区，深圳肩负着探索新质生产力发展路径的重要使命。立足自身优势，深圳深耕产业链供应链生态、教育科技人才、绿色发展、对外开放四大关键领域，在新质生产力培育的实践中勇当先锋，助力全国高质量发展。

① 发展新质生产力不是要忽视、放弃传统产业[N]. 人民日报，2024-03-07.

推动产业链供应链生态体系建设

在新质生产力蓬勃发展的时代背景下，构建安全稳定的产业链供应链已上升为国家战略核心。作为连接生产、流通与消费的关键纽带，产业链供应链不仅是大国经济循环的稳定器，更是现代化产业体系建设的压舱石，对推动实体经济高质量发展意义深远。

深圳以“工业立市”“制造强市”为发展根基，稳坐中国工业第一大市宝座，将产业链与供应链优势深度融合。作为首批全国供应链创新与应用示范城市，深圳在培育“20+8”产业集群的坚实基础上，于2023年全面启动产业链供应链生态体系建设。凭借深厚的供应链服务集群资源，深圳从政策扶持、项目培育、市场推广等多方面协同发力，持续优化营商环境。这座创新之城通过发展战略性新兴产业、培育未来产业，不断释放新技术、新动能，已然成为观察中国新质生产力发展的重要窗口。

全国最大的供应链服务集群

深圳制造业的蓬勃发展堪称中国产业升级的缩影。数据显示，2022年中国制造业增加值占全球比重近30%，连续13年稳居世界首位。而深圳全口径工业增加值达1.14万亿元，跃居全国城市榜首；2021年和2022年，即便面对复杂经济形势，其规模以上制造业总值仍保持4.7%和4.8%的稳健增速。

2023年，深圳全社会研发投入强度持续攀升，云计算、大数据、人工智能等数字技术广泛应用于各领域，多个科技细分领域达到国际先进水平：规模以上工业总产值突破4.8万亿元，稳居全国城市首位；计算机、通信和电子设备制造、新能源汽车等产业集群规模庞大，构建起全球独一无二的高效制造产业链，成为中国新质生产力发展的引领者；以华为、腾讯、大疆、比亚迪为代表的本土企业快速崛起，从国际创新竞争的参与者成长为引领者，跻身全球科技领军企业行列。

专精特新企业与制造业单项冠军的崛起，有力推动了深圳新质生产力的发

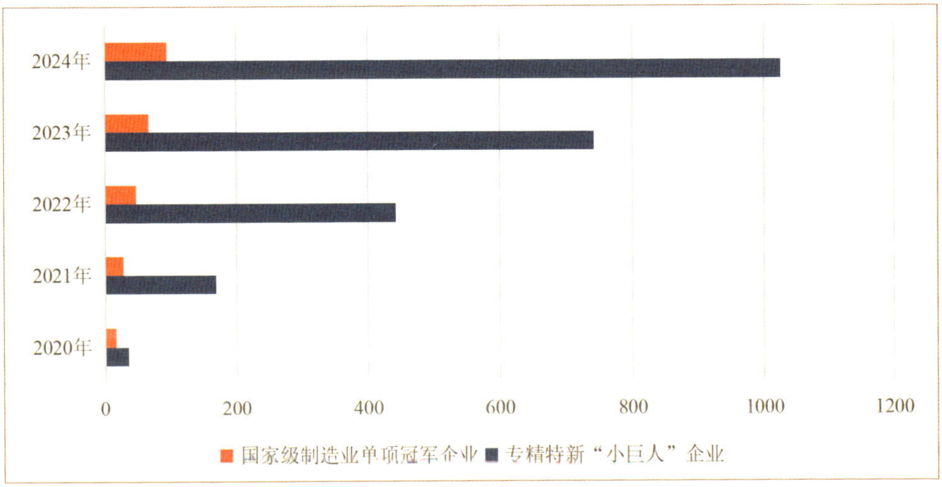

2020—2024 年深圳国家级制造业单项冠军企业和专精特新“小巨人”企业数量变化（单位：家）

展。2020—2024 年，深圳市国家级制造业单项冠军企业从 17 家激增至 95 家，国家级专精特新“小巨人”企业更是从 35 家跃升至 1025 家，5 年间增长近 30 倍。这些企业如同创新链条上的关键节点，支撑起深圳产业升级的坚实框架。

世界 500 强企业的集聚，进一步彰显深圳的经济实力。截至 2022 年底，深圳共有平安、华为、比亚迪、顺丰等 10 家企业跻身世界 500 强，涵盖科技、金融、制造等多个领域，其中科技型企业占据主导地位。2020 年 9 月，在“进无止境——纪念深圳特区成立 40 周年暨企业精神”高峰论坛上，经济学家、如是金融研究院院长管清友指出，在新的技术条件下，数字化基建或者新基建可能是中国版的新一代信息高速公路建设的重要引擎。深圳 500 余家涉足七大行业的新基建企业，正是推动城市在新一轮竞争中领跑的关键力量。

在 40 余年的发展征程中，深圳依托制造业、高科技产业与金融服务业的多元产业矩阵，不仅书写了城市经济持续增长的奇迹，更为社会创造了海量就业岗位。创新的产业政策、优质的营商环境与雄厚的科技实力，共同构筑起这座城市参与全球竞争的硬核底气。

作为粤港澳大湾区的核心枢纽与国际贸易的关键门户，深圳凭借毗邻港澳的独特区位优势，逐步发展形成全国规模最大的供应链服务产业集群，更以发

深圳 2022 年世界 500 强企业名单

序号	排名	企业名称	营收（百万美元）	利润（百万美元）
1	25	中国平安保险（集团）股份有限公司	199629.4	15753.9
2	76	正威国际集团有限公司	112049.2	2010.7
3	96	华为投资控股有限公司	98724.7	17622.7
4	121	腾讯控股有限公司	86835.6	34854.4
5	174	招商银行股份有限公司	71063.8	18591.6
6	178	万科企业股份有限公司	70197.6	3491.9
7	324	中国电子信息产业集团有限公司	43118.4	-158.1
8	372	深圳市投资控股有限公司	37599.3	1649.2
9	436	比亚迪股份有限公司	32758.0	472.1
10	441	顺丰控股股份有限公司	32120.3	661.8

源地与集聚中心的双重身份，塑造出开放包容、创新引领的良性发展格局。

截至 2022 年底，深圳汇聚了超过 4000 家优质供应链服务企业，占全国总量的 80% 以上，形成极具规模效应的产业集群。在推动供应链全链条协同发展的过程中，供应链金融发挥着关键作用。这一创新融资模式通过金融机构对供应链管理水平与核心企业信用状况的精准评估，为产业链上下游企业量身定制多样化金融服务。自 2019 年深圳市供应链金融协会成立，到 2023 年供应链金融公共服务平台建成投用，深圳已构建起完整的供应链金融生态体系，充分满足企业多元化的融资需求，激活产业协同发展的内生动力。

深圳经济的高质量发展，始终与供应链的创新升级同频共振。作为行业发展的标杆，这座城市以开放姿态吸纳全球资源，将供应链与产业链优势深度融合，以提升全球要素配置能力为核心目标，持续探索供应链创新发展新路径，为中国乃至全球供应链体系的优化升级提供创新实践和有益借鉴。

政府政策的大力支持

在构建现代化产业体系的国家战略指引下，深圳通过创新政策举措，大力推进产业链供应链生态建设，取得显著成效。

2022 年 12 月，中央经济工作会议提出加快建设现代化产业体系，并进行了全面系统部署，包括提升产业链供应链韧性和安全水平，关键是要以守正创新方式办好自己的事；聚焦自立自强，确保产业链供应链循环畅通；实现升级发展，全面提升产业体系现代化水平等。

深圳迅速行动，围绕这一战略部署展开一系列布局。2023 年 3 月 13 日，深圳市首次召开供应链服务企业座谈会，提出“三个打造”发展思路，为产业链供应链发展指明方向；4 月 2 日，《深圳市产业链供应链白皮书》发布，系统阐述提升产业链供应链韧性和安全水平的六大重点工作。

2023 年 9 月，《深圳市加快推进供应链创新与发展三年行动计划（2023—2025 年）》发布，从加快先进制造业供应链创新、推动供应链服务高质量发展、提升金融服务水平等 7 个方面，部署 25 项具体任务。该计划明确提出三大目标：打造重点产业全球领先的供应链能力，提升现代供应链服务水平，完善供应链创新生态，从而将深圳建设成为全国供应链创新与应用的示范高地。作为全国制造业品类最齐全的城市，深圳制造业多年以来一直保持着快速发展。该计划提出，深圳将围绕先进制造业产业，重点培育处于产业链供应链核心地位，对优化资源配置、推动技术创新、构建产业生态有重大影响力的企业；梳理电子信息、新能源汽车、高端装备等战略性新兴产业集群，打造一批领先全国、比肩国际的供应链核心企业；形成 5 个以上千亿级、10 个以上百亿级产业垂直供应链协同企业，打造 20 个以上“深圳智造”自主国际知名品牌。

2023 年 11 月，深圳召开加快推进新型工业化大会，再次强调持续补链、强链、延链的重要性，提出加强区域协作、发挥产业配套优势的发展路径。随着一系列政策落地实施，作为供应链之都，深圳正沿着补链、强链、延链的路径，推动产业集群化发展，全力提升产业创新能力，增强产业链供应链的完整性、先进性与安全性，向着建设全球重要产业科技创新中心的目标稳步迈进。

专栏

供应链之都：深圳“1 小时供应链”生态圈

在珠江口东岸，深圳这座充满活力的城市，正以其独特的“1 小时供应链”生态圈，重新定义全球制造业的效率标准。作为全球电子制造中心和科技创新高地，深圳依托完善的产业配套、高效的物流体系与高度集聚的供应链资源，编织出一张精密而庞大的产业网络——在这里，企业从采购原材料到完成产品组装，最快仅需 1 小时。这一创举不仅颠覆了传统制造业的时间概念，更让深圳成为全球制造业版图中闪耀的“超级枢纽”。

深圳“1 小时供应链”的奇迹，扎根于得天独厚的地理与交通优势。在宝安国际机场的货运区，巨型货机昼夜起降，与盐田港、蛇口港的万吨巨轮形成海陆空立体运输网络；纵横交错的高速公路、铁路如同城市的“血管”，将货物快速输送至各个产业园区。以宝安区“国际物流村”为例，截至 2024 年，4200 余家物流企业在此集聚，从跨境货运到冷链配送，从智能仓储到即时配送，业务覆盖全球 200 余个国家和地区。清晨从东南亚起飞的原材料航班，中午就能抵达深圳工厂，经过流水线加工后，傍晚已装车发往世界各地，这般“深圳速度”背后，是立体化物流体系的强力支撑。

政策的春风同样为生态圈注入动能。深圳市政府发布的《深圳市加快推进供应链创新与发展三年行动计划（2023—2025 年）》，从产业链协同创新、跨境贸易便利化等多个维度精准施策。例如，通过简化通关流程、搭建数字化供应链平台，让企业申报、查验、通关等环节实现“一网通办”，大幅压缩时间成本。

在这片创新热土上，企业间的协同如同精密运转的齿轮。华强北的电子元器件市场与周边的组装厂、检测机构形成“前店后厂”模式，研发端提出需求，供应商即时响应，生产线上设备轰鸣，质检环节无缝衔接。这种“零延迟”的协作模式，让深圳制造既能承接全球订单的海量需求，又能灵活应对市场的瞬息万变，持续引领全球制造业的发展浪潮。

统筹推进教育科技人才一体化良性循环

深圳虽已跻身国内创新前沿，但对标硅谷、波士顿等全球创新高地，其科技创新基础仍存短板：行业性大院大所与国家级重大科技基础设施稀缺，原始创新能力亟待增强；产业升级所需的技术储备不足，新兴领域关键核心技术攻关迫在眉睫；高层次人才与高技能人才缺口明显，高等教育规模难以匹配国际科技和产业创新中心建设需求。在此背景下，推进教育、科技、人才高度一体化成为培育新质生产力的关键路径。教育、科技、人才一体化既要突出内在一致、相互支撑的有机联系，又要畅通良性循环，实现新质生产力发展的整体性、协调性、平衡性。

教育支撑一体化发展

在教育支撑一体化发展进程中，深圳持续发力，从多个维度构建创新生态。课程资源共享机制率先落地。西丽湖国际科教城汇聚深圳大学、南方科技大学、北京大学深圳研究生院、清华大学深圳国际研究生院、哈尔滨工业大学（深圳）等多所高校，2022 年 9 月，西丽湖国际科教城内 5 所高校开放 79 门互选课程；2024 年，X9 高校院所联盟更是将互选课程扩展至 357 门，打破校际壁垒，为学生提供多元学习选择。

创新型学院探索人才培养新范式。2022 年 11 月，深圳零一学院在西丽湖国际科教城揭牌。这是深圳面向未来、面向科技创新需求，探索拔尖创新人才培养新路径的又一重要举措。学院由郑泉水院士领衔创办，以一线企业面临的前沿挑战问题为导向，聚集具有探索精神和创新潜质的学生以及具有创新精神的高水平导师，探索“一流大学 + 一流中学 + 一流企业”联合选拔、培养、评价拔尖人才的新机制，形成教育培养人才、人才驱动创新、创新带动产业、产业反哺教育的开放创新生态链，努力建设基础研究与应用基础研究领域的拔尖创新人才培养平台。

高等教育结构持续优化，产教融合向纵深发展。2023 年，深圳职业技术学院升格为深圳职业技术大学，并牵头组建深圳市域产教联合体；2024 年，依托深圳先进院的深圳理工大学获批设立，着重开展基础性、前沿科学技术研究，聚焦“新工科”“新医科”，首批开设 6 个本科专业；同年，南方科技大学国家卓越工程师学院完成首批研究生招生，招收专项计划近百名博士生和 150 余名硕士生。这些举措精准对接产业需求，强化科技创新人才供给。

基础教育同样成为一体化发展的坚实根基。2013—2023 年，深圳普通中学数量从 314 所增至 554 所。2024 年，深圳城市职业学院完成首批高职招生，18 个基础教育集团获评省级优质基础教育集团，普惠性幼儿园覆盖率达 92.3%。截至 2024 年，凭借扎实的基础设施建设，深圳不仅入选全国中小学科学教育实验区，更有 78 节课入选国家“基础教育精品课”，为创新人才培养提供了强有力的支撑。

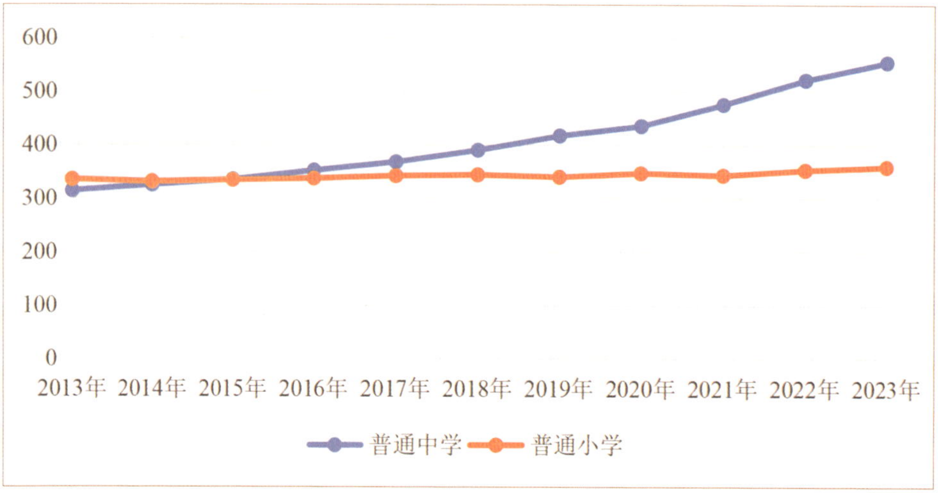

2013—2023 年深圳市普通中学和普通小学数量（单位：所）

科技支撑一体化发展

在推动教育科技人才一体化的进程中，深圳深知科技平台建设是打通创新链条的关键枢纽。为此，这座城市以国家级创新平台为支点，撬动产学研深度融合，助力一体化发展。

2022 年，深圳在国家级科研平台建设上实现重大突破。深圳大学牵头申报的“射频异质异构集成全国重点实验室”获批立项，这不仅是深圳大学建校以来首个全国重点实验室，更填补了深圳本土高校在此领域的空白。同年 4 月，国家发展改革委批复深圳科诺医学检验实验室牵头组建“细胞产业关键共性技术国家工程研究中心”。该中心联合高校、科研院所与产业链上下游企业，搭建协同创新机制，推动细胞制备由劳动密集型、手动操作向全自动、全封闭、连续性的无人智造转变，助力提升中国生物产业的国际竞争力。10 月，广东博华超高清创新中心有限公司与四川新视创伟超高清科技有限公司共建的国家超高清视频创新中心获批，为行业技术革新提供重要支撑。

2023 年 11 月 21 日，深圳医学科学院在光明云谷国际会议中心揭牌成立，由颜宁担任创始院长，标志着深圳在生命科学领域的创新探索迈出重要一步。2024 年 7 月 14 日，国家生物制造产业创新中心在光明区启动建设，作为国家发展改革委批复的全国第 10 个产业创新中心，也是生物制造领域首个国家级平台，其成立为生物制造技术研发与产业转化搭建了战略高地。

截至 2024 年底，深圳已累计拥有 14 家全国重点实验室。这些国家级创新平台的密集落地，稳固地支撑起教育、科技、人才协同发展的创新网络，推动知识创造、技术研发与人才培养的深度融合，为深圳构建现代化创新体系奠定坚实基础。

专栏

粤港澳大湾区量子科学中心：从成果转化迈向基础研究新征程

在量子科技竞争白热化的国际舞台上，粤港澳大湾区量子科学中心锚定国家重大战略需求，以量子基础科学研究为核心、量子技术应用为牵引，全力抢占技术制高点。秉持“区域协同、国家急需、世界一流”的建设理念，中心充分激活大湾区国际化人才资源与制度优势，整合区域内量子基础科学、信息科学及高技术应用领域的骨干力量，围绕量子材料制备、物性测试、精密器件研制等关键方向，规划建设约 20 个顶级科研平台。

作为战略科技力量的组成部分，中心积极承接国家重大科创项目，致力于打造量子科技人才高地。通过引进与培育并重，吸引了一批具有国际水平的战略人才、领军人才和青年才俊，逐步构建起从基础研究到技术研发的完整创新链条，目标直指未来量子科技领域的“量子硅谷”。

中国激光杂志社发布“2024 中国光学十大进展”，原子尺度奇点介电纳米激光、Pb 级超分辨三维纳米光子存储器技术等 20 项前沿进展入选。其中，量子科学中心王雪华教授团队的成果“面向高通量集成量子信息技术的固态量子辐射子超分辨快照式高光谱成像”和量子科学中心研究科学家赵三根团队的成果“一种溶液处理并可用于高效偏振光调制的巨大光学各向异性晶体”成功入选“2024 中国光学十大进展（基础研究类）”。

如今，从基础研究到成果转化，量子科学中心已勾勒出完整的量子科技生态蓝图。未来，依托大湾区的独特区位优势，中心将持续深化国际合作、强化人才培育，不断拓展量子科学边界，为全球量子科技发展注入“中国动能”。

人才支撑一体化发展

40 余年来，深圳的产业结构与劳动力结构在协同演进中实现了跨越式升级。从 20 世纪 80 年代以电子、纺织为主的劳动密集型制造业，到 20 世纪 90 年代计算机、通信技术密集型产业崛起，再到 21 世纪初高新技术产业与现代服务业成为经济支柱，直至 2010 年后战略性新兴产业主导发展，这座城市完成了从“制造”到“智造”的华丽蜕变。与之同步，劳动力结构也从依赖体力劳动者，逐步向技术型、知识型人才转型。产业附加值的持续攀升与劳动力素质的迭代优化，共同书写着深圳经济腾飞的传奇。然而，这种快速转型也带来了技能错配、人口红利消退等挑战，需要通过强化职业教育、优化人才引进和深化产教融合等措施来应对。①

在国际城市的坐标系中，深圳的创新发展态势尤为瞩目。《全球创新城市科技教育人才协同发展评估报告》显示，2019—2023 年，深圳研究机构数量以 18% 的复合年均增长率领跑 30 个全球城市。新建机构的不断涌现与现有机构的研究型转型，彰显出这座城市对教育资源投入与创新能力建设的坚定决心。

与此同时，中国城市在青年人才梯队建设上展现出强大优势，广州、上海、北京、深圳的青年研究型人才占比显著高于欧美城市。此外，深圳与香港更以惊人的科研人才增速，成为全球人才汇聚的新中心。截至 2023 年，深圳科研群体中 24% 的人才来自市外流入，这一比例在 30 个城市中位居榜首，印证了其强大的人才虹吸效应。

国内竞争格局中，深圳同样表现亮眼。2023 年，北京、上海与粤港澳大湾区高水平人才高地凭借区位与经济优势，成为人才聚集的核心区域。《中国创新人才指数 2023》显示，深圳以 82.82 的综合得分位列全国第三，紧随北京、上海之后。在华顿经济研究院发布的“2022 年中国百强城市排行榜”中，深圳

---

① 陈宏胜，胡雅雯，崔敬壮，等 . 迈向“老龄友好”：深圳适老型城市发展经验与规划对策[J]. 规划师，2023，39(1)：35−41.

深圳主导产业变化及其对就业者的素质要求

时期	主导产业	就业者类型
1980—1990 年	电子及通信设备制造业、食品制造业、文教体育用品制造业、纺织业、机械工业、建筑业等	体力劳动者，劳动力素质要求相对较低
1991—2000 年	计算机及其软件、通信业、微电子及其基础元器件、视听产业、机电一体化产业、重点轻工产业、能源产业等	主要劳动力向技术劳动者和高学历人才过渡
2001—2010 年	高新技术产业、现代金融业、现代物流业等	以高技术从业者为主，包括应用型研究人才、特定技术工种人才等
2011—2020 年	新一代信息技术产业、高端装备制造业、绿色低碳产业、生物医药产业、数字经济产业、新材料产业、海洋经济产业等	以高层次技术型和知识型劳动者为主，对劳动者素质要求高，就业门槛高

同样稳居第三，其在人才效能与人才结构方面的突出表现，成为城市竞争力的重要支撑。

深入剖析深圳的人才竞争力，其优势清晰可见。人才效能方面，2022 年深圳发明专利授权量达 45202 件，仅次于北京；每万人发明专利拥有量 137.9 件，稳居全国第二，大幅领先第三名上海。企业实力方面，2022 年 29 家深圳企业跻身中国 500 强，9 家入围中国创新企业 100 强，分别位列全国第二与第三。人才结构上，深圳每万人拥有 R&D 人员数位居全国首位；人才环境同样出色，综合排名第三。

在新兴产业领域，深圳的优势更为显著。作为珠三角城市群的核心，深圳在 5G 技术、芯片研发、集成电路、机器人等领域成果突出。2023 年，国际科技信息中心与爱思唯尔共同发布的《国内城市科创人才对比分析——暨深圳市科技创新人才发展报告》显示，深圳科创人才在学术产出效率、增速及产学合作等方面均领跑全国。

优化教育、科技、人才创新体制机制

在推进教育、科技、人才一体化发展的进程中，深圳深知体制机制创新是激活要素活力的关键。通过打造专业化人才服务平台、完善政策保障体系，这座城市正构建起具有全球竞争力的创新生态系统。

作为全国首家以人才命名的城市级国有企业，深圳人才集团自成立起便肩负着打造国际人才高地的重任。截至 2022 年，集团构建起"高端猎头引领、公共服务筑基、人力资源外包支撑"的业务架构，不仅为深圳累计引育超 5000 万人次人才，服务超 50 万家政府单位、企业及学术机构，更以创新实践为全国人才工作提供典型示范路径。其业务版图不仅覆盖深圳本土，更辐射粤港澳大湾区乃至全国，成为链接全球智力资源的重要枢纽。

在深化区域人才合作方面，深圳人才集团积极搭建多元平台：推动成立粤港澳大湾区（深圳）人才研究院，建设国家级粤港澳大湾区人才创新园；联合粤港澳三地百家高校、企业与社会团体，发起粤港澳大湾区青年创新发展联盟，为青年人才打造交流、就业、创业的一体化服务平台。同时，集团着眼全国布局，通过组建全国人才集团联盟，先后与青岛、江门、三亚、郴州等地合作成立区域性人才集团，构建起南北联动、东西互济的人才服务网络，促进资源共享与协同发展。

政策创新层面，深圳同样步履不停。2022 年 12 月，《深圳市促进重大科技基础设施和大型科研仪器开放共享管理办法》出台，致力于重大科技基础设施和大型科研仪器开放共享，提高科技资源使用效率，增强科技创新能力。2023 年，深圳获批建设首批国家知识产权保护示范区，印发《深圳市国家知识产权保护示范区建设方案》，围绕 7 大领域制定 21 项任务、60 条举措，目标是在 2025 年建成综合治理典范区、全链条保护样板区、创新要素集聚区、跨境合作先行区"四区引领"的知识产权标杆城市。同年，《关于实施更加积极更加开放更加有效的人才政策 促进人才高质量发展的意见》发布，实施更加积极、更加开放、更加有效的人才政策，以"五个不"为核心——不唯地域引进人才、不问出身培养人才、不求所有开发人才、不拘一格用好人才、不遗余力服务人才，为深圳加快建设具有全球重要影响力的产业科技创新中心、全方位打造创新之城提供坚实的人才保障。这些政策的协同发力，推动了教育、科技、人才的深度融合，为深圳的创新发展构筑起制度护城河。

法治保障教育、科技、人才一体化进程

法治，是一座城市创新发展的坚实基石。深圳以立法先行的魄力，推动教育、科技、人才一体化进程，在全国率先书写科学城建设的法治篇章。

2023 年 6 月 1 日，国内首部聚焦科学城建设的专项法规——《深圳经济特区光明科学城发展促进条例》正式施行。这部法规紧扣光明科学城的发展需求，在治理架构、运营机制、国土规划等多个关键领域，推出一系列突破性制度。例如，支持从事基础前沿研究的独立法人科研机构试点财政科研经费包干制，赋予科研团队更大自主权；允许科学城内高校、科研机构专业技术人员经单位同意，利用科研成果在职创业，充分释放创新活力。通过构建稳定、可预期的法治环境，该法规为光明科学城建设国际科技创新中心提供了坚实保障，也为全国科学城建设提供了法治样板。

在法治护航下，光明科学城的创新实践不断突破边界。体制机制层面，探索出政府所有、统一运营的新模式，由深圳市政府成立深圳市光明科学城发展建设有限公司，专业化推进重大科技基础设施建设；产业模式上，首创楼上楼下创新创业综合体，打破科研与产业的天然壁垒。深圳市光明区携手深圳先进院成立深圳市工程生物产业创新中心，率先试点这一模式：科研人员在楼上聚焦楼下企业提出的技术需求开展攻关，企业则在楼下承接科研成果转化并推向市场。这种楼上研发、楼下转化的创新生态，有效促进了深圳科研与产业的深度融合，加速了科技成果的市场化进程。

绿色发展赋能新质生产力跃升

加快碳市场改革

自 2010 年起，深圳二氧化碳排放总量尽管仍在增长，但增速显著放缓，“十二五”期间年均增速 5.3%，到“十三五”时期已降至 4.5%。人均碳排放量数据更彰显绿色转型成效：2019 年和 2020 年，深圳人均碳排放量分别为 3.1 吨和 2.8 吨，较 2005 年下降幅度超 3 成，较 2010 年也有明显降幅，仅为全国人均水平的 44.3% 和 42.4%，不足美国同期的 1/5，达到全球人均水平的 7/10 和 3/5。然而对标国际先进城市，深圳仍有提升空间—— 2019 年，深圳碳排放强度分别是多伦多的 1.2 倍、纽约的 1.9 倍、洛杉矶的 3.6 倍，这也为城市未来的绿色发展指明了攻坚方向。

2020 年 9 月，中国向世界郑重承诺 2030 年前实现碳达峰、2060 年前达成碳中和。这一目标不仅为经济社会发展带来深刻变革，更成为驱动创新、突破体制机制障碍、促进共同富裕的强劲动力。

作为全国绿色低碳发展的先锋城市，深圳率先完成国家“无废城市”建设试点任务，新绿色建筑发展竞争力指数稳居全国榜首。2021 年 7 月 16 日，全国碳排放交易市场正式启动，而深圳碳市场早已在此前的地方试点中积累了丰富经验，构建起一套完备的制度体系。

截至 2021 年 9 月底，全市碳配额累计成交量达 6372 万吨，成交金额 14.43 亿元；国家核证自愿减排量成交量 2494 万吨，成交金额 2.93 亿元，市场流动性在全国试点碳市场中独占鳌头。通过碳市场机制的有效运作，深圳不仅实现了经济增长与碳排放脱钩，更在 8 个履约年度内持续降低碳强度，有力推动了产业结构优化升级。在制度建设方面，深圳始终坚持法治先行，《深圳经济特区碳排放管理若干规定》《深圳市碳排放权交易管理办法》等政策法规的出台，从总量控制、减排义务到配额交易实现全面法定化；配套制定的《组织的温室气体排放量化和报告指南》等标准，为市场规范运行筑牢法治根基。

政策支持绿色发展

“创新、宜居、科技、普惠、文明”，这五个关键词勾勒出深圳面向未来的城市理想图景。2023年1月17日，深圳发布《深圳市可持续发展规划（2017—2030年）（2022年修订）》与《深圳市国家可持续发展议程创新示范区建设方案（2022—2025年）》，以清晰的路线图与时间表，锚定城市可持续发展的战略方向。

发展规划明确指出，到2025年，深圳将建成现代化国际化创新型城市，基本实现社会主义现代化。经济高质量发展将取得新突破，跻身可持续发展国际先进行列；壮大国家战略科技力量，增强创新联合体引领作用，绿色发展模式进一步完善，创新驱动对经济增长的内生动力持续强化，战略性新兴产业和未来产业主引擎作用更加突出，安全高效的城市运行体系不断优化，市民有更多实实在在的获得感。到2030年，深圳建成引领可持续发展的全球创新城市，可持续发展达到国际一流水平。基础研究和原始创新能力大幅提升，创新能级跃居世界城市前列；粤港澳大湾区核心引擎和资源配置功能显著增强，国际交流更加广泛；建成高水平公共服务体系，人民生活更加美好；形成一系列可以向全球推广复制的可持续发展经验，努力为中国落实联合国2030年可持续发展议程作出卓越贡献。

建设方案则以“创新引领、问题导向、多元参与、深化改革”为原则，提出到2025年，深圳要建成现代化国际化创新型城市，基本实现社会主义现代化。经济高质量发展取得新突破，创新活力之城、绿色低碳之城、智慧便捷之城、普惠发展之城、现代文明之城建设取得显著成效；科技创新引领可持续发展能级明显增强，经济实力、发展质量跻身全球城市前列；生态环境质量达到国际先进水平，民生福祉达到新水平，城市文明水平迈上新台阶，基本实现城市治理体系和治理能力现代化。

在绿色发展赛道上，深圳始终领跑全国。作为首批低碳试点城市、碳排放权交易试点城市与可持续发展议程创新示范区，深圳在经济稳步增长的同时，持续优化能源结构。截至2024年，全市万元GDP能耗不断下降，碳排放强度仅为全国平均水平的 1/5，成为全国超大城市中能耗与碳排放强度最低的典范，为践行“双碳”目标、推动可持续发展提供了生动范例。

大力发展新能源产业

在绿色发展与新质生产力培育的双重驱动下，深圳新能源产业正以惊人的速度崛起，成为生态文明建设的强劲引擎。这座城市以新能源汽车产业为突破口，不仅在市场普及上创造奇迹，更在能源基础设施与产业生态构建方面走在了世界前列。

从街头巷尾的绿色车潮中，能清晰窥见深圳新能源汽车的爆发式增长轨迹。2021—2024 年，深圳新能源汽车渗透率从 40.90% 跃升至 76.90%，近乎翻倍的增速令人瞩目。2021 年，54.4 万辆新能源汽车穿行于鹏城街巷；次年，这一数字飙升至 76.6 万辆，跻身世界前列；到 2024 年，每 10 辆上路新车中就有近 8 辆是新能源汽车。这份亮眼成绩单的背后，是深圳率先实现公交车、巡游出租车 100% 纯电动化，以及环卫车、牵引车等重卡车型规模化商业推广的坚定决心。

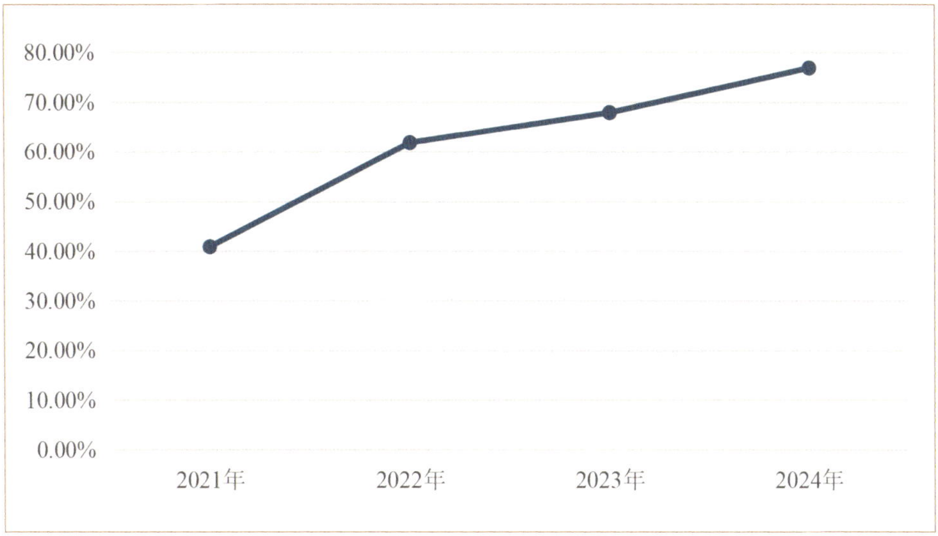

2021—2024 年深圳新能源汽车渗透率

充电基础设施的布局更是展现出深圳的前瞻视野。截至2024年，1030座超充站、151座车网互动站、45座综合能源补给站星罗棋布，率先在全球实现超充站、超充枪数量全面超越加油站、加油枪。“一杯咖啡的时间，车辆满电再出发。”这句口号生动诠释着深圳打造世界一流“超充之城”的底气，也标志着其新能源汽车全产业链生态的成熟。

在能源体系创新领域，深圳同样敢为人先。2023年国际数字能源展上，国内首个“电力充储放一张网”惊艳亮相。这个聚合充电设施、新型储能、分布式能源的综合性平台，为新型能源体系建设固本强基。同期上线试运行的深圳虚拟电厂管理平台2.0版本，整合建筑楼宇、蓄冰站、工业园区等多元资源，实现150万千瓦的接入规模与超30万千瓦的实时调控能力；凭借数据采集密度高、负荷类型全、直控资源多、应用场景广等优势，成为国内虚拟电厂领域的标杆之作。从新能源汽车普及到能源网络革新，深圳正以新能源产业为支点，撬动城市绿色发展与生产力跃升的双重变革。

专栏

比亚迪的底色：新能源汽车产业的创新先锋

深圳街头，身着“汉”“唐”等标识的新能源汽车川流不息。这些印刻着中国智造基因的产品，皆出自全球新能源汽车领军企业比亚迪。谁能想到，这家拥有近百万员工的产业巨擘，曾是一家仅有数十人的电池作坊。凭借对创新的极致追求，比亚迪完成了从电池制造商到全产业链生态构建者的蜕变。

在电池技术领域，比亚迪堪称“技术狂人”。创业初期，它凭借自主研发的镍镉、镍氢电池技术撕开市场缺口；站稳脚跟后，又率先押注锂电池赛道。历经数年蛰伏，比亚迪推出磷酸铁锂电池，凭借高安全性与长寿命的特性，迅速占领新能源汽车与储能市场。2020 年，颠覆性的刀片电池横空出世，其不仅大幅提升能量密度，更彻底破解了用户的“里程焦虑”与“安全隐忧”，成为行业技术标杆。

转战新能源汽车整车制造，比亚迪同样展现出惊人的创造力。自主研发的插电式混合动力与纯电动技术，打破了外资品牌的技术垄断。其中，比亚迪“汉”系列车型以先进的三电系统、流畅的轿跑外观和卓越的性能，一经上市便成为中国高端新能源汽车的代名词，重新定义了国产汽车的价值高度。此外，比亚迪还携手华为等企业，加速智能驾驶技术的落地，推动汽车向智能化转型。

比亚迪的追求不止于汽车与电池。在新能源产业链上下游，它不断延伸触角：电机、电控等核心零部件实现自主研发生产，大幅降低成本；将新能源技术嫁接到轨道交通领域，推出云轨、云巴等中小运量产品，为城市交通拥堵开出“中国药方”。

从深圳一隅走向世界舞台，比亚迪的每一步跨越，都印证着创新驱动发展的硬道理。它不仅带动了深圳新能源汽车产业的崛起，更以中国方案为全球绿色出行提供了范本，引领行业驶向智能低碳的未来。

注重资源环境协调发展

作为千万级人口的超大型城市，深圳始终面临着水资源供需矛盾的严峻挑战。然而，这座以创新闻名的城市，在建设国家可持续发展议程创新示范区的进程中，将水资源难题转化为绿色发展的突破口，以"开源节流、节约优先"为核心理念，走出了一条资源环境协调发展的独特路径。

深圳深知节水是破解水资源困局的关键，率先在全国推行"阶梯式水价"制度，以价格杠杆激发全社会节水意识。同时，大力培育节水产业，从技术研发到产品推广形成完整链条，推动用水效率持续提升。数据记录着这座城市的努力：2013—2023 年，尽管水资源总量受自然因素影响有所波动，但深圳通过科学调配与循环利用，始终保持水资源的稳定供给，总量从 2013 年的 25.2 亿立方米一度攀升至 2016 年的 30.4 亿立方米，2023 年虽回落至 21 亿立方米，却依然保障着城市高效运转。

2022 年，深圳入选国家首批再生水利用配置试点城市，自此开启水资源循环利用的新篇章。2022—2024 年，再生水利用率从 74% 跃升至 80%，实现 6%

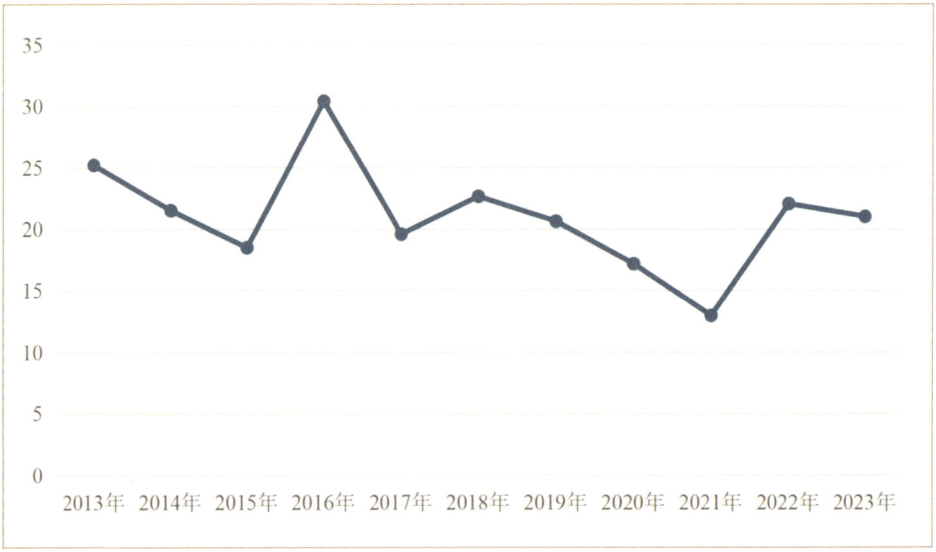

2013—2023 年深圳水资源总量（单位：亿立方米）

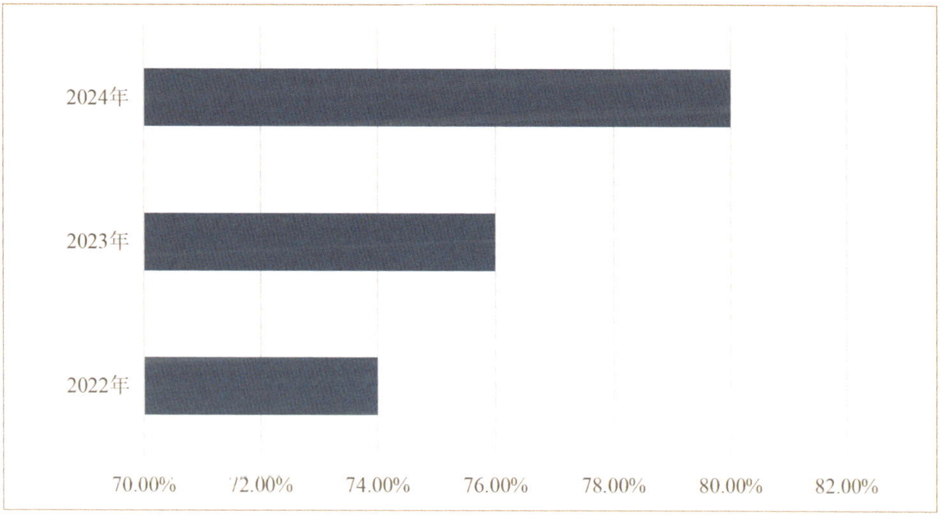

2022—2024 年深圳再生水利用率

的增速。这背后，是深圳对污水处理技术的持续革新以及再生水应用场景的不断拓展。如今，在工业冷却、城市绿化、道路清洁等领域，再生水已成为重要水源。这座城市正以实际行动，将“缺水之城”的标签，改写为“节水典范”，为超大型城市的水资源可持续利用提供生动范本。

坚定不移全面深化改革扩大开放

坚持以企业为主体深化改革

在全面深化改革扩大开放的征程中，深圳始终以企业需求为导向，通过制度创新与政策突破，推动经济高质量发展，持续发挥先行示范作用。

在企业合规管理领域，深圳以“首创精神”打破常规。2023 年 8 月 10 日，全国首部企业合规地方标准《企业合规管理体系》正式落地。这份适用于各类企业的标准，为深圳企业构建合规管理体系提供了系统化指南。2024 年 1 月 3 日，深圳再出实招，发布全国首部关于企业首席合规官制度的专门指引——《深圳市企业实施首席合规官制度工作指引》，从制度层面规范企业合规管理架构，助力企业稳定发展。

金融创新同样是深圳服务企业的“金字招牌”。中国人民银行深圳分行立足企业全生命周期需求，推出多项首创政策。针对初创期科技型企业，依托大数据与机器学习技术打造的“科技初创通”，精准破解融资难题；面向高成长期科技型企业的“腾飞贷”业务，则以高额长期信贷为企业腾飞提供资金支持。在河套深港科技创新合作区，“科汇通”试点开创跨境资金调拨新通道，加速科研要素跨境流动。截至 2024 年 10 月底，这些金融创新举措显著提升了科技企业的融资规模与便利度，优化营商环境，激发企业活力。

深圳首创政策模式

首创政策模式或试点名称	适用对象	目的及效果
科技初创通	初创期科技型企业	挖掘社保、税务、知识产权数据，构造评估模型，识别潜力科创企业
腾飞贷	高成长期科技型企业	1.0 版本：银行先让利，贷款利率与企业经营成果挂钩 2.0 版本：赋予银行未来金融服务优先权，提高企业可贷金额 3.0 版本：银行分享企业超额股权增值收益，实现股贷闭环联动
科汇通	河套深港科技创新合作区	便利科研机构跨境调拨资金，促进创新要素跨境流动

深化住房制度改革

2022 年 8 月 31 日，全国首批保障性租赁住房 REITs 上市仪式在深圳举行。由深圳市人才安居集团有限公司作为原始权益人的红土创新深圳人才安居保障性租赁住房封闭式基础设施证券投资基金（红土深圳安居 REIT），正式登陆深交所。这不仅是深交所首单保障性租赁住房 REITs 产品，更是深圳在基础设施证券化领域的又一里程碑。此前，市属国企已成功发行红土盐田港 REIT、鹏华深圳能源 REIT，分别创下全国首批九单之一与全国清洁能源行业首单的佳绩。红土深圳安居 REIT 一经推出便惊艳市场，以机构投资者网下询价 133 倍、公众认购 254 倍的超高倍数，刷新全国纪录，彰显出市场对深圳发展活力、营商环境及企业运营能力的高度认可。

深化数据要素市场化配置改革

为寻求深化改革与创新发展，深圳不断开辟新赛道，以金融创新与数据要素改革为突破口。2022 年，《深圳市探索开展数据交易工作方案》经审议通过，明确构建由数据交易、数据商务服务、综合运营管理、全局信息存证、数据安全保障五大系统组成的“五位一体”新型数据交易信息化平台，旨在激活数据要素潜能，推动数字经济蓬勃发展。深圳数据交易所凭借 3 项开创性举措脱颖而出：率先探索跨境数据交易流通机制，完成国内首单场内跨境数据交易；引入“信用 + 合规”评估体系；创新“所商分离”运营模式。截至 2023 年底，深圳数据交易所交易额达 65 亿元，远超广州、贵阳、上海、北京等数据交易

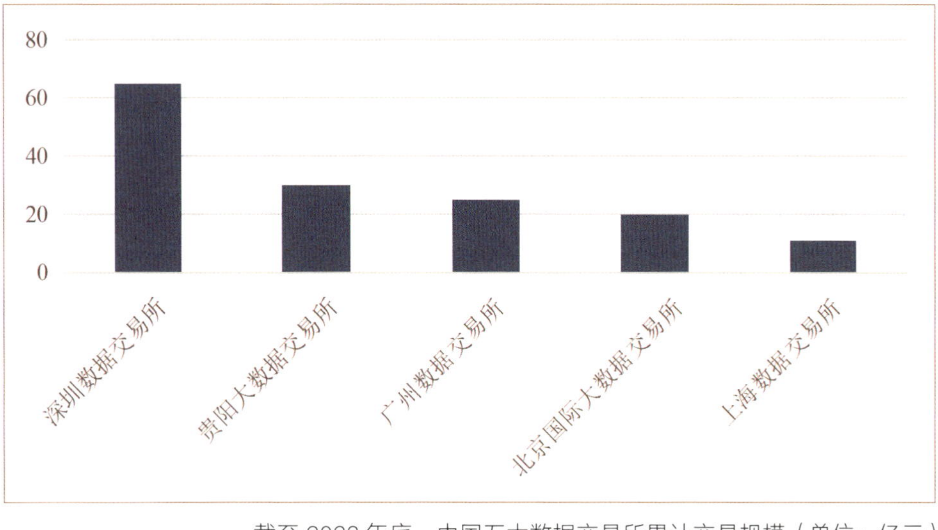

截至 2023 年底，中国五大数据交易所累计交易规模（单位：亿元）

所，成为全国数据要素市场的领跑者，为数据要素市场化改革构建起具有标杆价值的运作模式。

金融工具赋能绿色低碳制度改革

为践行“双碳”战略，深圳通过清洁能源 REITs、生态碳汇交易等金融工具创新，不仅推动了绿色能源与生态保护的发展，更探索出市场化、多元化的生态产品价值实现路径，为全国绿色转型贡献系统化、集成化方案。

2021 年，国家发展改革委扩容基础设施领域不动产投资信托基金试点范围，将风电、光伏发电等清洁能源项目纳入其中。深圳迅速响应政策号召，于 2022 年 7 月 26 日推出鹏华深圳能源 REIT。作为全国首单清洁能源类公募 REITs，该产品在深交所成功发行上市，募集资金达 35.376 亿元。国寿投资保险资产管理有限公司作为重要战略投资者，出资 5377.252 万元认购 1.52% 份额，以实际行动积极贯彻落实党中央“双碳”战略部署，支持国家绿色能源资产开发建设，盘活存量资产，服务实体经济。

在生态产品价值转化领域，深圳同样先行先试。2023 年 9 月 26 日，全国首单红树林保护碳汇以 485 元 / 吨的高价成交，创下全国碳汇市场单价纪录。这笔由深圳市家化美容品有限公司竞得的交易，不仅为红树林保护与修复注入资金，更成为“绿水青山就是金山银山”理念的生动实践。依托国际红树林中心落户契机，深圳探索出政府主导、社会参与的生态产品价值实现新模式，率先在福田红树林自然保护区开展碳汇项目开发与交易。

2024 年 10 月 28 日，粤港澳大湾区碳足迹标识认证制度在 2024 碳达峰碳中和论坛暨深圳国际低碳城论坛上正式发布，标志着大湾区碳足迹认证全流程落地实施。早在 2022 年 10 月，深圳市市场监管局便联合多部门推出全国首个碳足迹标识认证工作方案，并在深圳国际低碳城论坛上发布。该制度通过编制两项通用评价技术标准与 80 项具体产品评价技术标准，构建起科学完备的碳足迹标准体系，为企业开展认证提供精准技术支撑，推动绿色低碳发展向标准化、规范化迈进。

构建与国际接轨的开放型经济新体制

在全球化浪潮中，深圳始终以开放姿态拥抱世界，将创新成果推向国际舞台，以制度创新与国际合作构建开放型经济新体制，奋力迈向更具全球影响力的现代化国际大都市。

技术标准与高端制造领域的突破，彰显着深圳接轨国际的硬核实力。2022 年 7 月，由鹏城实验室、北京大学、华为等百余家国内外单位协同研发的 AVS3 音视频信源编码标准，成功纳入国际数字视频广播组织核心规范。这一成果打破国外技术垄断，标志着中国自主音视频编解码标准首次被国际权威组织认可，成为中国标准“出海”的里程碑事件。2023 年 1 月 6 日，中国首台国产体外膜肺氧合系统（ECMO）在深圳获得上市许可。该项目由深圳先进院联合国家高性能医疗器械创新中心、深圳汉诺医疗科技股份有限公司、迈瑞等单位联合攻关，实现关键医疗设备的国产化突破，在国际医疗技术竞争中占据一席之地。

在城市发展战略层面，深圳锚定国际化目标加速前行。2025 年 3 月 12 日，《关于加快建设现代化国际大都市的工作方案（2025—2027 年）》正式发布，围绕产业竞争力提升、科技创新枢纽建设、高端要素集聚、城市文化魅力彰显推出 15 项具体举措。方案明确，到 2027 年，深圳产业国际竞争力进一步增强，全球科技创新枢纽功能全面提升，各类高端要素更加集聚，城市国际化色彩更加丰富，多元文化魅力更加彰显，具有全球竞争力的开放创新生态加快构建，更高水平开放型经济新体制率先形成，城市综合实力世界领先，初步建成更具全球影响力的现代化国际大都市。

国际交流网络的持续拓展，见证着深圳对外开放的深度与广度。自 1986 年与美国休斯敦市缔结首个友好城市以来，截至 2024 年底，深圳已与全球 95 个城市建立友好关系，其中友好城市占比 25.3%，友好交流城市占比 74.7%。这些跨越山海的联结，不仅为深圳注入多元文化活力，更使其成为中国对外开放的前沿窗口，在国际舞台上传递着改革开放的时代强音。

第五节　深圳密码：高质量发展的核心启示

进入高质量发展时期，虽然经济发展进入新常态，但深圳经济增长率依然保持着高于全国 GDP 增长率的发展趋势。从 1980—2024 年的发展轨迹来看，深圳 GDP 增长率在多数年份领跑全国；而从 1980 年人均 GDP 仅 835 元，到 2024 年跃升至 204564 元，持续攀升的数字背后，是这座城市改革开放以来从未停歇的奋进脚步。

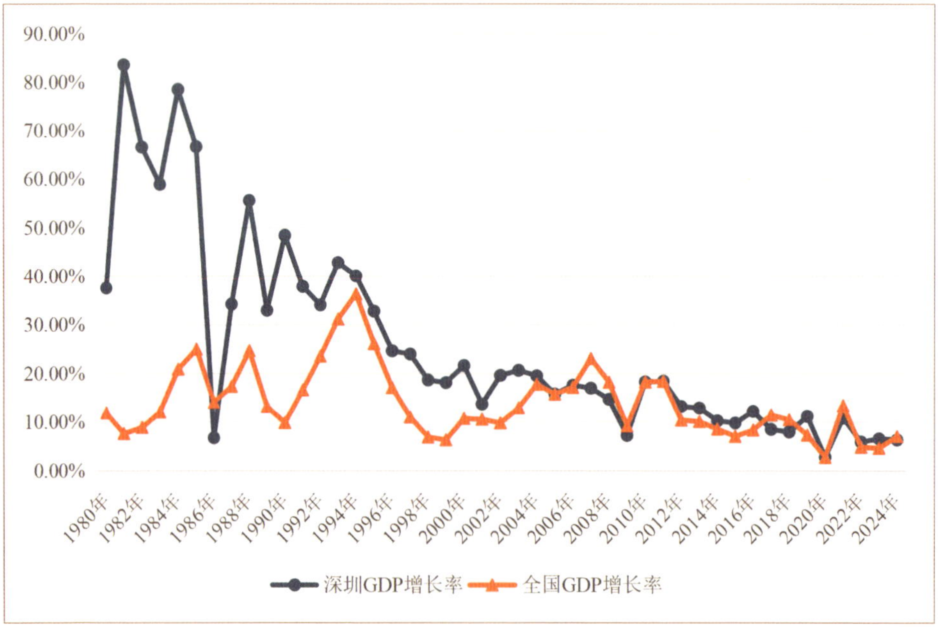

1980—2024 年深圳 GDP 增长率与全国 GDP 增长率对比

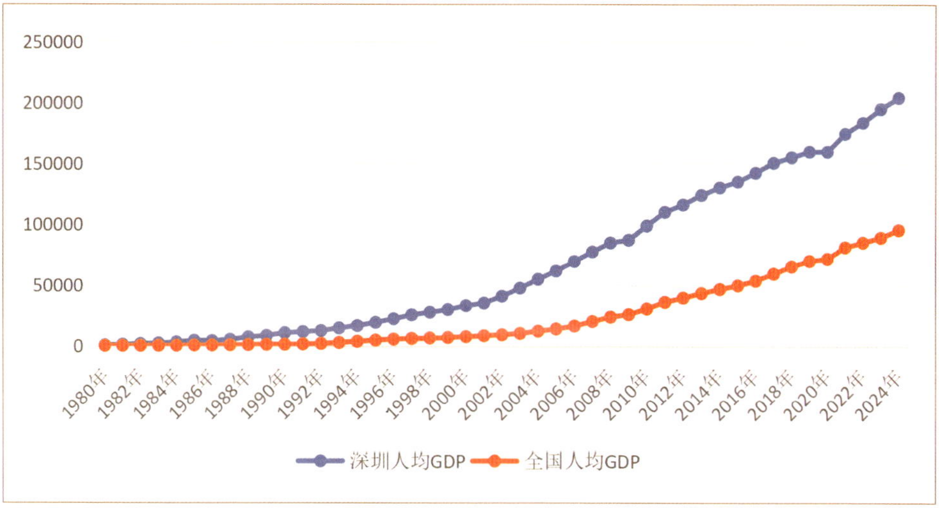

1980—2024 年深圳人均 GDP 与全国人均 GDP 对比（单位：元）

作为中国经济特区的先锋，深圳仅用了 40 余年的时间，在仅占全国土地面积万分之二（约为北京的 1/8）的土地上，创造出占全国近 3% 的地区生产总值，经济活动强度达到全国平均水平的百余倍。[①] 这种“小空间、大能量”的发展奇迹，不仅彰显着深圳的年轻活力，更印证了其强大的经济密度与创新张力。

放眼全球，深圳已成为粤港澳大湾区乃至中国经济版图中的关键增长极。2023 年，深圳 GDP 达 34606.40 亿元人民币，人均 GDP 为 19.52 万元人民币；同期美国旧金山 GDP 为 7290 亿美元，人均 GDP 为 15.85 万美元。尽管在绝对数值上仍存差距，但深圳以高新技术、金融、物流、文化产业构筑起的四大支柱现代产业体系，与旧金山的科技、金融、旅游产业形成对标。当苹果、谷歌等巨头引领旧金山科技发展，深圳也孕育出华为、腾讯等世界级科技企业。这座年轻的城市，正以独特的发展路径，稳步向全球顶尖城市行列迈进，为世界展现中国经济高质量发展的磅礴力量。

① 郑永年，段啸林，袁冉东 . 深圳 2035：中国式现代化的深圳展望 [M]. 深圳：深圳出版社，2024.

深圳与旧金山的多维度国际比较

	深圳	旧金山
面积	1997.47 平方千米	600 平方千米
2023 年人口	约 1779 万	约 460 万
2023 年 GDP	34606.40 亿元人民币	7290 亿美元
2023 年人均 GDP	19.52 万元人民币	15.85 万美元
支柱产业	高新技术、金融、物流、文化产业	科技、金融、旅游产业
代表性科技企业	华为、腾讯、比亚迪、大疆等	苹果、谷歌、Facebook 等
代表性高校	深圳大学、南方科技大学	斯坦福大学、加州大学伯克利分校

开放精神是镌刻在深圳基因里的发展密码

开放，是镌刻在深圳基因里的发展奥义。从经济特区建设初期的探索式开放，到加入世贸组织后的高水平开放，这座城市始终以海纳百川的胸怀拥抱世界，在与全球经济的深度互动中实现跨越式发展。

经济特区建立之初，深圳巧妙借助香港的国际化优势，以配套政策广纳港资，在蛇口滩涂上建起内地首个出口加工工业区。这一破冰之举，不仅打开了中国对外开放的崭新局面，更在招商引资的实践中奠定了创新发展的根基。1993 年，深圳出口总额跃升至 142.2 亿美元，首次登顶全国大中城市榜首，标志着其对外开放优势全面确立。加入世贸组织后，深圳加速融入全球经济体系，高科技产业与国际标准接轨，通过引进先进技术、人才和管理经验，实现从“跟跑”到“并跑”再到“领跑”的蜕变，逐步崛起为全球创新高地。

2019 年 8 月，《中共中央 国务院关于支持深圳建设中国特色社会主义先行示范区的意见》为这座城市赋予新的历史使命。文件明确提出，深圳建设中国特色社会主义先行示范区的新机遇、新征程、新使命，即打造高质量发展高地、法治城市示范、城市文明典范、民生幸福标杆、可持续发展先锋的深圳先行示范区。通过率先建设体现高质量发展要求的现代化经济体系、营造彰显公平正义的民主法治环境、塑造展现社会主义文化繁荣兴盛的现代城市文明、形成共建共治共享共同富裕的民生发展格局、打造人与自然和谐共生的美丽中国典范，促使深圳争创全球新标杆。支持深圳建设中国特色社会主义先行示范区，推动深圳实现从“窗口”“试验田”到“名片”“旗帜”的转换，为持续提升全面开放新格局的广度和深度提供助力。[①]

如今的深圳，已然跻身中国最具竞争力的城市之列，与全球经济体紧密相连，以全国顶尖的开放程度，连续 45 年稳坐内地城市出口规模头把交椅。这座城市不仅是驱动中国经济的核心引擎，更在全球经济舞台上扮演着举足轻重的角色。深圳经济特区的辉煌成就，本质上是中国改革开放伟大实践的生动缩影——国家战略的指引与时代发展的托举，共同造就了举世瞩目的深圳奇迹。

在 2023 年世界科技与发展论坛上，诺贝尔经济学奖得主托马斯 · 萨金特将深圳的崛起归结为“科学进步与创业精神”。他盛赞华为手机、大疆无人机等深圳智造产品，认为其已达到世界领先水平。自 1983 年首次到访深圳，萨金特亲历了这座城市从经济特区到全球科创中心的蜕变历程，“震撼”二字道出了国际社会对深圳跨越式发展的由衷赞叹。

改革实践探索持续完善中国特色社会主义市场经济体制

在中国特色社会主义市场经济体制的探索进程中，深圳以坚定的改革决心和持续的实践创新，成为制度完善与经济发展协同推进的典范城市。这座城市不仅诞生了许多实力强劲、能在国际市场竞争的高新技术企业，更勇于创新实践，在探索和完善社会主义市场经济体制方面积累了丰富经验。

① 余稳策．新中国 70 年开放型经济发展历程、逻辑与趋向研判 [J]. 改革，2019(11)：5–14.

2008—2024 年，全市高新技术企业数量从 400 家激增至 2.5 万家，增长 60 多倍。2017 年，高新技术企业数量首次突破 1 万家；2021 年，又跨越 2 万大关。2008—2024 年，高新技术企业密度从 0.20 个 / 平方千米跃升至 12.58 个 / 平方千米，同样实现 60 多倍增长。这些不断攀升的数字，生动展现了科技创新资源在深圳的高度集聚，也让高新技术企业成为深圳最闪亮的经济名片。

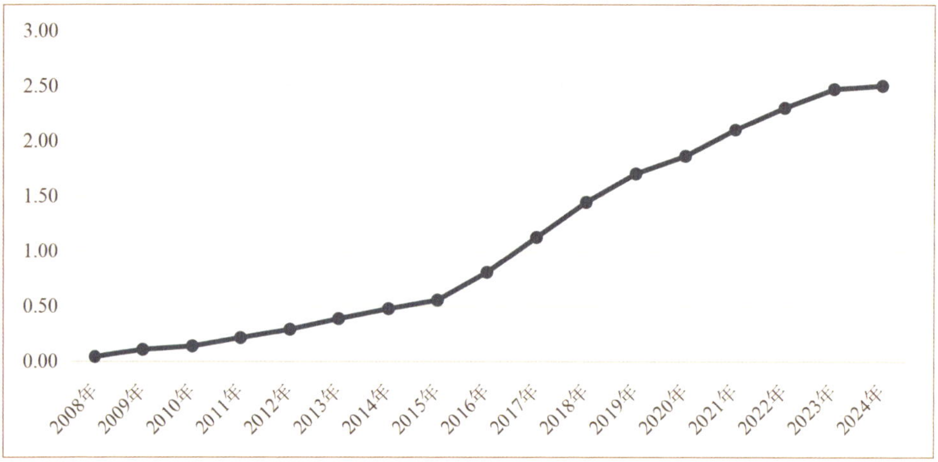

2008—2024 年深圳高新技术企业数量（单位：万家）

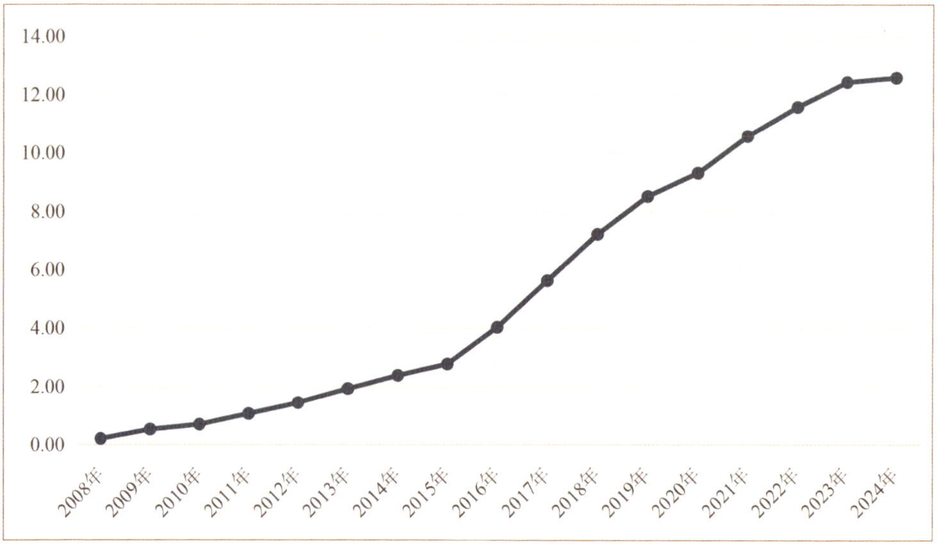

2008—2024 年深圳高新技术企业密度（单位：个 / 平方千米）

制度创新，堪称深圳发展的灵魂。在 40 余年的探索中，深圳始终将深化改革作为核心使命，聚焦市场经济体制转型，在经济、行政、文化等领域持续突破。自 1979 年起，从工程建设、土地使用权，到劳动用工、住房分配，再到文化观念，深圳在诸多关键领域率先破冰，大胆创新。这种将社会主义制度与市场经济机制深度融合的实践，不仅释放了巨大的生产力，更推动深圳实现从封闭到全方位开放的历史性跨越。

从传统计划经济体制到中国特色社会主义市场经济体制的转型过程中，深圳经济特区不断突破传统体制的束缚，解放和发展生产力，率先实现从封闭向全方位开放转变，成为改革开放的先锋队。从探索建设经济特区到自由贸易试验区再到中国特色社会主义先行示范区，深圳一直先行先试、一往无前，对外充当“窗口”功能，对内发挥“试验田”“排头兵”“领头羊”作用，为探索全面建成社会主义现代化强国和实现中华民族伟大复兴贡献良多。[①]

坚定不移走创新发展道路

在经济增长的理论框架中，发展路径可归为两类：一类是依托现有技术扩大资源投入，后进国家可通过技术引进实现追赶；另一类则是依靠技术发明的创新驱动，这往往是引领全球发展的核心动力。

深圳的经济蜕变之路，正是从前者向后者转型的生动样本。1985—2023 年，深圳全要素生产率的构成演变清晰勾勒出城市发展的转换轨迹。1985—2003 年，资本投入始终占据主导地位，传统要素驱动着经济增长。自 2003 年起，技术进步的贡献开始显著提升。2006 年自主创新战略实施后，技术贡献正式超越资本，成为经济增长的主引擎，劳动对经济增长的贡献份额也呈现增加态势。自此，技术革新与人力资本共同支撑起深圳全要素生产率的持续攀升。

① 姬超，袁易明．从经济特区到先行示范区：中国发展道路的“特区”范式[J]. 江西社会科学，2020，40(1)：84-94+254-255.

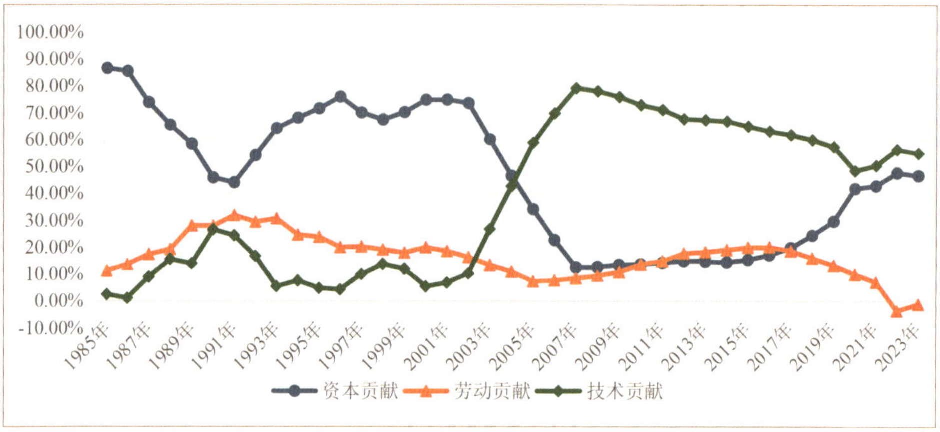

1985—2023 年资本、劳动与技术对深圳全要素生产率贡献变化图

在创新投入领域，深圳展现出惊人的魄力与决心。2013—2023 年，全市研发经费相继突破 500 亿元、1000 亿元、1500 亿元和 2000 亿元大关，2018 年突破千亿元，2021 年跨过 1500 亿元，2023 年又破 2000 亿元关口，每一次跃升都标志着创新的迭代升级。从研发强度看，2009—2023 年，研发经费占 GDP 比重从 3.29% 飙升至 6.46%，在高质量发展阶段呈现爆发式增长。2013 年，研发投入占 GDP 比重达 3.84%，居全国领先水平；同年，华为跻身全球研发支出 50 强企业。

创新产出数据同样令人瞩目。2009—2024 年，深圳年日均专利授权量从 71 件激增至 661 件；人均专利授权量从 26.02 件 / 万人跃升至 134.49 件 / 万人，2024 年是 2009 年的 5 倍，创新活力持续迸发。2023 年，华为、腾讯等企业包揽发明专利有效量前五，全市企业发明专利有效量占比达 92.01%，充分彰显企业在创新体系中的核心地位。

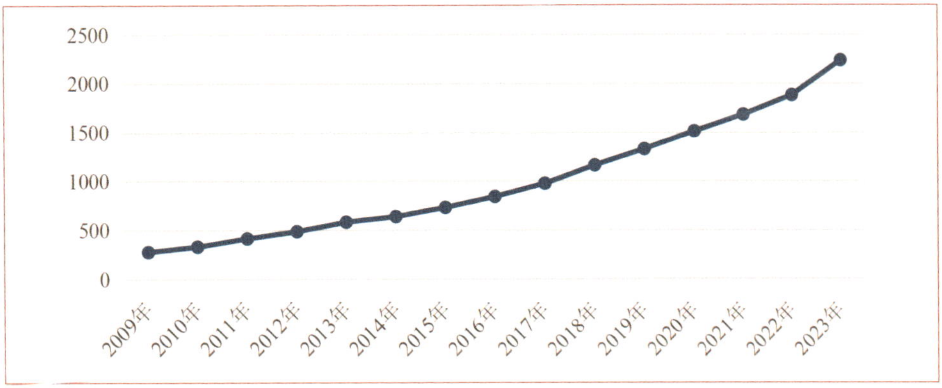

2009—2023 年深圳研发经费内部支出（单位：亿元）

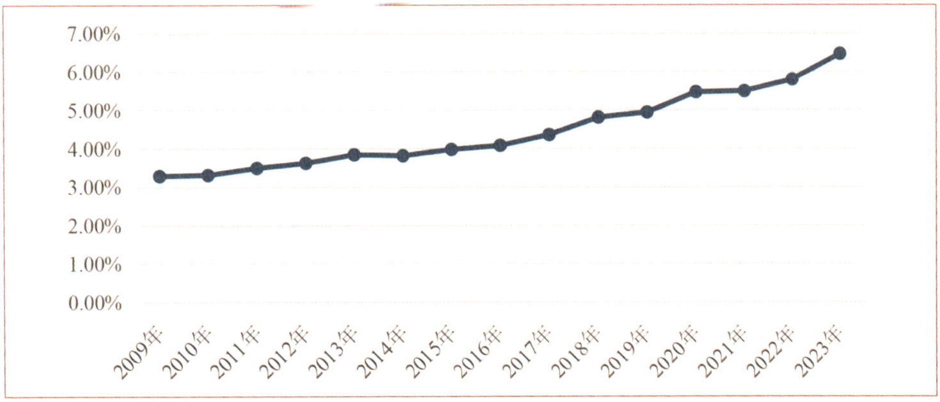

2009—2023 年深圳研发投入占 GDP 比重

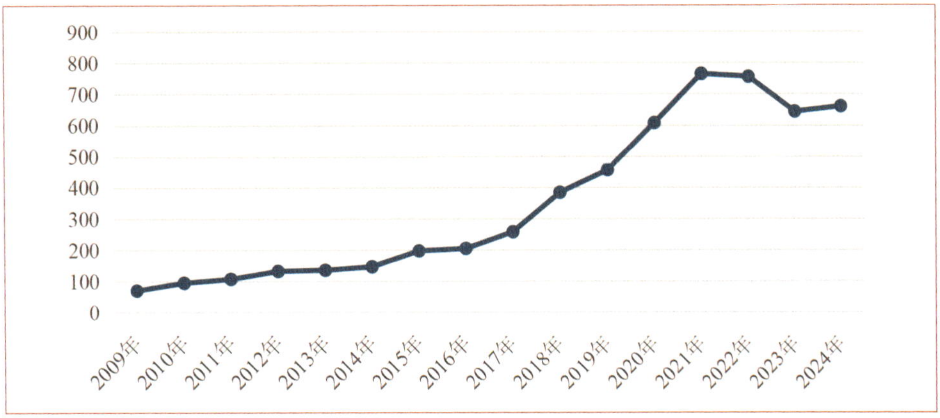

2009—2024 年深圳年日均专利授权量（单位：件 / 天）

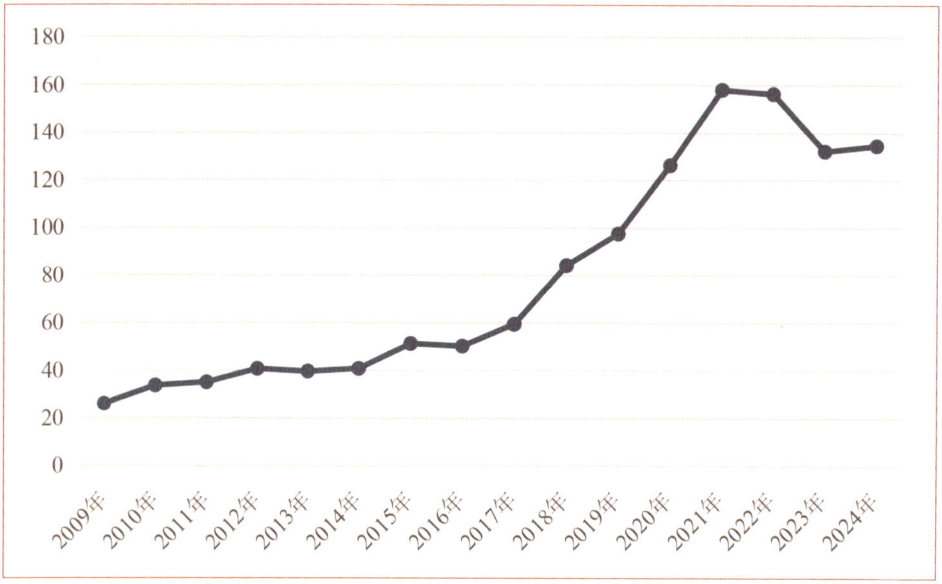

2009—2024 年深圳年人均专利授权量（单位：件 / 万人）

深圳科技创新之所以成功，关键在于牢牢确立企业的创新主体地位。从自主创新时期的“四个 90%”，到高质量发展阶段的“六个 90%”——深圳 90% 以上的创新型企业是本土企业、90% 以上的研发机构设立在企业、90% 以上的研发人员集中在企业、90% 以上的研发资金来源于企业、90% 以上的职务发明专利出自企业、90% 以上的重大科技项目发明专利来源于龙头企业，这一独特机制成为创新生态的基石。

在创新体系构建上，深圳形成“企业主导、市场牵引、产学研协同”的独特模式。企业凭借敏锐的市场嗅觉精准锚定创新方向，通过联合研究中心、共建实验室等形式，整合高校院所的基础研究能力与企业的工程转化优势，打造“基础研究—技术攻关—成果产业化—科技金融—人才支撑”的全链条创新生态。

制度创新为创新发展保驾护航。《深圳经济特区科技创新条例》以立法形式保障基础研究投入；“揭榜挂帅”“赛马制”等机制破解核心技术攻关难题；重大科技基础设施实现楼上科研、楼下转化的高效联动；政府引导基金撬动社

截至 2023 年末深圳市发明专利有效量前十位专利权人情况

排名	专利权人名称	发明专利有效量（件）
1	华为技术有限公司	5452
2	腾讯科技（深圳）有限公司	1133
3	中兴通讯股份有限公司	867
4	华为数字能源技术有限公司	314
5	惠科股份有限公司	264
6	深圳市华星光电半导体显示技术有限公司	200
7	比亚迪股份有限公司	185
8	荣耀终端有限公司	180
9	TCL 华星光电技术有限公司	175
10	深圳市韶音科技有限公司	150

会资本，助力初创企业跨越死亡谷；人才双向流动与市场化激励机制，释放科研人才最大潜能。

正如经济学家周其仁在“进无止境——纪念深圳特区成立 40 周年暨企业精神”高峰论坛上所言，从“看到了造”到“想到了造”，后发创新应成为深圳新的企业精神。只有通过技术创新和科技研发，才能在产品上获得独到性或取得成本优势，从而在国际市场上获得竞争优势和尊重。

加快绿色发展方式创新

习近平在论述发展新质生产力是推动高质量发展的内在要求和重要着力点时指出，发展新质生产力要着力推进发展方式创新。绿色发展是高质量发展的底色，新质生产力本身就是绿色生产力。我们必须加快发展方式绿色转型，助力碳达峰碳中和。要牢固树立和践行绿水青山就是金山银山的理念，坚定不移走生态优先、绿色发展之路。加快绿色科技创新和先进绿色技术推广应用，做强绿色制造业，发展绿色服务业，壮大绿色能源产业，发展绿色低碳产业和供应链，构建绿色低碳循环经济体系。持续优化支持绿色低碳发展的经济政策工具箱，发挥绿色金融的牵引作用，打造高效生态绿色产业集群。同时，在全社会大力倡导绿色健康生活方式。[①]

从空气质量的显著改善中，可直观感受到深圳绿色发展的扎实成效。2001—2023 年，深圳空气中可吸入颗粒物年均值从 63 微克/立方米降至 35 微克/立方米，灰霾天数更是从 2004 年峰值 187 天锐减，直至 2023 年彻底清零。从 2003 年“净畅宁工程”打响环境治理攻坚战，到“深圳蓝”成为城市亮丽名片，这组数据的背后，是深圳在经济发展与生态保护间寻求平衡的不懈探索，更是环境空气质量与经济社会发展的双提升。

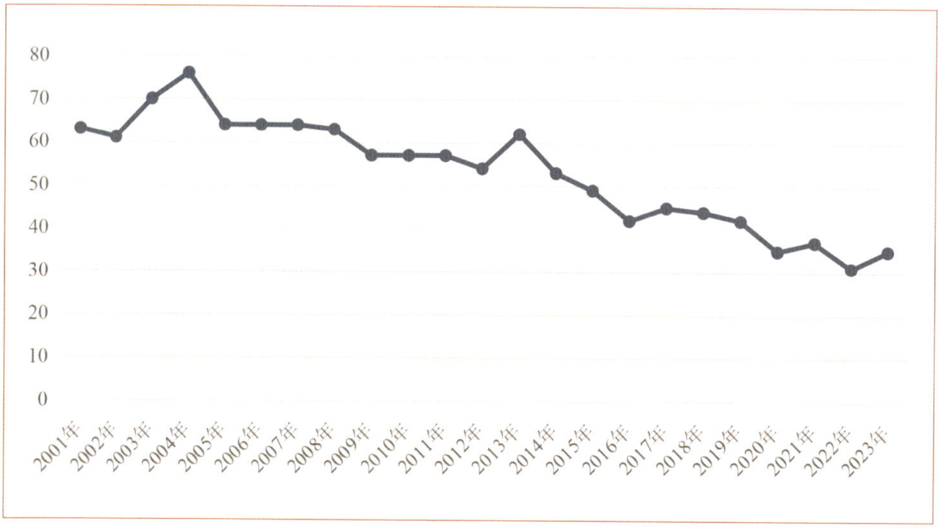

2001—2023 年深圳空气中可吸入颗粒物年均值（单位：微克 / 立方米）

① 习近平．发展新质生产力是推动高质量发展的内在要求和重要着力点 [J]．求是，2024(11)：4–8．

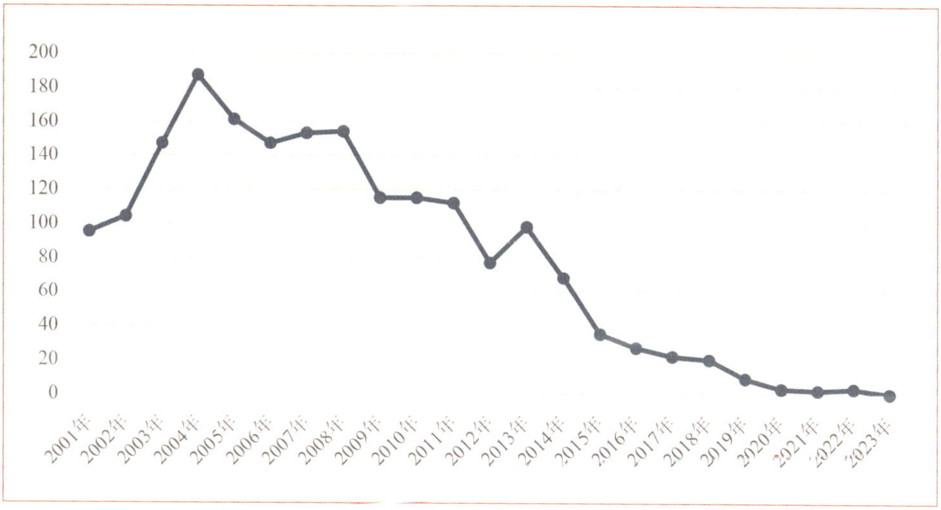

2001—2023 年深圳灰霾天数（单位：天）

在制度建设层面，深圳以特区立法权为依托，构建起全方位、多层次的生态环境保护体系。《深圳经济特区循环经济促进条例》《深圳经济特区碳排放管理若干规定》等 18 部法规规章率先出台，覆盖城市规划、产业发展、建筑交通等全领域，形成完善的循环低碳发展法律框架。尤为值得一提的是，约 2/3 的地方性生态法规属于全国首创—— 1993 年颁布的《深圳经济特区环境噪声污染防治条例》，比国家层面同类法律早 3 年出台；《深圳经济特区饮用水源保护条例》《深圳经济特区机动车排气污染防治条例》等法规，至今仍在国家和省级立法中处于先行地位。剩余 1/3 法规，则结合特区实际，对国家法律进行补充细化，为生态治理提供精准依据。

在产业培育与政策支持上，深圳同样走在前列。自 2014 年起，深圳连续 5 年每年投入 5 亿元设立节能环保产业专项资金，加速产业基地与集聚区建设，推动形成特色鲜明的绿色产业链。通过发挥绿色金融的撬动作用，引导社会资本向绿色产业集聚，打造高效生态产业集群。同时，在全社会大力倡导绿色生活方式，推动形成全民参与的绿色发展格局。

深圳的绿色发展实践，更体现在诸多全国率先的创新举措中：2005 年，创新性划定基本生态控制线，将近一半市域面积纳入永久保护范围，筑牢城市生态底线；2013 年，率先将环保考核升级为生态文明建设考核，将考核结果与干部政绩、任用直接挂钩；率先启动土壤环境质量调查、碳交易试点等工作。这些先行先试的探索，不仅为深圳实现经济与生态的协调发展奠定基础，更成为中国生态文明建设的实践样本，为全国绿色转型提供了可复制、可推广的宝贵经验。

坚持以人民为中心增进民生福祉

习近平在党的二十大报告中提出，中国式现代化是人口规模巨大的现代化，中国式现代化是全体人民共同富裕的现代化，中国式现代化是物质文明和精神文明相协调的现代化，中国式现代化是人与自然和谐共生的现代化，中国式现代化是走和平发展道路的现代化。①

在中国式现代化的壮阔征程中，深圳以“人民城市”为底色，将“以人民为中心”的发展思想融入城市建设的每个领域。从千万级人口的持续涌入，到民生福祉的全面提升，这座城市用实践证明，发展的终极价值，在于让每一个奋斗者都能共享时代红利。

作为典型的移民之城，深圳常住人口从 1979 年的 31.41 万人激增至 2024 年的 1798.95 万人，50 多倍的增长见证着其强大的吸引力。自 1989 年常住非户籍人口首次超过常住户籍人口，外来建设者始终是城市发展的主力军。与此同时，年轻化成为深圳最鲜明的标签：2024 年，深圳 15 ~ 59 岁人口占比达 79.53%，平均年龄仅 32.5 岁，16 ~ 35 岁青年人才占比 38.63%，连续两年登顶“95 后”人才吸引力榜首。正如哲学家周国平所言，改革开放精神、年轻人口结构与多元包容文化，构成了深圳独特的“创新基因”。

---

① 习近平．高举中国特色社会主义伟大旗帜为全面建设社会主义现代化国家而团结奋斗——在中国共产党第二十次全国代表大会上的报告[J]. 前线，2022(11)：4-28.

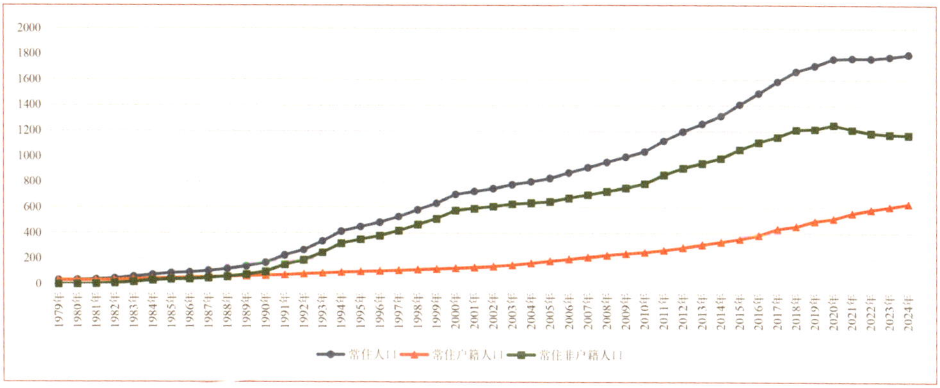

1979—2024 年深圳市常住人口变化图（单位：万人）

在千万级人口规模的压力下，深圳走出了一条极具特色的民生发展之路。这座年轻的城市从教育、医疗到城市建设，从物质保障到精神滋养，每一步探索都回响着对民生需求的深切回应。

教育与医疗领域的突破，是深圳民生建设的重要开篇。教育方面，深圳构建起教育经费保障、校长教师发展、教学研究、监测评价督导四个体系，推动基础教育先行示范；医疗方面，加速医学院建设，完善医疗卫生网络。2024 年，超 9 成居民享有“10 分钟社康圈”，这组数据背后，是深圳对居民健康保障的执着追求。

共建共治共享的民生幸福标杆，是深圳的核心目标。就业上，政策组合拳为市民托底；教育资源持续优化，让每个孩子都能享有公平而优质的教育；养老服务网络逐步健全，托育服务更趋普惠；全国首个住房供应与保障体系在深圳落地，深圳市人才安居集团的成立，让住有所居从愿景变为现实。食品药品安全监管升级，社会救助体系织密织牢，特殊困难群体感受到城市的温度。

物质文明与精神文明的交响，塑造着深圳独特的城市气质。就业、教育、住房等领域的扎实建设夯实了物质基础，而精神文明建设同样精彩。社会主义核心价值观融入市民生活，“全国文明城市”的背后，是市容环境的优化、市民素养的提升；350 万注册志愿者组成的“红马甲”队伍，成为流动的文明风景线；“十分钟文化圈”“图书馆之城”的书香浸润，让文化艺术与生活无缝衔接。

文博会、国际音乐节等活动，则架起中外文明互鉴的桥梁。

人与自然的和谐共生，是深圳发展的长远考量。“来了就是深圳人”的包容背后，更表达其生态守护的决心——从城市规划到民生项目，“人之所需”贯穿始终，每一处细节都彰显着这座城市的温度与智慧。禁食野生动物、垃圾分类等政策制定，地铁、垃圾处理设施等项目规划，都广泛征求民意，让市民成为城市发展的决策者。绿色发展理念渗透到城市肌理，生态优先的实践，让深圳在高速发展中守住了绿水青山。

2017 年，诺贝尔经济学奖得主保罗 · 罗默盛赞深圳速度为世界城市发展提供范本。而这座城市更令人瞩目的，是其始终将人民对美好生活的向往作为奋斗目标。从移民聚集的边陲小镇，到宜居宜业的现代化都市，深圳用 40 余年光阴，书写了一部“发展为了人民、发展依靠人民、发展成果由人民共享”的生动实践史。

附录

深圳经济大事记

1978 年

8 月 22 日，惠阳地委第一次向广东省委报送《关于宝安县改为深圳市的请示报告》。

10 月 18 日，广东省委常委会会议召开，决定宝安、珠海两县建立相当于地区级的中等城市，分别称为宝安市、珠海市。

11 月 25 日，宝安县革委会向惠阳地区革委会和广东省革委会呈报《关于宝安县改为深圳市建制的报告》，提出宝安撤县设市的若干可行性方案。

12 月 18 日，深圳首家“三来一补”企业——石岩上屋热线圈厂正式签订合作协议。

1979 年

1 月 31 日，中共中央、国务院决定在深圳市蛇口建立全国第一个对外开放工业区——蛇口工业区。

3 月 5 日，国务院批复同意广东省宝安县改设为深圳市。

3 月 6 日，深圳市委发出《关于发展边防经济的若干规定》。

7 月 8 日，蛇口工业区破土动工，打响了改革开放“第一炮”。

7 月 15 日，中共中央、国务院批转广东省委、福建省委《关于对外经济活动实行特殊政策和灵活措施的两个报告》。

8 月 25 日，中国改革开放后的第一家旅游度假村——西丽湖度假村建立。

10 月 31 日，广东省委召开“出口特区工作座谈会”，并建议中央将“出口特区”改为“经济特区”。

1980 年

1 月 1 日，中国第一份与外商合作兴建住宅小区的合同在深圳签订，东湖丽苑成为中国第一个涉外房地产工程。

1 月 8 日，全国首家房地产开发企业——深圳市房地产公司成立。

5 月 5 日，深圳首家港商独资企业——新南新印染厂在葵涌镇兴建。

8 月 26 日，五届全国人大常委会第十五次会议批准《广东省经济特区条例》，深圳经济特区正式建立。

11 月 28 日，深圳市革委会发布《深圳市农村实行特殊政策、灵活措施有关问题的暂行规定》。

1981 年

1 月 20 日，深圳市第一栋高层建筑——电子大厦破土动工。

1 月 29 日，深圳市建筑工程实行工程招标承包制改革，首个招标工程——国际商业大厦破土动工。

2 月 20 日，全国首家生产美国百事可乐饮料的中美合资企业——深圳饮乐汽水厂签约。

4 月 22 日，经国务院批准，招商局蛇口工业区码头对外籍船舶开放。

11 月 17 日，广东省五届人大常委会第十三次会议通过《深圳经济特区土地管理暂行规定》《广东省经济特区企业劳动工资管理暂行规定》《广东省经济特区企业登记管理暂行规定》《广东省经济特区入境出境人员管理暂行规定》。

11 月 20 日，蛇口至香港的客运航线正式通航。

12 月 12 日，深圳市委颁发《关于恢复宝安县建制的几项政策措施》。

1982 年

1 月 9 日，改革开放后中国内地首家外资银行——南洋商业银行深圳分行成立。

2 月 3 日，深圳市政府向广东省政府呈送《关于引进外资银行的请示报告》。

6 月 9—14 日，全国首次探讨特区建设的学术研讨会在深圳举行。

6 月 14 日，经国务院批准，中国首家股份制合资企业——南山开发股份有限公司成立。

6 月 28 日，中国内地首家外币购物商场——蛇口购物中心开业。

9 月 14 日，深圳经济特区重大建设工程之一的八卦岭工业区破土动工。

12 月 3 日，深圳市政府向中央、国务院、省委、省政府、省特区管理委员会呈送《深圳经济特区社会经济发展规划大纲》的送审报告。

12 月 17 日，新南新印染厂工会正式成立，是中国内地首家港商独资企业工会。

1983 年

3 月 25 日，深圳市政府决定兴建深圳科学馆、博物馆、电视台、图书馆、大剧院、深圳大学、体育中心、新闻中心八大文化设施。

4 月 23 日，首届深圳书市在深圳展览馆开幕。

4 月 28 日，深圳市政府向广东省政府呈送《关于兴建深圳市民用机场的请示报告》。

5 月 10 日，经国务院批准，教育部颁布文件，批准创办深圳大学。

6 月 13 日，深圳市第一家发行股票、债券的企业——三和有限公司成立。

7 月 6 日，深圳市政府印发《关于颁发〈深圳经济特区居民证〉〈深圳经济特区暂住证〉的暂行规定的通知》。

7 月 8 日，宝安县联合投资公司发行新中国成立以来的第一只股票——深宝安。

7 月 15 日，改革开放后中国内地首家律师事务所——深圳市蛇口律师事务所成立。

8 月 26 日，深圳市政府颁布《深圳市实行劳动合同制暂行办法》。

9 月 8 日，深圳市首家驻港贸易业务机构——深业贸易有限公司在香港开业。

10 月 31 日，蛇口建成全国首家日本独资企业——三洋电机（蛇口）有限公司。

11 月 17 日，法国兴业银行深圳代表处开业。

12 月 29 日，罗湖、上步、南头、沙头角 4 个管理区成立，属县级建制。

1984 年

1 月 7—11 日，广东省六届人大常委会第五次会议批准《深圳经济特区涉外经济合同规定》《深圳经济特区技术引进暂行规定》。

1 月 24—26 日，邓小平视察深圳。

2 月 7 日，广东省政府颁布《深圳经济特区涉外经济合同规定》。

3 月 15 日，新华社报道深圳国际贸易中心大厦三天建成一层楼，建设速度达到世界先进水平。

3 月 29 日，深圳市政府批准市外贸总公司、东方贸易公司与国务院经贸部、广东省外贸局联合兴建“深圳外贸中心”。

4 月 13 日，由中航集团和香港五龙贸易公司以及华侨商品供应公司合资经营的“天虹商场”注册成立，成为中国首家中外合资零售企业。

4 月 28 日，深圳市委颁布《深圳市机构改革方案》。

4 月 28 日，中国建设银行深圳分行四海办事处在国内银行中首次推出“职工购房抵押贷款”业务，成为国内首家开办楼宇按揭贷款业务的银行。

5 月 18 日，深圳经济特区首个工业品小商品市场开业。

5 月 30 日，深圳现代科教仪器展销中心（万科企业股份有限公司前身）成立。

7 月 19 日，中国内地首家专业清洁服务公司——深圳市日新清洁服务公司成立，公司自负盈亏，对外实行有偿服务，率先打破全国卫生部门“皇家工、国家养”的传统运营模式。

8 月 16 日，经广东省政府批准，深圳经济特区国家机关和事业单位进行工资改革，实行基本工资、职务工资、年功工资分解的新工资制度。

9 月 4 日，深圳国际贸易中心大厦举行封顶仪式。

11 月 1 日，深圳经济特区率先取消粮票，放开粮油、猪肉等价格，由凭证定量供应改为议价购销。

11 月 3 日，经国务院批准，深圳市增辟沙头角口岸。

11 月 5 日，英国劳合国际银行深圳办事处成立。

11 月 15 日，国务院颁布《中华人民共和国国务院关于经济特区和沿海十四个港口城市减征、免征企业所得税和工商统一税的暂行规定》。

12 月 22 日，全国首家体育基金会——“中国深圳体育基金会”成立。

1985 年

1 月 1 日，深圳金融中心大厦动工。

2 月 6 日，深圳市政府颁布《深圳经济特区行政事业单位干部职工住宅商品化试行办法》，提倡私人购买住宅，拉开了特区住房商品化改革的序幕。

3 月 1 日，沙头角口岸建成使用。这是继罗湖、文锦渡之后的第三个深港陆路边境口岸。

3 月 8 日，深圳经济特区电力开发公司与香港合和电力（中国）有限公司合作兴建沙角 B 电厂。这是中国首例以“兴建—管理—移交”（BOT）方式建造的火力发电厂。

3 月 12 日，中国人民保险公司深圳市分公司正式承办兴建中的广东大亚湾核电站的各项保险业务。这是全国保险事业史上金额最高、责任最大、种类最多的一个项目。

3 月 28 日，国务院批转《关于广东、福建两省继续实行特殊政策、灵活措施的会议纪要》。

4 月 12 日，蛇口工业区规模最大、投资最多的中、美、泰合资企业——广东浮法玻璃有限公司开业。

4 月 13 日，当时中国最大的集装箱港口深圳妈湾港正式动工兴建。

6 月 24 日，深圳市政府颁布《深圳经济特区暂住人员户口管理暂行规定》，在中国内地率先实行暂住证制度。

7 月 5 日，深圳市政府颁发《深圳市全民所有制单位退休基金试行办法》，职工退休走上社会保险之路。

7 月 30 日，中国内地首个科技园区——深圳科技工业园举行奠基仪式。

8 月 21 日，香港上海汇丰银行在深圳设立分行。这是港资银行在中国内地设立的首家分行。

10 月 18 日，由全国 17 个省、市共同投资的大型轻工业联合企业——深圳兴华轻工业联合股份有限公司开业。

11 月 9 日，深圳市政府颁布《深圳经济特区外汇调剂暂行办法》。深圳经济特区外汇调剂中心正式成立，这是全国首家外汇调剂中心。

11 月 26 日，深圳市举行首次科学技术工作会议。

12 月 4 日，深圳市颁布《深圳经济特区土地使用费实施办法》。

12 月 12 日，法国东方汇理银行深圳分行开业。这是法国银行界在中国开设的首家分行。

1986 年

1 月 25 日，广深食品联合贸易行生产的“喜上喜”牌广式腊肠荣获“国家优质食品奖”。这是深圳市首个获国家级优质奖的产品。

2 月 22 日，广东省六届人大常委会第十八次会议审议通过《深圳经济特区与内地之间人员往来管理规定》。

3 月 25 日，海关总署发布《中华人民共和国海关总署对进出经济特区的货物、运输工具、行李物品和邮递物品的管理规定》。

4 月 4 日，深圳市政府颁布《深圳市外汇缴留和外汇管理体制改革办法》。

4 月 10 日，中国银行深圳分行在全国率先实现同城通存通兑。

5 月 2 日，深圳市政府颁布《深圳经济特区财政体制改革方案》。

5 月 8 日，深圳市政府颁布《深圳经济特区企业减免税问题补充规定》。

6 月 25 日—7 月 10 日，中国有色金属进出口贸易洽谈会在深圳举行。

10 月 15 日，深圳市政府颁布《深圳经济特区国营企业股份化试点暂行规定》，拉开了国有企业股份制改造的序幕。

12 月 8 日，中国内地首家中外合资经营的财务公司——中国国际财务有限公司成立。

12 月 12 日，深圳市政府颁布《深圳市审批利用外资项目暂行办法》。

12 月 16 日，深圳市外资服务中心成立。

12 月 20 日，深圳图书馆开馆典礼举行。

1987 年

1 月 27 日，横贯深圳市区中心地段的公路干线——深南大道贯通。

2 月 4 日，深圳市政府颁布《关于鼓励科技人员兴办民间科技企业的暂行规定》。这是全国首部鼓励创办民营科技企业的政府规章。

3 月 3 日，深圳市政府颁布并实施《深圳经济特区国营企业股份化试点登记注册暂行办法》。

4 月 8 日，中国内地首家由企业集团创办的银行——招商银行在深圳蛇口开业。

5 月 9 日，蛇口工业区改组为招商局蛇口工业区有限公司。

5 月 18 日，中国内地第一座钢结构大型建筑、最高楼宇——深圳发展中心大厦封顶。

6 月 10 日，深圳市政府颁发《深圳市科学技术进步奖暂行办法》。

7 月 22 日，深圳率先成立全国首家国有资产经营管理机构——深圳市投资管理公司，首创了国有出资人制度。

9 月 3 日，深圳市政府颁布《深圳经济特区关于进一步推动对内经济联合的暂行规定》。

9 月 8 日，深圳率先试行土地有偿转让。

9 月 15 日，华为技术有限公司成立。

9 月 27 日，深圳经济特区证券公司成立。

11 月 19 日，深圳市政府颁布《深圳经济特区外商投资企业与关联公司交易业务税务管理的暂行办法》。这是中国第一部反避税规章制度。

12 月 1 日，深圳市政府首次以公开拍卖的方式，有偿转让国有土地使用权，敲响了中国土地拍卖第一槌。

12 月 25 日，深圳市政府发出《关于设立“深圳市沙头角保税工业区”的通知》，沙头角保税区是全国最早创建的保税区。

12 月 28 日，全国首家由国家、企业、私人三方合股的区域性、股份制商业银行——深圳发展银行开业。

1988 年

2 月 21 日，沙头角保税工业区动工兴建。

2 月 26 日，深港同行之间第一个双边委员会——深港电子业协进会成立。

3 月 1 日，深圳市政府决定，市属赛格集团、城市建设开发集团、物资总公司、石化总公司等 6 家大型国有企业实行股份化改造。

3 月 8 日，全国首个举报中心——深圳经济罪案举报中心成立并挂牌办公。

3 月 28 日，国内首家电子配套市场——赛格电子配套市场开业。

4 月 11 日，深圳发展银行股票在深圳正式挂牌上市。该行成为中国内地首家股票上市的银行。

5 月 4 日，改革开放后全国首家私人律师事务所在深圳经济特区开业。

5 月 9 日，深圳市政府向广东省政府和国务院提交了《关于加强深圳经济特区法制建设几个问题的请示》，首次提出请求授予深圳制定经济特区行政法规的权限。

5 月 27 日，改革开放后全国首家由企业与专业金融机构合办的保险公司——平安保险公司在蛇口开业。

6 月 9 日，经中国人民银行总行批准，外资银行被允许在深圳设立外资银行分行及中外合资银行经营人民币业务。

6 月 10 日，《深圳经济特区住房制度改革方案》出台，在全国首次提出“以卖为主、鼓励职工买房”的超前观点。

6 月 28 日—7 月 8 日，深圳首届荔枝节开幕，贸易成交额 5 亿多元。

7 月 1 日，深圳市政府颁布《深圳市沙头角保税工业区管理暂行规定》。

7 月 1 日，招商银行正式向国家外汇管理局提出开办离岸业务的申请，深圳招商银行在国内率先开办离岸业务。

9 月 1 日，笋岗仓库办起全国首家出口监管仓——深圳笋岗仓库企业有限公司 825 出口监管仓。

9 月 28 日，深圳市政府以竞投的方式出售 140 个小汽车营运牌照，这在内地尚属首次。

10 月 15 日，首届中国对外技术交易会在深圳开幕。

10 月 21 日，深圳市政府颁布《关于鼓励出国留学生来深圳工作的暂行规定》。

11 月 1 日，深圳博物馆正式开馆。

11 月 21 日，全国第一座商业用核反应堆——深圳大学微型反应堆建成。

12 月 28 日，深圳万科企业股份有限公司向国内外公开发行股票 2800 万股，每股人民币 1 元，这是广东省工商企业按“国际规范”发行股票的第一家企业。

12 月 28 日，深圳创建中国内地首家房地产中介服务企业——深圳国际房地产咨询股份有限公司。

1989 年

1 月 3 日，深圳市政府颁布《关于深圳经济特区征地工作的若干规定》。

1 月 5 日，国务院正式批准深圳市皇岗口岸辟为对外开放口岸。

1 月 20 日，中国首家由“企业筹办、政府扶持”的综合性经济报纸——《深圳商报》正式创刊。

2 月 14 日，中国首家非官方政策研究和咨询机构——综合开发研究院（中国·深圳）成立。

3 月 10 日，深圳投资中心成立。

4 月 16 日，中美定期航班首航赤湾港，深圳产品可直接运抵美国。

4 月 23 日，深圳市政府颁布《深圳市国营企业产权转让暂行规定》。

5 月 1 日，报关自动化系统 H883 系统在深圳文锦渡海关正式投入试运行。这是国内首个在全行业统一推广的综合性应用系统。

5 月 30 日，全国最大的一家集开发、经营、进出口贸易于一体的物资行业企业——中国（深圳）物资工贸集团有限公司开业。

7 月 27 日，深圳市政府颁布《深圳经济特区居屋发展纲要》，提出住房供求模式为“双轨三类”制。

10 月 5 日，深圳市首家注册成立的行业协会——深圳市房地产业协会正式成立。

12 月 23 日，蛇口工业区首家企业股票“安达股票”500 万股上市发行。

1990 年

1 月 4 日，深圳市设立福田区、罗湖区和南山区（均为县级）。

2 月 5—8 日，全国经济特区工作会议在深圳召开。

4 月 23 日，深圳在全国首次公开出售 4 家国有企业，允许国内外企业和个人购买。

5 月 31 日，盐田港进行首次爆破，盐田港工程建设全面铺开。

6 月 21—23 日，江泽民视察深圳。

7 月 1 日，深圳市政府颁布实施《关于对股权转让和个人持有股票收益征税的暂行规定》。

8 月 16 日，新中国成立后首家证券登记专业机构——深圳证券登记有限公司成立。

8 月 17 日，深圳市召开首次劳动就业工作会议。

10 月 28 日，经国务院批准，深圳妈湾码头正式对外轮开放。

11 月 26—28 日，深圳举行经济特区建立 10 周年庆典活动。

12 月 6 日，德国西门子集团在中国投资的第一个企业——深圳海曼电光有限公司在科技工业园举行开业典礼。

12 月 15—18 日，深圳市第一次党代会在深圳会堂召开。

1991 年

1 月 1 日，由深圳市政府主办的《深圳商报》正式复刊。

1 月 18 日，中国有色金属工业总公司深圳联合公司率先发行中国境内第一期外汇商业票据。

1 月 29 日，深圳万科地产在深交所正式挂牌交易，成为中国内地首家上市地产公司。

3 月 6 日，经国务院批准，深圳科技工业园成为首批国家级高新技术产业园区。

4 月 1 日，中国人民银行深圳分行在全国率先推出贷款证制度。

5 月 11 日，国内首次公开拍卖抵押贷款房产在深圳举行。

5 月 15 日，中国首个股票市场管理条例——《深圳市股票发行和交易管理暂行办法》颁布实施。

5 月 21 日，深圳市开设的全国首家保税生产资料市场正式开业。

5 月 28 日，国务院正式批准深圳设立福田保税区、沙头角保税区。

6 月 8 日，深圳取消股价涨落停板制度。

6 月 10 日，中国内地首家期货交易所——深圳有色金属交易所成立。

6 月 19 日，深圳市政府颁布《深圳经济特区加快高新技术及其产业发展暂行规定》。

6 月 26 日，中国内地首家动产拍卖行——深圳市动产拍卖行开业。

7 月 3 日，深圳证券交易所正式开业。

8 月 8 日，皇岗口岸正式开通。

8 月 28 日，深圳市委、市政府印发《关于依靠科技进步推动经济发展的决定》。

10 月 12 日，全国首家地方自筹资金兴建并企业化运作的机场——深圳宝安国际机场正式通航。

12 月 15 日，中国人民银行、深圳市政府联合颁布《深圳市人民币特种股票管理暂行办法》《深圳市人民币特种股票管理暂行办法实施细则》。

1992 年

1 月 1 日，妈湾电厂开工建设。

1 月 1 日，深圳市政府颁布《深圳经济特区企业会计准则》。这是新中国成立以来国内第一部会计准则。

1 月 6 日，深圳经济特区第一条国际集装箱班轮航线开通，蛇口至日本班轮首航。

1 月 19—23 日，邓小平视察深圳，并发表重要谈话。

2 月 28 日，南方玻璃股份有限公司 B 股在深交所上市，标志着深圳股市开始进入国际市场。

3 月 16 日，中国第一个超导型磁共振成像系统在深圳安科高技术有限公司研制成功。

3 月 17 日，深圳市政府颁布《深圳市股份有限公司暂行规定》，标志着国内资本市场第一部具有地方法律效力的文件正式实施。

3 月 29 日，中国首个超细纤维生产基地——艺丰超细纤维及纺织产品的生产基地首期工程在深圳市正式投产。

4 月 4 日，深圳市政府颁布《深圳市上市公司监管暂行办法》。

5 月 1 日，深圳市政府颁布《深圳市社会保险暂行规定》，开全国医保制度改革先河。

5 月 16 日，深圳蛇口港开辟中国第一条不经香港中转的环球集装箱远洋航线。

6 月 3 日，深圳市政府颁布《深圳经济特区土地使用权出让办法》。

6 月 10 日，深圳市中级人民法院依法裁定首宗国有企业破产案——广昌彩印器材有限公司破产。

7 月 1 日，七届全国人大常委会第二十六次会议通过《关于授权深圳市人民代表大会及其常务委员会和深圳市人民政府分别制定法规和规章在深圳经济特区实施的决定》。深圳成为全国首个获得经济特区立法权的城市。

7 月 3 日，深圳市东方企业有限公司和深圳市矿泉水厂兼并上级公司——深圳市食品饮料工业公司。这种兼并在全国尚属首次。

7 月 16 日，深圳市政府制定《深圳经济特区企业工资管理暂行规定》。同年，深圳在国内率先实行最低工资制度。

7 月 16 日，深圳首家由农村集体企业转建的城市股份公司——上步实业股份有限公司成立。

8 月 23 日，中国内地首家由金融机构合股组建的金融资信评估有限公司——深圳资信评估公司成立。

8 月 27 日，国内首套条形码收款机在深圳面世。

9 月 1 日，深圳正式实施职工医疗保险制度，成为中国内地首个全面推行社会医疗保险的城市。

10 月 3—17 日，全国规模最大的个体私营企业产品展销会在深圳开幕。

11 月 11 日，经国务院批准，深圳盐田港口岸正式对外开放，大鹏湾海关同时开关。

11 月 14 日，中国内地第一张大容量数字光盘—— CD-ROM 光盘在深圳先科企业集团试制成功。

11 月 23 日，深圳市在全国率先试行公共汽车无人售票。

12 月 3 日，改革开放后中国内地首家中外合资保税生产资料批发行——日深生产资料有限公司成立，深圳经济特区率先引进外资进入生产要素市场。

12 月 10 日，首届商品房地产展销洽谈会在深圳国际展览中心开幕。

1993 年

1 月 1 日，宝安区、龙岗区正式成立并举行挂牌仪式，原宝安县同时撤销。

2 月 8 日，中国内地首家跨地区的产权交易所——深圳产权交易所挂牌成立。

2 月 20 日，中国内地第一台自行设计制造的万门程控电话交换机在深圳市交割成功并投入使用。

3 月 23 日，深圳市政府颁布《关于进一步推动深圳经济特区对内经济联合的若干规定》。

3 月 28 日，新中国成立后第一条采用中外合资及股份制方式修建经营的深圳市平南铁路建成通车。

4 月 19—26 日，深圳市一届人大第五次会议通过《深圳经济特区股份有限公司条例》《深圳经济特区有限责任公司条例》。

5 月 5 日，深圳机场口岸及附属的福永码头正式对外开放，成为中国第一个海空联动的对外航空口岸。

5 月 14 日，深圳市先科激光公司成功开发出全国第一张自行编辑和制造的只读光盘《中国药典》。

5 月 22 日，全国首家采用国内科研成果生产基因工程药物的产业化基地——科兴生物制品公司在深圳投产。

5 月 28 日，深圳市一届人大常委会第十六次会议通过了《深圳经济特区财产拍卖条例》《深圳经济特区劳务工条例》。

6 月 3 日，中国内地首家试行资金公开买卖的融资中心在深圳正式成立。

7 月 18 日，全国最大空调器生产基地——深圳蓝波空调城全面投入生产。

9 月 3 日，广东省首家中外合资银行——华商银行在深圳开业。

9 月 17 日，深圳航空公司正式投入营运。

9 月 30 日，深圳市委、市政府发布《深圳市属国有企业分类定级实施方案》。

10 月 1 日，全国首个赋予房地产商品性质并允许转让的特区条例——《深圳经济特区房地产转让条例》开始实施。

10 月 5 日，深圳市东鹏公司与香港和记黄埔盐田港口投资有限公司签约，合资成立深圳盐田国际集装箱码头有限公司，这是深圳经济特区建立以来最大的合资项目。

10 月 6 日，中国内地首家生产镀膜导电玻璃的深圳莱宝真空技术有限公司开业。

12 月 1 日，中国内地第一个破产审判庭在深圳市中级人民法院成立。

1994 年

1 月 6 日，深圳市数字数据网业务推广会在邮政大厦举行。深圳建成全国规模最大的数字数据网。

1 月 8 日，深圳市政府召开常务会议，讨论并通过《深圳经济特区 1992—1996 年立法规划》《深圳经济特区 1994 年立法计划》等。

3 月 8 日，深圳市首家全民所有制非银行金融机构——深圳中安典当公司成立。

3 月 25 日，深圳市保税生产资料市场向全国“三资”企业开放，成为国内第一个全国性的保税生产资料市场。

4 月 3 日，深圳市高等职业技术学院决定实行招生“双会考”制，这在全国尚属首创。

4 月 4 日，深圳首次通过依法拍卖资产来偿付拖欠工人的工资。

5 月 26—27 日，深圳市委、市政府召开会议，部署深圳市现代企业制度试点工作，决定选择建设集团等 28 家企业进行试点。

5 月 28 日，深圳外汇经纪中心成立，这是全国首家专门从事外汇买卖和相关金融服务的外汇经纪机构。

8 月 2 日，中国银行深圳分行在全国率先推出“定期一本通”存款业务。

8 月 12 日，深圳市金桥网络分中心合作建设签字仪式在深圳市信息中心举行。深圳成为全国首批启动“金桥工程”的 6 个城市之一。

8 月 16 日，深圳市首家小额钱债法庭在福田区人民法院成立。

9 月 22 日，深圳国际信托投资公司发行 1.5 亿美元亚洲债券承销协议签字仪式在香港举行，这是深圳市首次向境外发行债券。

11 月 2 日，深圳市一届人大第二十六次会议通过《深圳经济特区最低工资条例》，深圳率先建立最低工资制度。

11 月 24 日，华为与招商银行签订买方信贷协议，在全国率先尝试买方信贷金融资本与产业资本相结合的新形式。

11 月 27 日，全国首家民间科技工业村——深圳京山民间科技工业村开始首期建设。

12 月 23 日，全国首家钟表专业配套市场在深圳开业。

1995 年

1 月 12 日，深圳市中级人民法院依法裁决深圳市爱特事业公司破产，这是深圳国有企业经市政府主管部门批准申请破产的首例。

1 月 23 日，深证成份指数正式发布。

2 月 10 日，比亚迪股份有限公司成立。

2 月 25 日，深圳市政府常务会议通过《深圳经济特区私营企业发展暂行规定》，这是全国第一部为私营企业的发展创造公平竞争环境的政府规章。

4 月 10 日，深圳市总商会民营企业党委正式成立，这是全国第一个民营企业统管党委。

5 月 2 日，深圳市政府印发《关于加强“三来一补”管理的若干意见》。

6 月 9 日，深圳第一高楼地王大厦封顶。

6 月 22 日，中国内地首家城市合作商业银行——深圳城市合作银行成立。

7 月 3 日，深圳设立全国首家地方政府支持的企业博士后工作站。

7 月 24—25 日，深圳市科学技术大会召开，确立“科教兴市”战略。

8 月 18 日，中国首届华夏艺术节在深圳体育馆开幕。

9 月 28 日，中华人民共和国成立 46 周年暨深圳经济特区建立 15 周年深圳经济社会发展成就展览会开幕。

11 月 17 日，深圳市政府通过《深圳市税收征管体制改革方案》《深圳市财政体制改革方案》。

12 月 5—7 日，江泽民视察深圳，并为深圳经济特区建立 15 周年题词：“增创新优势，更上一层楼。”

12 月 18 日，中国内地首家专业从事金融电子化结算业务的金融机构——深圳金融电子结算中心成立。

1996 年

1 月 1 日，深圳正式实施《深圳经济特区企业技术秘密保护条例》。

1 月 6 日，深圳市公共交通（集团）有限公司成立，这是中国内地公共交通行业建立现代企业制度的首次尝试。

1 月 11 日，深圳率先出台《深圳经济特区房地产行业管理条例》。

1 月 29 日，1996 年度深圳市首届高级人才招聘大会开幕。

2 月 8 日，深圳在全国率先实行会计师事务所合伙制。

3 月 1 日，经国务院批准，深圳市成为首批外商投资企业试行银行结售试点地区之一。

4 月 9 日，中国首家国有铁路股份有限公司——广深铁路股份有限公司在深圳挂牌成立。

4 月 11 日，深圳制定全国首个金融业制止不正当竞争公约——《深圳国内金融机构关于制止存款业务中不正当竞争行为公约》。

5月6日，国家开发银行深圳代表处开业，是该行在华南地区设立的首家机构。

5月15日，中国首家外向型机电仪产品专业交易市场——深圳机电仪产品交易市场正式开放。

5月25日，深圳市率先试行金饰品零售价浮动的新标价方式。

6月8日，深圳市首家向社会开放的科学实验室——深圳点通数据有限公司实验室开放。

7月8日，深圳市政府印发《关于重点扶持一批大型企业集团改革和发展的若干意见》。

8月8日，深圳市政府颁布《深圳市加快国有企业改革的意见》。

8月12日，世界最大零售企业——美国沃尔玛在深圳开设的沃尔玛购物广场和山姆会员店同时开业。

8月15日，深圳市政府发布《关于对在深外商投资企业和在深外籍人员逐步实行国民待遇的通知》。

9月1日，京九铁路全线正式开通运营。

9月17日，深圳市与香港亚洲电力有限公司签订合作建设和经营深圳市“九五”重点建设项目——东部电厂意向书。东部电厂是全国首家使用液化天然气的大型燃气电厂。

9月27日，国务院批准成立盐田港保税区。

10月15日，深圳在全国率先推出行政性收费由银行代理的新举措。

10月29日，全国第一部地方性工资保障法规——《深圳经济特区企业欠薪保障条例》颁布。

11月7日，深圳市政府印发《深圳市公司董事会工作暂行规定》《深圳市公司经理工作暂行规定》《深圳市公司监事会工作暂行规定》。

11月11日，深圳市政府印发《深圳市企业优化资本结构试点工作实施方案》。

11月12日，深圳市政府印发《深圳市公司工会工作暂行规定》。

11月29日，全国首家信息工程质检机构—深圳市信息工程质量监督检验总站成立。

12 月 3 日，国内首张组织机构智能信息卡在深圳推出。

12 月 3 日，深圳市鹿丹村物业管理招标结果揭晓，这是国内住宅物业管理首次公开向社会招标。

1997 年

1 月 31 日，深圳市政府印发《关于进一步整顿市容环境迎接香港回归祖国工作方案》。

2 月 15 日，深圳市政府颁布并实施《深圳市居民按比例就业暂行办法》。

2 月 26 日，深圳出台全国首部职业技能鉴定地方法规——《深圳经济特区职业技能鉴定条例》。

3 月 3 日，深圳市招商委员会挂牌成立。

3 月 3 日，“南方国际技术交易市场”获国家科学技术委员会正式批准，并被定为国家级常设交易市场。

3 月 15 日，深圳市委、市政府印发《深圳市 1997 年经济体制改革年度计划》。

3 月 15 日，深圳市政府印发《深圳市商贸流通体制改革方案》。

7 月 22 日，全国首条高速远程会诊系统在北京与深圳之间开通。

8 月 8 日，全国首张 DVD 光盘及放送机由国投先科光盘公司在深圳研制成功。

8 月 30 日，深圳创维-RGB 电子有限公司成功研制出 74 厘米多媒体彩色电视机，填补国内电视与电脑结合的空白。

9 月 30 日，深圳市政府印发《深圳市国有企业经营者年薪制暂行规定》。

9 月 30 日，深圳市委、市政府印发《深圳市国有企业内部员工持股试点暂行规定》。

10 月 19 日，深圳市政府启动对区分税制财政体制改革。

12 月 3 日，香港金融管理局与中国人民银行深圳分行达成协议，设立联合结算机制，港元支票的交换和兑现时间缩短至 2 天。

1998 年

1 月 9 日，深圳市政府印发《深圳全面建设比较完善的社会主义市场经济体制纲要》。

3 月 5 日，国家计划委员会决定将批准筹建的首个国家级集成电路设计中心设在深圳高新区。

5 月 28 日，国内第一条高速电气化铁路——广深电气化铁路全线建成。

7 月 11 日，西安交通大学深圳研究院正式成立。

7 月 21 日，首批经海上航线分流香港新机场货物抵达深圳黄田机场。

7 月 22 日，深圳成功为香港新机场整机分流货物——首架分流货机从黄田转飞美国。

10 月 4 日，深圳航空公司引进的新一代波音飞机——波音 737-700 型客机成功完成首航。

11 月 11 日，深圳市腾讯计算机系统有限公司成立。

12 月 1 日，深圳市产品贸易中心在南非约翰内斯堡正式挂牌成立，这是深圳在国外设立的首个专门营销深圳产品的贸易中心。

12 月 2 日，首家由中国证监会批准增资改制的证券公司——国通证券有限责任公司举行揭牌仪式。

12 月 4 日，深圳实时全额支付系统顺利投产，这是全国第一个同城实时全额支付系统。

1999 年

1 月 14 日，中国国际高新技术成果交易会展览中心破土动工。

4 月 2 日，深圳市政府出台《关于依靠技术进步，推动深圳工业持续发展的若干措施》。

4 月 8 日，中国自行设计、施工的第一座超高层现代化建筑——深圳赛格广场封顶。

6 月 12 日，由中国科技开发院开发研制的中国首架飞翼船“天翼一号”投入运营。

6 月 17 日，蛇口尝试一种全新的劳动人事管理形式——人力资源代理制。

6 月 18 日，深圳市小企业服务中心成立。

6 月 23 日，深圳城市规划荣获国际建筑师协会“阿伯克隆比爵士荣誉奖”提名奖。

7 月 2 日，深圳市政府常务会议通过《关于市高新技术产业园区中西片区控制性规划》。

8 月 25 日，深圳境外风险基金正式启动。

8 月 26 日，深圳市首家创业投资机构——深圳市创新科技投资有限公司成立。

9 月 6—9 日，首届中国国际光电博览会在深圳举行，为中国首个光电产业专业展览。

9 月 10 日，深圳市虚拟大学园在高新技术产业园区开园。

9 月 26 日，中国第一条高清晰度数字电视生产线在深圳康佳公司启动。

10 月 5—10 日，首届中国国际高新技术成果交易会在深圳举行。

11 月 7 日，华为推出世界最大容量的移动交换系统。

11 月 11 日，首届“全球脑库论坛—— 21 世纪的中国与世界”在深圳开幕。

11 月 26 日，南山区被评为全国首批科普示范城区。

12 月 28 日，深圳地铁一期工程开工建设。

2000 年

1 月 16 日，深圳市委发出《关于贯彻党的十五届四中全会精神，进一步加快深圳市国有企业改革和发展的意见》。

1 月 26 日，科技部命名第一批共 16 个“863”计划产业基地，深圳科兴生物制品公司、深圳雷地科技公司位列其中。

2 月 25 日，深圳市政府与哈尔滨工业大学联合创办“深圳国际技术创新研究院”。

3 月 30 日，深圳市政府常务会议通过《深圳市 2000 年经济体制改革年度计划》。

4 月 2 日，清华大学与深圳泰科通信联合研制的同步数字系列（SDH）光传输设备超大规模专用集成电路，通过专家鉴定，填补国内空白。

4 月 16 日，深圳科兴生物制品公司成为全国最大的生物工程基地。

6 月 6 日，国务院批准在深圳等 15 个城市设立首批出口加工区。深圳市政府常务会议决定深圳出口加工区设在龙岗大工业区内。

6 月 19 日，深圳数码港正式揭牌，国家高新科技成果转化基地亦同时在数码港挂牌成立。

7 月 1 日,《深圳市政府投资项目管理条例》正式实施，这是全国第一部政府投资项目管理的专门法规。

7 月 10 日，全国第一个国家级常设技术市场网络平台——“火星 863”网站在深圳南方国际技术交易市场投入运行。

8 月 31 日，深圳诞生全国环保系统首个质量管理体系。

9 月 27 日,“深圳读书月”正式创立，时间为每年 11 月。

9 月 28 日，中国再保险公司深圳分公司成立，这是中国再保险在国内设立的首家区域性分公司。

10 月 11 日，深圳市政府颁布《深圳市创业资本投资高新技术产业暂行规定》。

10 月 13 日，全国首家股份制技术产权交易所——深圳国际高新技术产权交易所开盘。

10 月 14 日，深圳市政府与清华大学合作创办清华大学深圳研究生院签字仪式在深圳举行。

10 月 16 日，全国首家中外合资经营、按国际商业化规范运作的高新技术企业孵化器——深圳创新科技园启动仪式在深圳高新区举行。

11 月 14 日，深圳经济特区建立 20 周年庆祝大会举行，江泽民出席庆祝大会并发表重要讲话。

11 月 21 日，电力系统国家重点实验室深圳研究室正式挂牌，这标志着深圳在建设国家重点实验室方面实现零的突破。

12 月 5 日，深圳市获得 2000 年度国际“花园城市”称号，成为中国首个获此殊荣的城市。

12 月 12 日，中国第一个拥有自主知识产权的系统级中间件软件产品由深圳市阿派斯软件有限公司研制成功。

12 月 28 日，首列国产高速列车“蓝箭号”在广深线试运营。

2001 年

2 月 16 日，深圳市引进优秀人才六大政策正式实施，包括取消人事计划单列、取消下达人才引进指标等。

3 月 6 日，深圳市政府发布《深圳市土地交易市场管理规定》，这是中国第一部关于土地交易的地方性规章。

5 月 10 日，首届中国少数民族和民族地区名优新特产品交易会在高交会展馆开幕。

7 月 28 日，亚洲最大的碳纳米管生产基地——深圳纳米港有限公司落户深圳高新区。

8 月 1 日，深圳市高新技术产业带建设全面启动。

9 月 4 日，香港理工大学深圳研究院挂牌成立。

10 月 12 日，位于深圳南山区西丽塘朗片区的深圳大学城举行奠基仪式。

11 月 6 日，全国首家劳动仲裁院——深圳劳动仲裁院成立。

11 月 16 日，深圳市首家“生命银行”——协和干细胞库正式启动。

2002 年

1 月 1 日，全国第一部针对个人信用的立法——《深圳市个人信用征信及信用评级管理办法》正式实施。

4 月 26 日，深圳市三届人大常委会第十五次会议通过《深圳市生态公益林条例》，这是全国首部生态公益林管理法规。

5 月 15 日，经联合国环境规划署评比，深圳市荣获 2002 年“全球环境 500 佳”称号，成为该评比活动自 1987 年开始以来全球第 7 个、中国第 2 个荣膺这一奖项的城市。

6 月 22 日，深圳首开国内港币支票双向支付业务。

7 月 3 日，深圳市印发《深圳市科学技术奖励办法》。

10 月 30 日，全球最大的半导体业芯片制造商英特尔宣布，在深圳建立亚太地区应用设计中心。

11 月 18 日，国内第一所金融工程学院——南开大学深圳金融工程学院在深圳揭牌。

12 月 1 日，首届中国（深圳）消费品采购大会结束。

2003 年

1 月 2—3 日，深圳市委三届六次全会召开，确定深圳定位为现代化中心城市。

1 月 22 日，深圳市首宗集体资产产权转让拍卖在市产权交易中心举行。

2 月 17 日，位于深圳市中心区的 B117-0015 宗酒店用地在土地房产交易中心挂牌交易，这是深圳市第一次以挂牌方式出让政府土地。

2 月 21 日，深圳市三届人大常委会第二十二次会议通过《深圳经济特区创业投资条例》。

5 月 1 日，深圳市对市属国有企业经营者全面推行年薪制。

6 月 30 日，深圳首创证券公司客户交易结算资金第三方存管模式。

7 月 11 日，深圳市电子商会与香港电子业商会在五洲宾馆签署合作备忘录。这是《内地与香港关于建立更紧密经贸关系的安排》（CEPA）签署之后，深港两地中介行业首次进行实质性合作。

9 月 6—9 日，第五届中国国际光电博览会在深圳举行，展出面积达 5 万平方米，成为全球最大规模的光电展。

9 月 14 日，深圳举办首届“社会科学普及周”。

10 月 11 日，深圳市通过广东省工业污染源环保全面达标试点工作考核组的考核，成为全国首个实现工业污染源全国达标的城市。

10 月 16 日，深圳在国内开正高级会计师评审先河。

2004 年

3 月 2 日，深圳市实施文化立市战略工作会议召开。

3 月 25 日，深圳市政府印发《深圳市“十五”规划有关基本实现现代化指标体系及相关指标调整方案》。

3 月 29 日，香港永隆银行深圳分行正式开业，成为在 CEPA 框架下香港银行首家内地分行。

4 月 8 日，深圳市政府常务会议审议并原则通过《深圳市市长质量奖评定管理办法》，决定从 2004 年起设立并颁发深圳市市长质量奖。

5 月 17 日，经国务院批准，中国证监会批复，同意深交所在主板市场内设立中小企业板块，并核准中小企业板块实施方案。

5 月 27 日，深交所“中小企业板块启动仪式”举行。

7 月 30 日，深圳市政府国有资产监督管理委员会挂牌成立。

9 月 14 日，深圳市获得“全国科技进步先进市”荣誉称号。

9 月 29 日，深圳最后两个村——宝安沙井民主村、福永塘尾村同时挂牌成立社区居委会。深圳成为全国第一个没有农村行政建制和农村管理体制，也没有农民的城市。

9 月 30 日，深圳市委、市政府决定，对原有 3 家市级资产经营公司（市投资管理公司、市建设控股公司和市商贸控股公司）进行调整，组建新的深圳市投资控股有限公司。

11 月 12 日，深圳市政府出台《深圳市处理房地产登记历史遗留问题若干规定》。

11 月 18—22 日，首届中国（深圳）国际文化产业博览交易会在深圳成功举办。

12 月 28 日，深圳市地铁开通试运营。

2005 年

1 月 13—14 日，深圳市委三届十一次全体（扩大）会议在深圳会堂召开，首次提出努力建设“和谐深圳、效益深圳”。

3 月 17 日，中国社科院发布《中国城市竞争力报告》，深圳综合竞争力名列第二。

4 月 8 日，中国股市第一个覆盖两大市场的统一指数——沪深 300 指数正式发布。

4 月 13 日，科技部正式批复，决定在深圳建设“国家半导体照明工程产业化基地”。

4 月 29 日，深圳市宣布在国内率先完成“城市文明指数评价指标体系”的编制。

8 月 3 日，台湾零关税水果首次在深圳通关。

8 月 13 日，深圳市政府将为金融业发展提供“三个最优”，打造“两圈一线”金融区。

8 月 22 日，19 家深圳企业入选“中国 500 强”。

9 月 13 日，首份《中国城市生活质量报告》出炉，深圳市排名第一。

10 月 26 日，深圳市荣获“全国文明城市”称号。

11 月 19 日，博鳌亚洲论坛首届企业家峰会在深圳开幕。

12 月 4 日，深圳市企业自主研发的首台汽车——比亚迪 F3 在深圳上市。

12 月 10 日，深圳市农村商业银行正式挂牌开业，成为继北京、上海之后国内第三个副省级以上城市成立的农村商业银行。

2006 年

1 月 5 日，深圳市委、市政府发布《关于实施自主创新战略 建设国家创新型城市的决定》。

2 月 9 日，深圳市被卫生部确定为全国唯一一个医疗改革试点城市。

2 月 23 日，全国第一部地方性反走私法规《深圳经济特区反走私综合治理条例》出台。

3 月 14 日，深圳市四届人大常委会第五次会议通过全国首部改革创新促进条例——《深圳经济特区改革创新促进条例》。

4 月 6 日，深圳在全国首启外籍人员个税管理。

5 月 11 日，深圳发布国内首个政府投资工程预选承包商名录。

7 月 12 日，深圳市建设系统出台全面推进循环经济发展“1+14”文件。

7 月 14 日，深圳市成为首批“全国学习型家庭创建示范城市”。

7 月 31 日，深圳跃居全国第二大专利城市。

8 月 4 日，深圳市首建“效益深圳”统计指标体系。

8 月 4 日，深圳市成为全国首个电子政务试点城市，正式出台《中共深圳市委深圳市人民政府关于加强电子政务工作的意见》及 8 个配套措施。

8 月 18 日，深圳市在全国首家通过“创建臭氧层友好城市”验收。

8 月 31 日，“国家高新技术产业标准示范区”在深圳高新区挂牌成立。

9 月 16 日，迈瑞研制的全数字彩超 DC-6 上市，标志着中国企业打破国外公司在相关领域的垄断。

9 月 20 日，2006 年“中国城市生活质量排行榜”在北京发布，深圳城市生活质量全国第一。

9 月 22 日，中国科学院深圳先进院在西丽园区举行奠基仪式。

10 月 11 日，深圳大学首次招收博士研究生。

10 月 13 日，深圳市政府向入驻深圳大学城的深圳清华大学研究院、北京大学深圳研究生院、哈尔滨工业大学深圳研究生院各资助 9000 万元，建设 9 个国家级重点实验室。

10 月 23 日，深圳市跻身首批“中国服务外包基地城市”。

11 月 17 日，“深圳造”首台哈飞轿车下线。

11 月 19 日，深圳市被确定为首个“国家住宅产业化综合试点城市”。

12 月 15 日，深圳首届“客家文化节”开幕。

2007 年

1 月 18 日，深圳市委、市政府出台《关于加强环境保护建设生态市的决定》。

2 月 27 日,《深圳市民生净福利指标体系》正式向社会发布。

3 月 2 日，深圳市设立全国首个“劳务工关爱基金”。

3 月 5 日，中央政府在计划报告中首次明确提出在深圳经济特区推行综合配套改革试点，深圳经济特区将与上海浦东新区、天津滨海新区一道，成为中国三大综合配套改革试点地区。

3 月 26 日，深圳港与荷兰鹿特丹港签订建立友好港关系协议。这是深圳建立的第一个国外友好港口。

4 月 10 日，深圳市在全国率先实施财政专项资金存放商业银行制度改革。

4 月 13 日，深证成指自发布以来，首次突破万点大关。

4 月 16 日,“深港创新圈”正式纳入“内地与香港科技合作框架”。

5 月 17 日，首届中国文化产业人才交流会在深圳人才大市场开幕。

6 月 14 日，深圳市在全国率先推出“知识产权指标体系”。

7 月 11 日,“效益深圳”指标统计结果首度公布。

8 月 3—5 日，首届中国国际封面文化博览会在深圳会展中心举行。

10 月 11 日，深圳华大基因研究院等单位完成首个中国人基因组图谱绘制。

10 月 12 日，科技部、广东省政府和深圳市政府签署框架协议，携手共建国家创新型城市。

10 月 12 日,“华强北·中国电子市场价格指数”正式对外发布。

10 月 13 日，深圳市当选中国可再生能源产业“蓝天排行榜”十大亮点城市。

11 月 2 日，深圳市首次发布民生净福利指标体系测算结果。

11 月 9 日，全国首个省区市和部分城市和谐发展指数发布，深圳以 86.80 分居 41 个城市之首。

11 月 21 日，深圳市政府、国家开发银行联合举办的“2007 年深圳市中小企业集合债券”发行仪式举行。这是国内首只由中小企业捆绑发行的债券。

11 月 26 日，深圳市成为第二批国家循环经济试点城市。深圳格林美公司、南山热电公司被认定为国家循环经济示范项目单位。

11 月 30 日，深圳市首推两宗限价房用地。

12 月 28 日，中国人寿保险（海外）股份有限公司将总部由北京迁至深圳。

2008 年

1 月 5 日，深圳在全国率先实现“全民医保”。

1 月 16 日，深圳市政府办公厅印发《深圳市重点民营企业贷款风险补偿暂行办法》。

6 月 11 日，深圳被国家发展改革委列为全国第一个创建国家创新型试点城市。

7 月 21 日，深圳市首批 10 个“城市街区 24 小时自助图书馆”投放使用。

8 月 1 日，深圳全面推行居住证制度。

9 月 12 日，深圳市政府发布《关于加快总部经济发展的若干意见实施细则（试行）》。

9 月 12—14 日，珠三角地区首个以创意设计为主题的大型博览会——2008 年中国（深圳）国际创意设计博览会在深圳国际会展中心举办。

9 月 17 日，华强北正式获批为“中国电子第一街”。

10 月 11 日，深圳华大基因研究院绘制完成世界首张大熊猫基因组序列图谱。

11 月 16 日，深圳荣获首批“中国十佳绿色城市”称号。

12 月 7 日，深圳被联合国教科文组织全球创意城市网络认定为“设计之都”，是中国首个获此殊荣的城市。

2009 年

1 月 8 日，《珠江三角洲地区改革发展规划纲要 (2008—2020 年)》公布，确定深圳的功能定位：全国经济中心城市、国家创新型城市、中国特色社会主义示范市和国际化城市。

1 月 30 日，世界知识产权组织公布 2008 年全球专利申请排名榜，华为凭

1737 件申请跃居世界第一。

2 月 17 日，深圳市认定首批 53 名高层次专业人才。

3 月 31 日，国内首个机器人产业协会在深圳成立。

5 月 9 日，首届中国深圳创新创业大赛在深圳举行。

5 月 22 日，深圳市政府出台《关于印发深圳市住房公积金制度改革方案的通知》。

6 月 24 日，深圳市政府印发《深圳市现代化产业体系总体规划（2009—2015 年）》。

7 月 7 日，深圳跨境贸易人民币结算试点正式启动，在全国率先创新跨境人民币业务清算机制。

7 月 29 日，深圳首家国家工程师实验室——电子信息产品协同互联网国家工程实验室（即闪联国家工程实验室）揭牌。

8 月 16 日，深圳市获“全国文化体制改革先进地区”称号。

8 月 29 日，深圳第一高楼——平安国际金融中心奠基。

9 月 8 日，深圳在全国率先实行大部制改革。

9 月 10 日，朱清时院士获聘南方科技大学校长。南方科技大学成为中国第一所通过“猎头”公司选聘校长的高校。

9 月 12 日，深圳获批创建首个国家电子商务示范城市。

10 月 21 日，首届中国（深圳）国际工业博览会开幕。

11 月 7 日，首个 LED 国际采购交易中心落户华强北。

11 月 15 日，中国科学院与深圳市政府签署《关于深化院市合作的协议》。

11 月 16 日，国家超级计算深圳中心启动建设。

11 月 28 日，首届中国（深圳）金融科技与后台服务发展论坛举行。

12 月 18 日，首届深圳学术年会开幕。

12 月 28 日，深圳市政府印发《深圳互联网产业振兴发展规划（2009—2015 年）》。

12 月 30 日，深圳市政府印发《深圳新能源产业振兴发展规划（2009—2015 年）》。

2010 年

3 月 29 日，全国首款面向个人销售的新能源汽车在深圳上市。

4 月 23 日，深圳首个股权投资基金集聚园落户南山。

5 月 10 日，全国首个小额贷款行业协会——深圳市小额贷款行业协会成立。

7 月 1 日，深圳经济特区范围扩大至全市。

8 月 4 日，深圳市生物、互联网、新能源三大战略性新兴产业首批扶持计划出台。

8 月 6 日，深圳被国家发展改革委列为全国低碳试点城市。

9 月 6 日，深圳经济特区建立 30 周年庆祝大会举行，胡锦涛出席庆祝大会并发表重要讲话。

9 月 12 日，深圳首个海外高层次人才联络处在美国洛杉矶揭牌。

10 月 1 日，深圳市政府出台《深圳经济特区中小企业发展促进条例》。

10 月 12 日，深圳市委、市政府发布《关于加快转变经济发展方式的决定》。

10 月 29 日，深圳经济特区推出引进海外高层次人才计划。

12 月 1 日，深圳市政府办公厅印发《深圳市推进生物互联网新能源产业发展工作方案（2010—2012 年）》。

12 月 4 日，深圳市政府发布《关于进一步支持股权投资基金业发展有关事项的通知》。

12 月 24 日，深圳市五届人大常委会第五次会议通过《深圳经济特区加快经济发展方式转变促进条例》。

2011 年

1 月 1 日，深圳市政府印发《关于加快转变经济发展方式的行动计划》。

1 月 30 日，国家发展改革委批复同意深圳依托华大基因研究院组建国家基因库，这是中国首次建立国家级基因库。

2 月 16 日，深圳市政府发布《深圳市循环经济试点实施方案 (2010—2015 年) 实施意见》。

2 月 18 日，深汕特别合作区正式设立。

4 月 6 日，深圳市开通全国首个新一代宽带移动通信技术（TD-LTE）规模技术试验业务。

5 月 21 日，国内首家低碳产品交易中心——光之明（国际）低碳产品交易中心在宝安区开业。

5 月 24 日，深圳发布首部法定机构立法——《南方科技大学管理暂行办法》。

7 月 5 日，深圳市政府办公厅印发《深圳市开展国家服务业综合改革试点实施方案（2011—2015 年）》。

8 月 3 日，深圳市政府印发《深圳新材料产业振兴发展规划（2011—2015 年）》。

8 月 4 日，深圳首个社区股份公司协会——深圳市龙岗区股份合作公司协会成立。

9 月 23 日，深圳市文化创意产业协会成立。

11 月 14 日，深圳市政府印发《深圳市人民政府金融发展服务办公室非行政许可审批和登记事项》。

11 月 23 日，深圳市政府办公厅印发《深圳市安全生产“十二五”规划》。

12 月 28 日，深圳市居“中国十大创新型城市”榜首。

2012 年

2 月 28 日，“深圳市深入实施文化立市战略建设文化强市”工作会议举行。

3 月 16 日，深圳首度发布居民家庭人均可支配收入中位数。

3 月 19 日，深圳市政府印发《关于优化服务提升质量促进经贸稳定发展的若干措施》。

6 月 8 日，深圳市科技金融服务中心正式挂牌。

10 月 30 日，深圳市五届人大常委会第十八次会议通过《深圳经济特区商事登记若干规定》，这是全国第一部新型商事登记法规。

10 月 30 日，深圳市五届人大常委会第十八次会议通过《深圳经济特区碳排放管理若干规定》，这是国内首部正式确立碳交易制度的法律性规范。

11 月 2 日，深圳市政府印发《关于促进科技和金融结合的若干措施》《关于深化科技体制改革提升科技创新能力的若干措施》。

11 月 16 日，深圳市委、市政府印发《前海深港人才特区建设行动计划（2012—2015 年）》。

12 月 7—8 日，习近平视察深圳。

12 月 21 日，大亚湾中微子实验成果入选美国《科学》（*Science*）杂志 2012 年度十大科学突破。

12 月 24 日，深圳市政府发布《深圳前海深港现代化服务业合作区境外高端人才和紧缺人才个人所得税补贴暂行办法》。

2013 年

1 月 18 日，深圳市政府发布《关于优化空间资源配置促进产业转型升级的意见》。

2 月 22 日，前海建成全国首个绿色保税物流园区。

3 月 1 日，深圳率先在全国免收商事登记行政事业性收费。

3 月 6 日，国家发展改革委印发《深圳前海深港现代服务业合作区产业准入目录》。

3 月 11 日，深圳商事主体总量突破 100 万户。

3 月 26 日，深圳市政府发布《关于加快特色学院建设发展的意见》。

4 月 9 日，首届中国电子信息博览会在深圳开幕。

6 月 16 日，深圳碳交易平台在前海的深圳碳排放权交易所挂牌。深圳成为全国首个启动碳排放交易试点城市。

6 月 20 日，中国科学院大学深圳先进技术学院在深圳揭牌。

8 月 1 日，深圳市市场监督管理局颁发全国第一张全流程电子营业执照。

8 月 22 日，深圳市出台《深圳市生态文明建设考核（试行）》。

8 月 31 日，深圳在全国首创“因素法”分配社保基金存款。

9 月 26 日，深圳市政府办公厅印发《智慧深圳建设实施方案（2013—2015 年）》。

10 月 8 日，深圳市委、市政府印发《深圳经济特区一体化建设三年实施计划（2013—2015 年）》。

10 月 12 日，深圳市政府印发《深圳市关于进一步加快软件产业和集成电路设计产业发展的若干措施》。

10 月 29 日，深圳出台全国首份规制网络交易合同规范性文件——《深圳市网络交易合同规则》。

11 月 30 日，首届中国（深圳）国际工业设计大展开幕。

12 月 11 日，首届中国（深圳）国际健康产业博览会开幕。

2014 年

4 月 17 日，深圳市委召开全市经济形势分析会，提出坚定不移走“质量引领、创新驱动、内生增长”的发展道路。

4 月 21 日，深圳市政府印发《深圳节能环保产业振兴发展规划（2014—2020 年）》。

4 月 28 日，教育部批准设立香港中文大学（深圳）。

5 月 28 日，科技部批复同意《科技部 深圳市人民政府共建国家技术转移南方转移中心方案》。

6 月 4 日，深圳建设国家自主创新示范区获批。这是党的十八大后国务院批准建设的首个国家自主创新示范区，也是中国首个以城市为基本单元的国家自主创新示范区。

7 月 18 日，深圳入选“中国最佳营商环境城市”。

9 月 26 日，深圳市政府办公厅印发《关于促进深圳电子商务物流业发展的若干措施》。

10 月 14 日，中国首个物流产业基金——深圳物流产业共赢基金宣告成立。

11 月 27 日，深圳市政府印发《深圳市机器人、可穿戴设备和智能装备产业发展政策》。

12 月 1 日，深圳在全国率先推行营业执照、组织机构代码证、税务登记证、刻章许可证“四证合一”登记模式。

2015 年

1 月 1 日，深圳市政府印发《打造深圳标准构建质量发展新优势行动计划（2015—2020 年）》。

1 月 8 日，深圳市政府办公厅印发《深圳市新能源汽车发展工作方案》。

1 月 27 日，深圳市政府办公厅印发《深圳市关于进一步促进商贸流通业发展的暂行措施》。

3 月 17 日，深圳首家台资法人银行——台湾玉山银行落户前海。

3 月 30 日，深圳首个以高铁经济为主题的大型论坛在五洲宾馆举行。

4 月 27 日，中国（广东）自由贸易试验区深圳前海蛇口片区正式挂牌。

5 月 15 日，全国首个艺术创客基地落户深圳大芬村。

7 月 1 日，全国首张“多证合一、一照一码”营业执照在深圳诞生。

7 月 15 日，国内首家高管控股公募基金——金信基金管理有限公司开始运营。

8 月 6 日，深圳率先发布“互联网 + 移动超市”标准。

8 月 12 日，深圳市政府印发《深圳市“互联网 +”行动计划》。

8 月 27 日，深圳地税在全国首推微信缴税，率先打造“覆盖全渠道、零距离、全天候”的全流程移动互联办税平台。

9 月 10 日，深圳市政府出台《关于征地安置补偿和土地置换的若干规定（试行）》。

9 月 28 日，深圳市跨境电商检验认证联盟在前海挂牌成立，为全国首创。

11 月 19 日，深圳先进院北斗应用技术研究院与华视互联联合成立的全国首个“交通大数据交易平台”在深圳揭幕。

2016 年

1 月 28 日，《中共深圳市委关于制定国民经济和社会发展第十三个五年规划的建议》出台。

3 月 23 日，深圳市委组织部出台《关于促进人才优先发展的若干措施》。

3 月 25 日，深圳市政府办公厅发布《关于完善住房保障体系促进房地产平稳健康发展的意见》。

4 月 13 日，深圳获评“2015 中国十大数字阅读城市”。

5 月 1 日，全国首张金融业“营改增”增值税电子普通发票在深圳开具。

6 月 18 日，国内首台移动式电子汽车充电站亮相深圳国际低碳城论坛。

7 月 22 日，深圳市政府印发《深圳市供给侧结构性改革总体方案（2016—2018 年）》。

9 月 27 日，深圳市政府办公厅印发《深圳市 2016 年加快推进信息基础设施建设实施方案》。

10 月 14 日，全国首个创投基金转让平台——前海创投基金转让平台成立。

10 月 25 日，深圳市政府办公厅印发《深圳市促进大数据发展行动计划（2016—2018 年）》。

10 月 26 日，深圳市政府印发《深圳市产业发展与创新人才奖实施办法》。

10 月 27 日，教育部批准北京理工大学与莫斯科国立罗蒙诺索夫大学在深圳设立深圳北理莫斯科大学。

12 月 5 日，深港通正式启动，深交所和香港交易所同时举行开通仪式。

12 月 18 日，首届中国产业创新论坛（深圳・宝安）举行。

2017 年

1 月 3 日，深港两地政府签署《关于港深推进落马洲河套地区共同发展的合作备忘录》，明确双方在河套地区合作建设“港深创新及科技园”。

4 月 10 日，深圳市政府印发《深圳市关于进一步扩大利用外资规模提升利用外资质量的若干措施》。

6 月 9 日，国内首只金融科技指数在深交所上市。

6 月 22 日，深圳市政府金融发展服务办公室印发《深圳市推进普惠金融发展实施方案（2016—2020 年）》。

11 月 1 日，《深圳经济特区人才工作条例》正式实施。

11 月 1 日，全国首个以“人才”命名的主题公园——深圳人才公园开园。

12 月 3 日，深圳市政府与中国科学院签订《共同推进建设深圳国际科技产业创新中心合作协议书》。

12 月 22 日，深圳市政府印发《关于进一步降低实体经济企业成本的若干措施》。

2018 年

1 月 14 日，深圳市委六届九次全会上讨论了《深圳经济特区率先建设社会主义现代化先行区规划纲要（2018—2035 年）（讨论稿）》，并明确深圳率先建设社会主义现代化先行区的目标任务。

6 月 14 日，深圳市政府办公厅印发《深圳市工业互联网发展行动计划（2018—2020 年）》《深圳市关于加快工业互联网发展的若干措施》。

10 月 22 日，深圳市委、市政府正式出台《关于勇当海洋强国尖兵 加快建设全球海洋中心城市的决定》。

10 月 24 日，习近平在深圳考察。

11 月 2 日，深圳市政府印发《深圳市关于进一步加快发展战略性新兴产业的实施方案》。

11 月 2 日，首届无人机世界锦标赛开幕式在深圳大运中心体育场举行。

12 月 2 日，深圳市政府印发《关于以更大力度支持民营经济发展的若干措施》。

2019 年

2 月 18 日，中共中央、国务院印发《粤港澳大湾区发展规划纲要》，确定深圳的定位是发挥作为经济特区、全国性经济中心城市和国家创新型城市的引领作用，加快建成现代化国际化城市，努力成为具有世界影响力的创新创意之都。

4 月 13 日，深圳市政府办公厅印发《深圳市推动超高清视频应用和产业发展若干措施（2019—2021 年）》。

4 月 16 日，深圳在中国新闻出版研究院首次发布的城市阅读指数排行榜中，城市阅读指数、城市个人阅读指数、城市公共阅读服务指数 3 项榜单上均位居榜首。

4 月 23 日，深圳市政府印发《深圳国家高新区扩区方案》。

5 月 6 日，粤港澳大湾区首个卫星应用院士工作站在宝安成立。

5 月 8 日，深圳市政府办公厅印发《深圳市关于打造国家知识产权强市推动经济高质量发展的工作方案（2019—2021 年）》。

5 月 10 日，深圳市政府印发《深圳市新一代人工智能发展行动计划（2019—2023 年）》。

5 月 16 日，深圳市政府办公厅印发《深圳市扶持实体经济发展促进产业用地节约集约利用的管理规定》。

6 月 3 日，国内首家商业银行理财子公司——建信理财有限责任公司在深圳开业运营。

7 月 2 日，深圳市政府印发《支持自由贸易试验区深化改革创新若干措施工作方案》。

7 月 2 日，深圳工业互联网联盟正式揭牌成立，并发布《深圳工业互联网发展白皮书》。

8 月 9 日，《中共中央 国务院关于支持深圳建设中国特色社会主义先行示范区的意见》发布。

9 月 1 日，深圳市政府印发《深圳市关于率先实现 5G 基础设施全覆盖及促进 5G 产业高质量发展的若干措施》。

9 月 26 日，全国首个 5G 生活体验街区在华强北启动。

10 月 14 日，标准国际化创新型城市总结大会暨深港澳标准化研讨会宣布，深圳成为全国首个标准国际化创新型城市。

11 月 1 日，第一届“深圳企业家日”启动仪式、企业家座谈会举行。

11 月 27 日，深圳技术大学正式成立。

12 月 18 日，深圳举行首届全球招商大会。

12 月 23 日，深市首只金融衍生品——沪深 300ETF 期权成功上市交易。

2020 年

1 月 3 日，2019 年“中国地方政府效率排行榜”在北京发布，深圳位列城市排名第一。

1 月 21 日，科技部、国家发展改革委等国家五部门联合印发的《加强“从 0 到 1”基础研究工作方案》中，深圳综合性国家科学中心首次写入国家公开发布的文件。

1 月 22 日，深圳市政府办公厅印发《深圳市促进生物医药产业集聚发展的指导意见》《深圳市生物医药产业集聚发展实施方案（2020—2025 年）》《深圳市生物医药产业发展行动计划（2020—2025 年）》。

3 月 31 日，深圳市委印发《关于大力支持社会力量参与粤港澳大湾区和中国特色社会主义先行示范区建设的意见》。

5 月 26 日，深圳市政府批复《光明科学城空间规划纲要》。

6 月 16 日，首届深圳创新创业投资大会（2020）启动。

7 月 15 日，深圳入选“科创中国”首批试点城市。

8 月 10 日，2020 年《财富》杂志世界 500 强榜单公布，深圳 8 家企业上榜。其中，深圳市投资控股有限公司首次入围，是深圳国资系统首家世界 500 强。

8 月 17 日，深圳成为全国首个 5G 独立组网全覆盖的城市。

9 月 10 日，全国首个商事调解协会——深圳市商事调解协会在深圳成立。

10 月 11 日，中共中央、国务院印发《深圳建设中国特色社会主义先行示范区综合改革试点实施方案（2020—2025 年）》。

10 月 14 日，深圳经济特区建立 40 周年庆祝大会举行，习近平出席庆祝大会并发表重要讲话。

2021 年

2 月 18 日，深圳市政府印发《关于推动制造业高质量发展坚定不移打造制造强市的若干措施》。

2 月 18 日，深圳市政府办公厅印发《深圳市关于进一步促进科技成果产业化的若干措施》。

3 月 1 日，中国首部个人破产法——《深圳经济特区个人破产条例》正式实施。

3 月 9 日，深圳市政府印发《深圳光明科学城总体发展规划（2020—2035 年）》。

3 月 20 日，深圳开放大学正式揭牌。

3 月 23 日，深圳在全球率先建立 GEP 核算“1+3”制度体系。

4 月 6 日，深交所主板与中小板正式合并。

6 月 16 日，深圳市政府印发《深圳市鼓励总部企业高质量发展实施办法》。

7 月 29 日，国家发展改革委印发《关于推广借鉴深圳经济特区创新举措和经验做法的通知》。

8 月 3 日，深圳市政府办公厅印发《深圳市首席数据官制度试点实施方案》。

12 月 27—28 日，由科技部、深圳市政府主办的首届西丽湖论坛在深圳举行。

2022 年

5 月 26 日，深圳市政府印发《关于进一步促进深圳工业经济稳增长提质量的若干措施》。

6 月 1 日，深圳市政府发布《关于发展壮大战略性新兴产业集群和培育发展未来产业的意见》。

7 月 13 日，深圳市政府印发《深圳市加快推进 5G 全产业链高质量发展若干措施》。

8 月 3 日，2022 年《财富》杂志世界 500 强榜单公布，深圳共有 10 家企业上榜。

9 月 28 日，深圳市政府印发《深圳市推动软件产业高质量发展的若干措施》。

11 月 6 日，深圳市政府办公厅印发《深圳市推进智能网联汽车高质量发展实施方案》。

11 月 10 日，深圳市举行“20+8”产业 2000 万平方米“工业上楼”厂房空间项目招商大会。

12 月 9 日，2022 深圳全球招商大会举行。

12 月 12 日，深圳市政府办公厅印发《深圳市促进绿色低碳产业高质量发展的若干措施》。

2023 年

5 月 30 日，深圳市政府办公厅印发《深圳市打造一流质量品牌服务实体经济发展若干措施》。

6 月 8 日，深圳市政府办公厅印发《深圳市数字孪生先锋城市建设行动计划（2023）》。

7 月 28 日，深圳成功入选生产服务型国家物流枢纽，成为全国首个兼具商贸服务型、空港型、港口型、生产服务型“四型”国家物流枢纽的城市。

8 月 8 日，国务院印发《河套深港科技创新合作区深圳园区发展规划》。

8 月 16 日，深圳市政府印发《关于促进民营经济做大做优做强的若干措施》。

9 月 3 日，深圳市政府办公厅印发《深圳市推动货物贸易进口高质量发展行动计划（2023—2025 年）》。

9 月 12 日，深圳市政府印发《深圳市碳达峰实施方案》。

12 月 6 日，深圳入选国家首批碳达峰试点城市名单。

12 月 10 日，国务院批复《前海深港现代服务业合作区总体发展规划》。

2024 年

4 月 19 日，深圳市政府印发《深圳市杰出科技创新人才选拔培养实施办法》。

5 月 18 日，深圳市政府印发《深圳市进一步加大吸引和利用外资实施办法》。

6 月 30 日，深中通道建成通车，深圳至中山车程缩短为 30 分钟。

10 月 22 日，中国首个国产移动操作系统——华为原生鸿蒙操作系统在深圳发布。

12 月 31 日，国家发展改革委发布《关于推广借鉴上海浦东新区、深圳、厦门综合改革试点创新举措和典型经验的通知》。

后记

深圳经济特区45年的经济发展历程，是一部以改革开放为先导、以创新发展为动力、以开放包容为底色的经济史诗。从边陲小镇到具有全球影响力的国际化大都市，深圳快速而高质量的崛起，不仅是中国改革开放的一个精彩缩影，更是中国经济思想的一次伟大实践。

从陕甘宁边区到深圳经济特区，深圳45年来取得的经济发展奇迹，根本在于坚持党对经济工作的全面领导。这也是中国共产党经济思想的生动体现。从1937年陕甘宁边区充分利用中央赋予的改革自主权形成的中国社会主义革命时期的经济建设方针，到1980年社会主义建设时期首创“经济特区”作为中国改革的重要载体，再到新时代，特别是2019年中国特色社会主义先行示范区的重大决策，每一步历史性的跨越，都见证着中国共产党经济思想的不断完善与发展。深圳始终坚持党的领导，不断探索与完善党的经济发展方针，确保了改革开放的正确方向，形成了制度创新的系统推进，实现了发展战略的稳定延续，从而探索出中国特色社会主义经济发展的客观规律。

45年来，特区经济始终将创新作为引领高质量发展的核心动力。从早期的“三来一补”加工贸易，依靠国际直接投资和技术转移等后发优势实现经济赶超，到加快实施自主创新战略，率先形成人力资本质量和技术进步驱动经济发展的先发优势，并进一步坚持协调发展是高质量发展的重要标准，积极推动从城市单兵突进到区域联动发展的重大转变，构建了更具韧性和包容性的现代化经济体系。在绿色发展方面，深圳将绿色理念贯穿发展全过程，率先打造美丽中国典范，用实践证明了经济增长与环境保护并不矛盾。此外，深圳坚持开放和共享是高质量发展的必由之路的理念，从实行“引进来”与“走出去”并举的开放战略，逐步迈向构建更高水平开放型经济新格局的新征程。深圳经济发展的巨大成就，已然形成习近平经济思想的“城市样板”。

在深圳经济特区建立45周年的重要历史节点上，出版本书，既是一种回望，也是一份致敬。回望的是这座城市从无到有、由试到行的非凡历程，是改革开放波澜壮阔的时代画卷；致敬的是这片改革热土上无数建设者的智慧与汗水，是一个时代锐意进取、开拓创新的精神风貌。

本书力求通过梳理深圳经济演进的关键脉络与发展逻辑，呈现其在宏观制度变迁与微观实践创新中不断突破、持续成长的探索轨迹，深入挖掘背后蕴含的战略抉择、制度经验与时代价值，帮助读者更好地理解深圳之变，也更深刻地把握中国之变。我们期望，这本书能成为读者认识深圳、理解中国的一扇窗口，也为新时代城市发展与改革实践提供有益的思考与启发。

本书在策划和写作过程中，得到了深圳市委党史文献研究室、深圳市档案馆、深圳市博物馆、清华大学经济管理学院、天津市科学技术发展战略研究院等众多单位的大力支持。中国出版集团、深圳出版集团、中国大百科全书出版社、深圳出版社为本书的写作和出版提供了专业性的指导和帮助。著名经济学家吴敬琏、李扬担任本书顾问，林毅夫教授和吕薇研究员专为本书撰写了推荐语，南兆旭和马树华两位老师为本书提供了图片素材，在此均表示衷心的感谢。

深圳经济特区的发展历程波澜壮阔，制度创新与实践探索交织推进，既涵盖宏观战略，也涉及微观机制，发展逻辑深刻而复杂。面对如此丰富而厚重的图景，我们虽全力以赴，仍深感力有不逮，书中难免存在疏漏、片面乃至不当之处，恳请广大读者批评指正，帮助我们不断修订完善、求得精进。

编辑委员会

2025年4月28日